新课程·新理念·新教学

丛书编委会主任：马立 宋乃庆

名师工程

高中新课程系列

高中新果程

教师角色转变细节

缪水娟◎主编

西南师范大学出版社

《名师工程》

系 列 丛 书

编者的话

当前，以人为本的教育理念正在逐步深化，素质教育以及基础教育课程改革不断推进。

在这场深刻又艰苦的教育改革中，涌现了无数甘为人梯、乐于奉献的优秀教师。他们积极探索、更新观念、敢于创新、善于改革，在实践中创造性地发展、总结了很多先进的教育思想、教育理念；创造性地开发了很多新的教学模式、教学内容和教学方法。这些新思想、新模式、新方法在实践中极大地提高了教学质量，是教育改革实践中的新内涵和宝贵财富。这些优秀教师就是我们的名师，这些新内涵就是名师的核心教育力。整理、总结、发展、推广这些教育新内涵，是深化教育改革、完善教育体制、提高教育质量、提升教师水平的一件大事。

教育，是民族振兴的基石；教师，是教育发展的根基。

胡锦涛总书记在全国优秀教师代表座谈会上指出："教师是人类文明的传承者。推动教育事业又好又快发展，培养高素质人才，教师是关键。没有高水平的教师队伍，就没有高质量的教育。"十七大报告又进一步强调了必须加强教师队伍建设，不断提高教师的素质。当今世界，社会进步一日千里，科技发展日新月异，知识更新的周期越来越短。教师作为"文明的传承者"更要与时俱进，刻苦钻研、奋发进取，尽快提升自身素质和能力，为推动教育事业的健康发展贡献自己的力量。

基于以上，西南师范大学出版社策划、组织出版了大型系列教育丛书——《名师工程》。希望通过总结名师的创新经验、先进理念，宣传名师的核心教育力，为广大教师职业生涯提供精神源泉和实践动力，在教育实践层面切实推动从教者职业素养的提升。通过《名师工程》实现"打造名师的工程"。

丛书在策划、创作过程中力求实现以下特色：

一、理念创新，体现教育的人本精神

教师角色在以人为本的教育理念下发生了重大的变化，教师的素质和能力也面临更高的要求。如何弘扬、培植学生的主体性、增强学生的主体意识、发展学生的主体能力、塑造学生的主体人格等问题成为教师在目前教育中亟待解决的难题。丛书以教育管理者和教师为主要读者对象，通过教师综合素质的提高而将人本教育的思想落实到教育实践中，真正实现教育培养人、塑造人、发展人的本质要求。

二、全面构建，系统提升教师的教育能力

丛书选题的最大特点就是系统、全面地针对教师教育能力的提升而展开。施教者的能力决定教育的效果，教育改革的落实、教育效果的提高无不体现在教师身上。丛书针对不同教育能力、不同教学要求、不同教育对象，有针对性地设置选题。棘手学生、课堂切入、引导艺术、班主任的教导力、互动艺术、课堂效率、心灵教育等等，这些鲜明的主题从教育的细节出发，从教育实际情况出发，有针对性地解决问题，让教师在阅读中学有所指、读有所获。

三、科学权威，体现教育的时代前沿性

丛书邀请全国各地著名的教育工作者执笔，汇集在教育改革与实践中涌现的先进理念、成果和方法，经过专家认真遴选、评点总结而成，代表了目前教育实践中先进的教育生产力，具有时代前沿性，是广大一线教师学习、借鉴的好素材。

四、注重实践，突出施教的实用价值

丛书采用了通俗的创作方法，把死板的道理鲜活化，把教条的写法改变为以案例为主，分析、评点为辅，把最先进的教育理念和方法融入有趣的情境中。经典的案例，情境式的叙述，流畅的语言，充满感情的评述，发人深省的剖析，娓娓道来、深入浅出，让教师更充分地领会先进、有效的教育方法。

在诸多教育、出版界同仁的支持与努力下，《名师工程》首批推出了《名师讲述系列》、《教学提升系列》、《教育新突破系列》、《高中新课程系列》等系列，共三十余品种，后续图书也将陆续出版。

丛书在出版创作过程中得到各地、各级教育部门与教育工作者的大力支持与帮助，在此一并表示感谢！

教育事业是全社会共同的事业，本丛书的出版一方面希望能对广大教育工作者有所帮助，共飨先进成果；另一方面也是抛砖引玉，希望更多的教育工作者参与到出版创作中来，百家争鸣、百花齐放，为促进教育事业的发展共同努力！

导　言

　　社会信息化和知识经济的发展，对我们的教育提出了强烈的变革要求。在这种背景下的新课程改革是以学生的学习为中心，使学生学会学习，促进学生的全面发展和终身学习为目的的。由此，新课程的实施也向教师提出了全面深化素质教育的实质性内容和具体要求。在这样的背景下，一线教师在积极地参与这场课程改革的同时，应及时地对自己的教育观念、教育过程进行反思，重新审视自身的教师角色，以适应新课程目标的要求。新课程要求教师有更大的适应性和灵活性来面对自己的工作。

　　首先，教师要以学生为本，做学生的心灵导师。

　　以学生的需求为本，核心是激发学生学习的兴趣。这种教育既能满足他们的心理需求，又可促进学生的学习，让他们在学习中成长，发展。同时，教师也要注重重构师生关系，走近学生，关注学生的心灵健康，使学生能够身心和谐的健康成长。

　　其次，教师要做一个学习的促进者与研究者。

　　在新课程的要求下，教师的角色不仅是信息的传播者、讲授者或组织良好的知识体系的呈现者，更是学生学习的促进者。教师角色转变的表现主要有：从讲学者到导学者，从独奏者到合作者，从课本知识的复述者到知识的建构者等。

　　此外，教师还要成为一个研究者。教师应积极开展研究，与新课程一起成长，促进自己的专业发展。这就要求教师做到：从本体型教师向指导型教师转变，从经验型教师向研究型教师转变，从接受型教师向开发型教师转变等角色转型。

　　总之，在新课程实施的背景下，教师的角色应该向多重化方向发展。教师和学生的关系应该是共同学习、相互促进、教学相长的关系。教师在教学中作为一个协调人，其作用是为学生的学习尽可能多地提供资源，营造一个积极学习的环境，促进学生全面而有个性地发展。

目 录

第一章 新课程下的教师核心精神：以生为本

第二章 新课程下的师生关系重构：教师要走近学生

第一章 新课程下的教师核心精神：以生为本

　　新课程下的教学观，要求教学是课程创新与开发的过程，而不是课程传递和执行的过程；教学是师生交往、积极互动、共同发展的过程，而不是教师教、学生学的过程；教学重过程而不是重结论；教学是关注人而不是关注学科。其中关注人是新课程的核心理念，它要求教师关注每一位学生。新课程下，如何看待学生，把学生看成什么样的人，对学生采取什么态度，一直是教育理论和实践的重要问题。"一切为了每一位学生的发展"是新课程的最高宗旨和核心理念，也为教师在教学中做到以生为本奠定了理论基础。

1. 开启学生的智慧

——从讲学者到导学者

教师的教学观是教师对有关教学问题的总体认识和总的看法，是教师对其教育行为的定向和指导。长期以来，很多教师认为教学的本质是传授知识，是把知识从外在于学生的源泉（教师或教科书）搬运到学生身上。教师是教学过程的中心，学生只是被动的接受者。教学过程的出发点是外在于学生的教科书或教学大纲，是一个从教学内容出发，经教师到学生的单向过程。教学效果表现为知识量的积累。在这种教学观的指导下，教师忽视了学生作为学习主体的主动性和积极性，忽视了对学生独立思考和主动学习意识的培养，最终使学生对知识的掌握不够透彻和深入。

一、转变观念，有效教学

教师作为教学的组织者和实施者，具有什么样的教学理念，采用什么样的教学策略或手段，将直接关系着课堂教学的成功与否。在全面推进高中新课改的今天，教师首要的是转变观念，进行有效教学。有效教学是为了提高教师的工作效益、强化过程评价和目标管理的一种现代教学理念。理念就是一个人具有的准备付诸行动的信念，它既是一种观念，也是一种行动。有效教学的理念主要包括下列内容。

第一，有效教学关注学生的进步或发展。首先，要求教师有"对象"意识。教师不是唱独角戏，离开了"学"，就无所谓"教"，也就是说，教师必须确立学生的主体地位，树立"一切为了学生的发展"的思想。其次，要求教师有"全人"的概念。学生的发展是全人的发展，而不是某一方面（如智育）或某一学科（如英语、数学等）的发展。教师千万不能过高地估计自己学科的价值，也不能仅把学科价值定位在本学科上，而应定位在对一个完整的人的发展上。一个班级里学生的差异比较大，不可能每个学生都品学兼优。不管哪个学生，尤其是后进生，在任何方面只要取得一点的进步，教师都要给予赞扬，使其得到鼓励，树立信心。

第二，有效教学关注教学效益，要求教师有时间与效益的观念。教师在教学时既不能跟着感觉走，又不能简单地把"效益"理解为"花最少的时间教最多的内容"。教学效益不同于生产效益，它不是取决于教师教多少内容，而是取决于对单位时间内学生的学习结果与学习过程综合考虑的结果。

第三，有效教学更多地关注可测性或量化。如教学目标尽可能明确与具体，以便于检验教师的工作效益。但是，并不能简单地说量化就是好的、科学的。有效教学既要反对拒绝量化，又要反对过于量化，应该科学地对待定量与定性、过程与结果的结合，全面地反映学生的学业成就与教师的工作表现。

第四，有效教学需要教师具备一种反思的意识，要求每一位教师不断地反思自己的日常教学行为，持续地追问，"什么样的教学才是有效的？""我的教学有效吗？""有没有比我更有效的教学？"

新课改的性质和任务决定了教师应改变过去的题海战术，以及利用节假日加班加点给学生补课等一些不利于学生全面发展的做法。有效教学则要求教师采用一系列具体、有效的解决问题的行为方式来实现教学目标。

（一）把学生的发展放在首位

福建省厦门集美中学的李国洪老师，根据自己的实践经验，详细讲述了自己有效教学的理念与策略。

我国目前的中小学教学有一个非常突出的问题，那就是：教师很辛苦，学生很痛苦，然而我们的学生却没有得到应有的发展。这是新一轮高中课程改革必须要解决的一个问题。李老师走上教师工作岗位已经十几年了，深切地感受到学校之间竞争的异常激烈，使得很多学校为了提高教学"质量"，都充分利用周末的时间加班加点。这样，一个学期下来，教师的周末变得屈指可数。因此，教师很辛苦，学生很痛苦。这次新课程改革的目的就是，在课堂教学中实现"有效教学"，减轻师生负担，促进学生良好的发展。

在教学过程中，老师们常常听到学生讲，上课听得懂，作业不会做。尤其是学习数理化科目的学生遇到这种情况较为普遍。因此，在教学中，李老师常常想为什么会出现这种情况，怎样解决这个问题。学生出现这样问题的原因很多：可能是学生自己上课有时注意力不够集中，关键的知识点没听到而造成分析题目时遇到障碍；也可能是学生基础较差，解题无从下手；也可能是教师课堂的教学无法让学生真正掌握解题的思路等。

如果是课堂教学的原因，那么课堂的有效教学是解决这个问题最直接、最有效的办法。

所谓"有效"，主要是指通过教师一段时间的教学之后，学生能够获得具体的进步或发展。也就是说，学生有无进步或发展是教学有没有效益的唯一指标。教学有没有效益，并不是指教师有没有教完教学内容或教得认真不认真，而是指学生有没有学到什么或学得好不好。如果学生不想学或学了没有收获，即使教师教得再辛苦也是无效教学。同样，如果学生学得很辛苦，但没有得到应有的发展，也是无效或低效教学。

所谓"教学"，是指教师引起、维持或促进学生学习的所有行为。它的逻辑必要条件主要有三个方面：一是引起学生学习的意向，即教师首先需要激发学生的学习动机，教学是在学生"想学"的心理基础上展开的；二是指明学生所学的内容和所要达到的目标，即教师要让学生知道学什么以及学到什么程度，学生只要知道了自己学什么或学到什么程度，才会有意识地主动参与；三是采用易于学生理解的方式，即教学语言有自己的独特性——让学生听清楚、听明白，这就需要教师借助一些技巧，如重复、深入浅出等。如果教师在讲课时不具备这些条件，那么即使教师教得十分辛苦，也不能称之为真正的教学。

在教学过程中，李老师常要求学生做题目不求多但求精，做题不是为做题而做题，完成每一道题目后必须停下，利用几分钟的时间来进行反思：这道题为什么要这样做？解题的突破口在哪里？运用到什么知识点？还有没有更好的解决办法？能否改造成别的题目？学生这样做虽然"浪费"了几分钟的时间，但收获的却更多。俗话说：磨刀不误砍柴工。据调查，目前学生练习后没进行反思的最主要的原因是：学生各科的作业量太多。为了完成老师要检查的任务，学生也只好赶时间。所以，传统的教学中学生大部分处于被动接受知识，缺乏积极主动思考的境地，这也可能是造成学生只会听讲不会做题的原因。而新课程要求学生学会思考，学会探究，也就要求教师要转变观念，改进教学方式，探索新方法，让学生既能听得懂，又能会做题，在教学中培养学生良好的学习习惯，让学生懂得学，学会学。

（二）以问题激发学生的主体意识

在新课改下，教师要转变教学观念，从一个课本知识的转述者转变为知识学习的引导者。所谓引导者，就是在教学的过程中，把深奥的知识通过各种活动变成学生易于接受的知识和技能。在组织教学的过程中，引导者应灵活组织学生的学习活动，巧妙点拨，相机诱导，步步引入，做到脑、心、口、手并用，充分调动学生学习的主动性，引导学生积极思考，主动参与。在这两种不同的教学观念的指导下，教师往往采用不同的教学策略和方法，也就产生了不同的教学效果。

青岛的徐老师在其教学中，尝试采用两种不同的教学观念和方法，以比较二者获得的教学效果。

"以史为鉴"是学史的出发点和归宿。因此，对历史事件经验教训的总结，便成为历史教学中教师必须讲清楚的重要内容之一，也是学生必须要掌握的重要问题之一。

在进行中国工人运动第一次高潮内容的教学时，徐老师设计了两种方法：

方法一：运用讲述法从原因、概况、"二七"惨案的经验教训三方面进行。

在中国共产党成立后，工人运动在中国共产党的领导下，出现了第一次高潮。这期间，全国工人举行大小罢工百余次，参加人数有三十万以上。京汉铁路工人大罢工把第一次工人运动推向顶点。这次罢工发生在 1923 年 2 月初，由于工人抗议直系军阀吴佩孚破坏京汉铁路总工会成立，举行总同盟罢工，使京汉铁路全线停车。2 月 7 日，在帝国主义支持下，吴佩孚调集军警，血腥屠杀工人。京汉铁路总工会江岸分会委员长、共产党员林祥谦，法律顾问、共产党员施洋等人壮烈牺牲。所以，京汉铁路工人大罢工又叫"二七"惨案。"二七"惨案后，全国工人运动转入低潮。血的教训使中国共产党认识到：中国革命的敌人是异常强大而凶残的，仅仅依靠工人阶级单枪匹马，是无法战胜敌人的，必须联合农民阶级和其他阶级，组成最广泛的统一战线，才能战胜国内外一切敌人。在半殖民地半封建的中国，工人没有起码的民主权利，单纯依靠合法的罢工斗争是不能取得革命胜利的，必须联合其他阶级进行武装斗争。

在以上方法中，教师把学生当做储存知识的容器。尽管学生也很认真地听课，但后来提问中国共产党同其他阶级必须合作的原因时，他们回答问题的积极性很低，表明效果不佳。可以看出，如果教师依然把自己禁锢在"讲学者"的角色中，如果教师讲授的知识不经过学生一系列的质疑、判断、选择、比较，以及相应的分析、综合、概括等认识活动，即没有多样化的思维过程和认知方式，没有多种观点的碰撞、争论、比较，学生们就难以真正理解和巩固所学知识。

徐老师在另一个班转换了教学观念，采用了不同的教学方式，尝试围绕三个知识点设计了三个问题。

1. 党成立后的中心任务是什么？

2. 把第一次工人运动推向顶点的是哪个事件？该事件又叫什么？

3. 分析"二七"惨案中敌我力量状况和双方采取的主要手段，总结经验教训。

在解决前两个问题之后，先告诉同学们总结经验教训的方法：由于 A 结果 B，假若非 B，则必须非 A，非 A 即为经验教训，然后让同学们自己去探究。

"二七"惨案的发生主要原因是：（1）敌人的力量强大凶残，工人阶级单枪匹马；（2）工人采取罢工斗争，敌人武装镇压。故"二七"惨案的经验教训为：（1）工人阶级必须联合其他阶级，建立最广泛的统一战线；（2）必须进行武装斗争。

利用问题进行教学，充分发挥了学生的主体作用，而学生对经验教训的总结方法印象也很深刻。后来在提问中国共产党同其他阶级必须联合的原因时，学生回答的积极性很高，表明效果不错。

在教学中，教师要充分发挥学生的主体作用，调动学生的积极性。作为"导学者"，教师不应该把掌握的知识直接灌输给学生，不能把学生当做接受知识的容器。而是让学生在教师的引导下，通过自己的探究得出结论，让学生体验成功的喜悦。这样，既有利于学生参与教学活动，激发学习的兴趣，又有助于培养学生的能力。因此，作为教师，重要的是在于"引导"，而不在于"灌输"，即不在于给学生多少鱼，而在于教给学生多少捕鱼方法。

接受式教学观在我国目前的基础教育中仍占有一定的地位。不少教师仍把学生看做听命于教师指挥的消极而被动的对象，认为教师的任务就在于把知识毫无遗漏地传授给学生，故应以灌输为主。教师的"教"成为对学生的"注入"，学生变成接受知识的"容器"，至于注什么，注多少，如何注，全由教师决定，致使学生很少有参与、思考、探究与钻研的余地。教师认为自身是知识权威，书本是获取知识的唯一来源，故独占讲台，主宰一切，致使学生被动接受知识，唯师是听，唯书是从，养成俯首帖耳的学习习惯，使教学活动，由"双边活动"变成了"单边活动"。当新的课程要求教学由"专制"走向民主、由封闭走向开放，由学科内容走向学生经验的时候，课程就不再只是"文本课程"，而更是"体验课程"。因此，教师不应只是课程内容的阐释和传播者，而更应该是导学者。

二、实践中演绎"导学者"

如何体现自身的导学者角色，如何实现导学者的职责？这需要教师不仅仅要转变观念，更为重要的是要充分理解新课程下教师的新角色，在教学中自觉实践和演绎新角色。新课程实施几年来，广大教师积极探索，不断实践，总结出了很多体现新课改精神的方法和策略。这些方法和策略都体现了教师新的角色地位。

导学的方法是多种多样的。有时，教师通过一个眼神、一个手势，或仅仅做出某种暗示，都会诱发学生的思路和联想，收到"此时无声胜有声"的效果。

（一）创境法——激发学习兴趣，调动学习积极性

教学中创设一定的"愤""悱"情境，让学生在特定的情感氛围中学习，有利于激发学生的学习兴趣，调动学习积极性。宁夏平罗的戚老师在教学中注重创设问题情境，重视学生的知识形成过程，取得了很好的教学效果。

师："每到节假日，同学们都会出去旅游。五一假期将到，如果条件允许，同学们想不想出去旅游？"

生："想！"

师："想去哪些地方呢？北京、杭州，还是上海？"老师发现后面有四分之一的同学没有做声，走过去用鼓励的目光扫视这部分同学，询问："你们不想

旅游吗?"

"当然想!""老师我想去巴黎。"

全班炸开了锅。

"很好!"老师接着问:"那么,你们准备怎么去呢?"

"我们乘飞机去。""搭轮船去。""最好是乘火车,因为火车比较便宜。""我要跟我爸开小汽车去,小汽车方便!"……

[授新课]

师:"都很好! 看来大家都想去旅游,而且去的目的地各有不同,去的方法也多种多样,究竟如何安排好呢? 等我们学习了今天的课程,掌握了一些新方法以后再作分析,好吗?"

生:"好!"

[板书]:"人类活动的地域与联系的主要方式"

师:"同学们把我们刚才提到的内容归纳一下,我们出去旅游的交通方式主要有哪几种? 如果连货物运输也包括在内,那又有哪几种? 各种交通方式又各有什么特点? 一分钟后抢答,同学们可以相互补充。"

教室里一度安静,同学们都积极思考。

生 A:"交通运输方式主要有火车、汽车。"

生 B:"应该说'铁路、公路'。"

生 C:"还有水路、航空。"

生 D:"还有管道运输。"

生 E:"管道怎么能运人呢?"同学们大笑。

同学们七嘴八舌地发表了自己对各种交通方式的看法。

师:"刚才同学们回答得非常好,交通运输的主要方式有铁路、公路、水路(包括海运和河运)、航空和管道运输五种,它们有各自的特点。"

老师在黑板上按货物名称、特征、起点、终点、交通方式(或运输工具)列表记录(略)。然后要求同学们继续讨论完成:

1. 不同的货物,为什么要选择不同的交通工具? (注意速度、运费)

2. 各种主要交通运输方式的优缺点比较。

…………

这是一种问题情境教学的设计模式,其主要特征是重视创设接近生活的教学情境,让学生能够结合自身的经历、经验产生问题、领受"真实的任务",

形成迫切解决的需要，并展开探究活动，在完成任务的过程中掌握知识、获得个性发展。

戚老师在课的开头就是运用了这一教学模式，她注重学习情景的创设，注重学生学习兴趣的调动。在教学的过程中，戚老师重新进行师生角色定位，注重学生主体作用的发挥，让学生自己谈谈京九铁路建设的意义，几位学生说得头头是道，师生之间由"权威—服从"关系变成了"指导—参与"关系，进而大大提高了学生广泛参与的积极性。同时，戚老师也注意了对学生的收集信息、分析信息、提取信息、分析问题和解决问题等能力的培养。

作为老师，要善于创设问题情境，引导学生积极思考，主动参与，激发学生的学习兴趣，使学生变被动学习为主动参与学习，积极愉快地参与到学习活动中去。

（二）设疑法——启发思考，培养学习的主动性

"疑"是探求知识的起点，也是启发学生思维的支点。会不会"设疑"是"导学者"一个重要的教学技巧。南宋理学家朱熹说："读书无疑者，须教有疑，有疑者，却要无疑，到这里方是长进。"一个教师，在课堂教学时要注意从"疑"入手，巧设悬念，启发学生思考。

安徽的史老师在地理教学中对如何设疑，启发学生思考提出了自己的看法。

史老师认为首先是要激趣。如讲"洋流"时，向学生提出"我国明朝郑和下西洋时，为什么都选择在冬季出发，夏季返航？"在讲"大陆漂移说"时，可提问"为什么在极其寒冷的南极大陆发现了只有在暖湿环境中才能形成的巨大煤层呢？"像这类问题就能引起学生的好奇心，激起学生兴趣。

其次是引疑。如讲"大气对太阳辐射的散射作用"时，可提问"为什么阳光不能直接照射到教室，教室里仍是明亮的呢？"在讲"地球自转产生的地理意义"时，可提问"我国的大江大河为什么右岸大多陡峭，左岸大多平坦呢？"让学生自己解释这些看似极为平常的地理现象，他们自然会产生疑问与惊奇。这种情感的产生，就是学生深入钻研问题的动力。

再次是促思。古人云：学起于思，思源于疑。思维与解决问题是彼此紧密联系的，学生通过独立思考解决问题的过程，就是思维发展的过程。例如，学

习高中课"北温带森林的食物网图"时，教师可设置一连串问题启发学生读图分析：①狐和狼是三级消费者吗？②最长和最短的食物链分别是哪一条？③各条食物链中能量损失最小的是哪一条？④以果实为生产者，狼为最高消费者组成的食物网中，有几条食物链？⑤如果任意捕杀狐，将会产生什么后果？⑥滥伐森林给食物网带来什么影响？通过这种步步逼近、层层深入、以图启智、活跃思维的提问启发，学生对生态系统和生态平衡知识的理解将更加全面、更加深刻。由此可见，提问启发是促进学生思维发展的重要途径。

（三）研讨法——利用集体的智慧解决问题

在课堂教学中，学生是学习的主体。教师要充分发挥学生的主动性，积极引导学生思考，让他们通过对知识的理解、体会、领悟和巩固对知识进行内化和建构。运用研讨法，围绕某一问题使学生之间进行热烈的讨论，来调动学生参与的积极性，引发他们的思考。学生在经历确定研究主题—讨论解决问题—拓展培养能力的学习过程后，就会掌握和巩固所学知识。黑龙江省的一位王老师在高中政治教学中，利用一则社会新闻来进行研讨性教学，取得很好的效果。以下是王老师的教学策略：

第一步：提出案例。1999 年 12 月 16 日，北京市民刘桂成状告上海大众汽车公司侵害消费者权益一案，由北京市丰台区法院作出判决：上海大众给付退车款 8.7 万元，赔偿经济损失 1 万元，刘桂成将桑塔纳轿车退还给大众公司。据北京市汽车质量监督检验站对该车进行检验的结论：该车方向严重跑偏，发动机等多个部件被更换。一项权威调查证明：在 5000 万名城市消费者中，受伪劣产品侵害的占 93.9%，约 4700 万人；受到劣质服务侵害的占 14.8%，约 740 万人。在受侵害的消费者中，98.5%蒙受经济损失，折合人民币 68 亿元。受到侵害的消费者中，主动寻求解决的仅为 22.3%，而近 70%的消费者在权益受到侵害后自认倒霉。通过各类渠道，受侵害后主动寻求解决的消费者中有 73%的人挽回了经济损失，挽回的金额约为 11 亿元。而造成这种状况的原因之一是因为不同的消费者，对《消费者权益保护法》的了解程度有着明显的差异。

第二步：引导，确定研究主题。启发学生思考：材料涉及哪些经济学知识？有哪些问题值得探讨？学生在个别思考后经过集体讨论，在教师的引导下确定如下探究主题：①根据这一调查结果，探讨我国消费者权益保护状况。②为什么不同的消费者维权的程度不同？③怎样才能有效地保护消费者的合法权益？

第三步：讨论解决问题。学生个别思考，小组讨论交流，互相补充完善。如对问题②，学生讨论后认为：维权程度之所以不同，是因为消费者自身素质有较大差异，从而得出法律知识多少和法律意识的强弱是消费者维护权益是否成功的关键。

第四步：拓展培养学生创新能力。鼓励学生进一步探索怎样才能保护消费者的合法权益。如完善有关法规，宣传维护消费者权益的知识，建立健全有关行政机构等。通过案例拓展，培养学生横向、纵向等创新思维以及综合分析问题的能力。

总之，有效地利用研讨方法可以启发学生的思维，促进学生语言、思维能力的综合发展。在课堂上，教师要改变单向刻板的传授知识的方式，去引导学生发现问题、提出问题、共同分析问题，最后解决问题，在研讨中掌握知识，在研讨中发展能力。

三、如何做好"导学者"

（一）深入了解学生

教师要做到在教学中很好地启发学生，首先应深入学生实际，了解学生的特点及其学习的积极因素和不利因素。然后，根据学生已有的条件和可能，提出与学生内心需求相适应的问题，创设激发学生积极思维的问题情境。问题的设置做到难易适度，教学方法适当，这样就可以化消极因素为积极因素，把学生的积极因素充分地调动起来。

（二）善于激疑，启发思考

教师要抓住教材中的重点和难点，在教学活动中，善于提出具有启发性的问题，激发学生积极思考，使其有探求解决矛盾的要求。孔子曰："不愤不启，不悱不发，举一隅不以三隅反，则不复也。"只有创造条件，使学生处于积极求知，又想跃跃欲试的积极状态下，教学活动才能使学生举一反三，触类旁通，发展智力。所以，在教学中，教师就要善于提出问题，使学生有解决问题的积极要求，打开学生思路，引导学生善于思考问题，解决问题。当学生要求解决矛盾的积极性调动起来之后，重要的是使学生会思考，善于运用理论，运用科学的思维方法去求得矛盾的解决。《学记》中说，"君子之教，喻也，道而弗牵，强而弗抑，开而弗达。"其意是说教师的启发教学，是引导而不是拉拽；是激发，而不是推压；是开导，而不是代替。当学生有求知的要求之后，教师既不是生硬地灌输知识，也不是代替学生的独立思考，把问题的结论灌输给学生。而是通过积极的启发引导，引导学生沿着一条科学的思维路线，运用学过的理论知识去分析问题、解决问题，从而使学生既积极思考，又善于思考。

（三）师生关系和谐融洽，使学生对学习感到愉快

在教学过程中，只有学生感到教师对自己的学习积极性重视、支持、鼓励、扶植，师生关系好时，认为这种学习本身是欢乐、愉快、幸福之时，学生的学习积极性和主动性才能充分发挥出来。因此，启发式教学的运用，并非单纯方式、方法的问题。运用此方法的前提条件是要建立一个良好的师生关系基础，其关键在于教师对学生的学习要有一个正确的观点和态度。也就是教师要相信学生，尊重学生，满腔热情地鼓励和调动学生的积极性和充分发挥学生的聪明才智。

总之，引导的特点是含而不露、指而不明、开而不达、引而不发。引导的内容不仅包括方法和思维，同时也包括价值观和做人。引导可以表现为一种启迪，当学生迷路的时候，教师不是轻易告诉其方向，而是引导他怎样去辨明方向；引导可以表现为一种激励，当学生登山畏惧了的时候，教师不是拖着他走，而是唤起他内在的精神动力，鼓励他不断向上攀登。

2. 敬业乐群

——从独奏者到合作者

新课程改革的根本是要促进学生的发展，这是教育和人类社会发展的必然，也是广大教师一直追求的教育理想。理想和现实总是有差距的，现实中仍有偏离理想，不尽如人意的地方。但是我们不能放弃理想，而是要遵循一定轨迹朝着理想去努力。

具体在教学中，要实现促进学生发展的教育理想，我们就要摒弃"以教师为中心"的传统观念和行为，真正树立以学生为中心的教学观，将焦点转移到学生身上来，关注学生的学习兴趣和经验，倡导学生主动参与、乐于探究、勤于动手，使学生形成积极主动的学习态度。因此，在教学过程中，教师就需要转变自己的观念和教学方式，要放下"师道尊严"的架子，从居高临下的权威走向平等中的首席，要由发号施令的首长变为共同建构学习的合作者和参与者。教师要与学生积极互动、共同发展；与学生一道去探求真理；与学生分享经验，交流感情。

一、转换角色，促进学生不断发展

新课程要求改变课程实施过程中过于强调接受学习、死记硬背、机械训练的现状，注重培养学生搜集和处理信息的能力、获取新知识的能力、分析和解决问题的能力，以及交流与合作的能力。要实现学生学习方式的转变，促进学生各方面能力的发展，教师就要转变角色，在学生学习过程中，指导和帮助学生主动参与、亲身实践、独立思考、合作探究。同时，还要参与到学生学习的各个环节中去，与学生交流和沟通，准确地了解学情，及时引导学生解决问题或调整教学计划，从而实现教学方式的转变。在这个过程中，教师不是统治者或权威者，而是作为学生的指导者、交流者和合作者，这体现了新课程体系下教学过程是师生交往、共同发展的互动过程。

（一）不必在乎谁是老师

在新课程的实施下，教学过程不能再被教师滔滔不绝地讲析知识所代替，不能再将处于学习中心地位的学生排除在教学之外，而要把教师的教与学生的学联系到一起，实现良性互动。在互动中，教师只是指导学生自主学习、自主发展，只是起促进学生全面和谐发展以及培养学生能力的作用。在多元互动教学中，师生角色还可以互换，教师也可以是学生，与学生一起共同探究、共同进步。海南海口第一中学的黄耀国老师在课堂上的实践，就很好地体现了这一理念。

在用多媒体给学生讲"函数的应用"这一节课时，黄老师很顺利地讲完了例1与例2，接着讲解的例3是这样一个问题：

例3：以下是某地区不同身高的未成年人的体重平均值表

身高（cm）	60	70	80	90	100	110	120	130	140	150	160	170
体重（kg）	6.13	7.90	9.99	12.15	15.02	17.50	20.92	28.86	31.11	38.85	47.25	55.05

（1）根据表中提供的数据，能否从我们已经学过的函数中选择一种函数，使它近似地反映该地区未成年人体重 V 关于身高 X 的函数关系式？试求出这个函数的解析式。

（2）若体重超过相同身高平均值的 1.2 倍为偏胖，低于 0.8 倍为偏瘦，那么该地区中学一学生身高为 175cm，体重为 78kg，他的体重是否正常？

根据题意，黄老师和学生一起分析：先根据表中数据描点画出图像，再根据图像的形状判断选择函数，然后根据已知数据求出所选式子的代定常数，从而求出函数。

于是，黄老师和同学们一起描点、连线。根据图像，选择了函数 $y = a \cdot b^x$。这时，学生王彬站了起来："老师，为什么要选择函数 $y = a \cdot b^x$？也有可

能是函数 $y = ax + b$ 或函数 $y = ax^2 + bx + c$ 的图像吧。"黄老师一下愣住了，这正是函数应用中的关键所在。怎么解释这个问题，用黑板上静态的图像是没办法说明的，那用什么呢？黄老师的心里没有一点底。"要解决这个问题，必须要有一个好的作图软件。在信息技术课中，也许学习了什么作图软件能够从图像中直接得到函数呢？"黄老师把问题又交给了学生。陈家辉同学站了起来："老师，我来试一下。虽然我们在信息技术课中没有学习这方面的内容，但我记得在 Excel 中有这一功能，我愿意和大家一起尝试一下。"家辉同学很熟练地打开 Excel，输入数据，选中【插入】中的【图表】，描出散点，选中【图表】中的【添加趋势线】，并连接散点。但是家辉同学只能操作到这儿，下面也不知道该怎么办。毕竟问题还没解决，细心的毕顾同学发现了在【添加趋势线】中还有【选项】这一栏，在她的提醒下，我们选中【选项】中【显示公式】和【显示 R 的平方值】。

到此，黄老师他们解决了利用函数图像求函数解析式的问题，但为什么解析式是函数 $y = a \cdot bx$，而不是函数 $y = ax + b$ 或函数 $y = ax^2 + bx + c$ 呢？同学们重复上面的问题。

这时，学生们的积极性都调动起来了，他们都想自己动手尝试一下根据表中数据描点画出图像，再根据图像的形状判断选择函数，然后根据已知数据求出所选式子的代定常数，从而求出函数的这一学习的过程。但因为手头没有现成的有意义的数据而只好作罢。黄老师因势利导，鼓励学生从生活中寻找数据。不一会儿，学生踊跃发言，提到了很多值得研究的数据：

(1) 我国自 1991 年至 2000 年的十年内生产总值增长函数变化模型。

(2) 电灯光强随时间变化的函数模型。

(3) 楼道人流量变化的函数模型。

这节课中，老师在教学过程中，被学生的问题难住了。但老师并没有简单否定或一带而过，而是将问题突出，与学生一起继续深入地探讨、研究、引导学生想方设法去解决问题。最后，问题被学生利用信息技术解决了。

这堂课中，老师也成了学生，与学生一起研究问题，解决问题，甚至在某些方面还要向学生去学习。正如黄老师在课后反思的"在这节课中，我感受到难以说清楚谁是教师，谁是学生"。

"师者，所以传道授业解惑也。""吾师道也，夫庸知其年之先后生于吾乎！是故无贵无贱无长无少，道之所存，师之所存也。""是故弟子不必不如师，师不必贤于弟子。闻道有先后，术业有专攻，如是而已。"在课堂中，谁是老师，谁是学生并不重要，重要的是，学生通过课堂获得了知识，老师也在此过程中有所收获。

随着信息时代的到来，教师不再是信息的唯一来源，不再显得高不可攀。学生可以通过各种媒体和网络接触大量信息，往往会在某些方面超过教师的知识储备，提出教师无法回答的问题。因此，在教学中，教师观念要更新，角色要转变。教师不再是独白者，要成为合作者、引导者、参与者，要树立民主、平等的教学作风，鼓励和支持学生与自己讨论并解决问题。

（二）老师退居幕后

一个真正关注人的发展的教师，会为学生在教学中发挥创造性提供条件，会关注学生的个性差异，为每个学生提供积极主动活动的舞台。老师在课堂中的作用，不在于滔滔不绝地讲授，而在于创造情境，搭建舞台，让学生在老师的点拨下，去学习、研讨、体验和尝试。老师在课堂中"退居幕后"，让学生做这场戏的"主角"，演绎课堂这台戏。有时，甚至老师也会被学生演绎的课堂而感动，从而融入学生的心灵世界中去，与学生一起探讨，体验。江苏省如皋市搬经中学陈小良老师在一节语文课中，把时间教给学生，让学生去品味传情艺术，使课堂上情意浓浓，感人至深。

《项脊轩志》是一篇脍炙人口的古文名篇。课上，老师安排学生品味传情艺术，感悟不老亲情，并展开讨论。

生："不用空洞的言辞，不写揪心的痛，仅写家庭琐事、生活细节，同样也能传达出亲人间的真情至爱。"

生："写作要善于调动生活积累和情感积蓄，不能一味地编造故事，情感不真实，自然不能感动读者。"

生："不过，有时我认为，没有家人的管束和关心，或许能更自由、更独立、更有能力面对人生。我妈的关心让我想逃离，我穿什么，吃什么，都是她说了算，不知道我什么时候才能独立。"

生："我家的亲戚也跟我爸妈一样，见面只问我的成绩，从来不跟我说别的，我在家一点劲都没有。"

师："这个问题该如何看待？"

生："我手里正好有一篇作文，选几段念给大家：我真真切切地感受到母爱是我走出家门，踏上南下求学之路的时候。妈妈，那天临行时，隔着车窗，我听不到您的叮咛，但能读得懂您的眼神。您在向我挥手的刹那，就潸然泪下了。我还来不及弄懂为什么，泪也成串地洒落在衣袖上。您的一个眼神，一个手势，就是母爱的诠释吗？'儿行千里母担忧'，就算我只离开您一步，您也会在多少个梦中惊醒，惦记不在身边的我！妈妈，我有时会忘记您的生日，但您却永远记得我的生日，总会在我生日那天送上一份别致的礼物；我有时会对您的唠叨感到厌烦，但您却连我们的只字片语都记忆深刻；我有时可能还会误解您的爱，但您却从没有停止过对我无微不至的呵护。妈妈，您能原谅我过去的不是吗？"（教室里出奇地静）

生：（一女生想打破沉寂）"这位同学倾诉了自己对母亲的感激和愧疚。"

生："母亲读着这封信，脸上也该荡漾着幸福的微笑了。"（一男生的调皮使气氛再度活跃）

生："亲情是每天上学时妈妈不厌其烦地叮嘱：路上小心；是爸爸让我充满自信的鼓励：我女儿最能干，学习最勤奋。"

生："亲情是小时候衣服都是奶奶洗；是上学几年爷爷顶着烈日，迎着风雨的接送。"

生："亲情是在餐桌上狼吞虎咽时，妈妈一边为我拍脊背一边说：'慢点慢点，别噎着'。"

师："亲情从点滴平常的小事中体现出来。那么，如何才能体验得到呢？"

生："要以感恩的心情，感动于父母的一句话，一个动作，乃至一个眼神，这样才能体会得到。"

生："一个人感受愈独特，思想就愈深刻。真切感受过的东西，表达起来才得心应手，也才能感动自己，感动读者。"

生："感恩是一种生活态度，一种善于发现美并欣赏美的道德情操。只要有一颗会感恩的心，就能明白父母心甘情愿、不辞劳苦为我们所做的一切！"

本节课陈老师的成功之处在于没有不厌其烦地说教，没有霸占课堂，而是把时间交给学生，为学生搭建了自我学习和体验的平台。教师则适时引导学生领悟，思考和讨论，从而使学生能在老师搭建的平台上拥抱生活、坦露心迹、感悟人生。学生通过自主探究、相互启发，把作家感悟到的生活真谛内化为己有。

教师权威是传统的"师道尊严"思想的产物，也是前信息时代人类社会知识更新缓慢的必然结果。但是人类社会进入信息时代后，各种信息应接不暇，教师不再是知识信息的唯一来源，他的知识权威受到挑战，已不可能始终以"智者"的形象出现在学生面前。教师应该走下高高的讲台，以和学生平等的角色引导并参与他们的讨论，鼓励学生在课堂上各抒己见。教师不再是独奏者而是合作者，要将学生放在中心地位，与其平等对话和交流。这也是现代教育理念的体现。

二、以正确的合作方式，系统地指导学生

新课程目标要求教师必须与其他教师、与家长以及行政管理机构保持良好的交流与合作关系。因为，教师无法单独对学生进行知识、方法、过程、情感、价值等多方面的系统指导，必须与同事或家长或行政管理机构合作，通过集体讨论研究的方式来解决教学中的问题。通过集体交流与合作，实现知识、经验互补和信息资源共享。

（一）成为指导学生合作学习的合作者

新课程的启动，学习方式的变化，呼唤着教师角色的重新定位。在合作学习的过程中，教师的职责现在已经越来越少地传授知识，而是越来越多地激励思考，教师越来越成为一位顾问、一位交换意见的参加者、一位帮助发现矛盾论点而不是拿出现成真理的人，是参与课堂活动的"平等中的首席"。教师要成为学生合作与交流时的促进者和合作者，就要根据学生学习任务的难度和学生的实际情况充当指导者。需要深入到小组中，了解学生学习任务的完成情况，分析他们的做法，及时发现他们的失误，以便提供必要的提示或矫正，并能及时回答学生提出的问题。对个别学生或个别小组有独到见解或出现创新性思维火花时，教师要及时给予鼓励和支持。

具体来说，教师怎样做，才能成功地成为指导学生合作学习的合作者，将新课改倡导的合作精神真正地在教学中得到实现呢？宁夏石嘴山市第四中学的王万金老师的经验可以作为很好的借鉴。

王老师提出了教师以合作者的身份，指导学生有效合作学习的四个对策：

对策一：角色互配，都有事干。合作学习是多名学习者在教师有计划的指导下，以小组为单位，使个体与集体学习相互结合，促成教育教学效率最大化的一种教学方式，以达到 $1+1>2$ 的学习效果。合作学习是小组学习的进一步发展，其学习动力主要来自集体的成就感。合作学习强调所有的学生都必须积极参与到学习中来，合作不仅是一种自愿的行为，而且是每个小组成员应尽的义务，否则集体的成绩就无法得到保障。因此，教师就必须在合作学习小组成员间分配适当的任务，让不同的学生扮演不同的角色。如合作中的纪律管理员、时间控制员、记录员、主题发言人、补充发言人等，并且这些角色应该不断互换，以便发挥互相帮助、相互学习、分工合作、同舟共济的合作效果，实现学会学习和学会合作的教育目标。

对策二：方法整合，有的放矢。任何一种教学方法都不可能是绝对完美的。有效教学的实现需要教育者根据学生的具体学习风格、教师的品质特征以及学习材料的特点选择和组合各种合适的教学方法。在一些简单的概念或者技能的学习中，传统的集体课堂讲授法效果或许会优于合作学习。合作学习不应该也不可能排斥其他教学方法。只有在具有探究性质的知识点上，合作学习才会显出明显的优势。比如，与王老师同校的美术教师蒋老师在进行"肖像画"的教学设计时，对肖像画法的技法就采用传统的讲授教学，而在进行人物特征的归纳概括环节上就采用小组合作学习，以小组为单位，并进行任务分工，进而归纳总结出不同人物的特征。

对策三：用任务完成或主题教学串联知识。跨学科的学习任务设计虽然有一定的难度，但是这种任务对学生来说会更有挑战性。研究性学习就需要跨学科的知识整合。比如，与黄老师同校的一位历史教师曾经设计过一个学习任务：通过研读有关书籍、参观博物馆、访谈等手段分析宁夏有许多古代长城的原因。这位教师要求学生阅读的书籍除了乡土历史以外还有乡土地理，甚至还有许多地方志。由于这个任务本身就要求合作，所以，学生们通过分工协作，有的阅读书籍查找资料、有的访谈老人收集故事、有的实地考察获取资料，最后，通过交流总结，共同形成了一篇有模有样的小论文。

对策四：共性评价和个性评价相结合达到相互促进的目的。在合作学习的过程中，不同学习者自身条件不同，贡献不同。因此，得到的评价自然也不应该相同。合作学习的学习结果的评价问题相当复杂。一般来说，小组成绩不能等同于个人成绩，两者应该分开评价并分开奖励。比如可以设立最佳合作小组奖，对出色完成合作任务的小组进行奖励，这项荣誉为该合作小组的全体组员享有。对于个人，可以设立最佳表现奖、优秀个人奖等奖项作为对个人的奖励。对合作小组的评价应着重于过程，而对个人的评价应比较偏重于结果。

（二）让集体备课在教学中亮起来

集体备课是实现教师交互式教学及进行教法研讨的一种新型的备课模式。这种模式的优点在于集众人睿智，取长补短，改变了过去教师单打独斗，互不相通的局面。同时，集体备课能真正促进教师的教学和科研能力的发展。集体备课活动可以形成一种交流、合作、研究的学术氛围，推广优秀教师的教学经验，更好地发挥优秀教师的"传、帮、带"作用，促进课堂教学质量的整体提高。

浙江省温州中学生物学科的教师们总是在教学之前，实行集体备课，不仅充分发挥了集体的智慧，也使每个教师在共同的研讨中成长、发展。在实践中，温州中学主要从以下几个方面来下工夫：

1. 充分挖掘教材内容

对教材内容的理解，首先体现在对目标知识的定位要准确。尝试用模拟的方法进行科学研究，利用数学方法处理和分析实验数据，运用分析、归纳和推理的方法进行问题探讨和实验讨论等，要体现学生对知识的体验过程，注重学生知识的形成过程和学生的主动参与，使静态的知识动态化等，教师只有在备课时明确这些目标，才能在课堂中贯彻落实。其次体现在对教材知识内容的理解上，把握好重点、难点知识，对教材的内容做好拓展。新教材知识点多，有的知识点对专业知识的要求很高。如果教师自己没有足够的知识储备，课堂的讨论就有可能会陷入僵局，把这些教材中自己吃不准的知识点拿出来在备课时大家一起讨论，可以提高教师对教材的理解能力。

案例1：拓展教材内容。"基因频率变化"的有关问题，许多教师在讲解时总是觉得讲不透彻，而在集体备课的过程中，经过查找资料、资深教师的讲解，再结合自己的个人理解，就会明白影响基因频率变化的因素有基因突变、染色体变异、自然选择、迁移、小种群、不随机交配等。一个理想的种群应该是：①种群极大；②交配随机；③没有突变；④无迁移、没有新基因加入；⑤没有自然选择。这样的种群基因频率和基因型频率可以一代代稳定不变，保持平衡，即遗传平衡定律。通过这样的学习，每位教师都感觉自己得到了一次知识的提升，讲课的时候可以做到游刃有余。

2. 合理设计课堂教学

成功的课堂教学从教学设计开始。教师要想成功完成预设的教学目标，必须精心设计每一节课的程序结构。

设计教学环节需要教师在第一环节的备课活动中，在充分理解教材的基础上，设计出符合新教材要求、符合学生认知规律的教学方法和教学环节。

案例2："基因的结构"备课时设计的五个教学环节：

看一看：借助科学史的FLASH，让学生了解科学家对基因的探索过程，引起学生对基因知识的共鸣，从而顺利地对其进行情感教育，同时复习已有的基因知识，形成简单概念图。

猜一猜：提供材料，要求学生在原核基因结构的认识基础上，大胆猜想真核基因与原核基因在转录时有什么区别，鼓励学生跳出原有概念的框框，使其有所发现、有所前进，从而达到有效提升学生知识、能力和创新精神的目的，激发学生的求知欲。这一环节的目的在于激发学生的好奇心，让每一位学生能主动积极地参与到教学过程中来。同时，这一环节也能体现选择教学内容的有效性，起到承上启下的作用。

问一问：在对基因结构的初步认识的基础上，要求学生能进一步对有疑问的知识进行提问，并鼓励其他学生来回答。在这样的一问一答的生生互动过程中，鼓励学生有创造性的思维，培养学生的质疑精神和对现有知识的不满足。这一环节对教师的要求比较高，对教师的课堂驾驭能力要求比较强。因此，需要教师在备课的第一环节做好准备，充分挖掘课本内容，扩大自身的知识面，使师生思维的火花在这里碰撞，达到突破重点、难点的目的。同时，这一环节的教学方式改变了以往教师一言堂的局面，给学生留足了思考的空间，为学生搭起向上攀登的支架。

写一写：概念的学习往往是比较枯燥、死板的，构建概念图可以有效地解决这个难题。把这一节课中新学习的有关概念，比如编码区、非编码区、内含子、外显子、非编码序列等概念在已有的概念图中进行补充，使学生动手建立的概念图更加完善，使这节课的知识条理更清晰，知识目标更明确。

议一议：比较原核基因与真核基因的区别、计算外显子碱基在整个基因中所占的比例、讨论假如基因发生突变后生物的性状是否发生改变；从另一角度让学生理解原核基因与真核基因的区别，体会真核基因的复杂性，进一步巩固他们对基因结构的理解。同时，这一环节的教学有助于在平时的学习中让能力有差异的学生之间相互合作。这节课教学设计的意图是引导学生构建概念图，培养学生的质疑、批判、合作的精神，达到知识、能力、素养三结合。

一节成功的课堂教学，总要有吸引学生的地方。或是引题或是课堂互动的形式，或课件或知识内容，或教师自身的魅力等。但是，怎样做才能使整节课都吸引学生？那就要在备课时仔细推敲，反复琢磨。

一位教师在"能量的流动"一节的优质课评比中，经过第一轮备课，用最常用的鲁滨逊荒岛求生故事来引题，再逐步深入，发现课堂中主要是以教师讲授为主，学生基本是被动地接受，达不到新教材的要求。经过集体研讨，许多教师觉得公开课中的这种形式没有亮点，不能引起学生和听课教师的共鸣。后来，教师经过推敲觉得这部分的内容与日常生活联系比较密切，如能用生活中的实例作为课堂中的一根线把整节课串起来，就会使课堂有更大的生机。于是，该教师就把原思路推翻，到菜市场把各种蔬菜、肉、大米等的价格拍成录像，将卖菜过程中产生的问题及与卖菜阿姨的对话在课堂中讨论，不知不觉中就已经把与能量流动有关的各类问题解决了。最后，这节课上得妙趣横生，再加上教师的引导，使学生在轻松愉悦的气氛中学到了知识。像这样经过集体多次探讨备课后进行的课堂教学，都能以独到的设计和教师出色的引导使生物课堂生动有趣。

3. 及时汇总、课后反馈

在教学中，教师及时掌握学生的反馈信息是很重要的，这能及时弥补教学中的不足，巩固学生的薄弱环节；同时能使学生的学习变得轻松，使教师在教学中及时掌握因人而异的难点，并加以突破。

在进行"内环境与组织水肿"的教学时，若想让学生利用课本中的内环境知识很好地理解组织水肿的问题，仅靠一堂课中的学习是不够的。学生往往只是片面理解内环境知识，更不能实现在学习过程中对知识的很好运用。因此，在集体备课中，有经验的教师可以总结有关的知识，做一个课后的补充练习：能引起组织水肿的因素很多，只要是能引起组织液的增多的，都是内环境的稳定受到影响所致，都能引起组织水肿。比如，血浆蛋白合成不足、营养不良、过敏、肝炎淋巴管堵塞、肾小球肾炎等都会引起组织水肿。对以上几个案例的分析都离不开内环境各成分之间的转化关系，都充分用到了内环境的知识内容，学生分析其中原因时，总是因为不能联系有关的知识而出现错误。把这些例子编成课后反馈练习，在一起总结讲解，对学生理解这部分的知识大有益处。像这样有针对性的课后总结在我们的备课组中有很多的积累。比如，针对"无土栽培、植物组培、动物细胞培养微生物的培养基成分与培养条件如何区别""染色体组数与染色体倍数有何关系""无子西瓜与无子番茄的无子性状能否遗传"等学生经常有疑问的问题，通过集体备课的形式，把各位教师掌握的相关反馈信息编成课前预习、课后复习，单元易错易混概念、知识点等，形成我校教研组自编的练习。这套练习不仅针对性强，有一定的难度梯度，还可以帮助学生形成一定的知识网络。

4. 做出课件

集体备课坚持到现在，我们已经有了一套完整的课件。每位教师在备课时分工合作，分章节做好课件，把做好的课件再集体讨论修改，然后，每位教师再根据自己的个性作修改，再优化美化，最后资源共享。多年以来，这种备课形式，已成为我们的一个优良传统，使各位教师在课前能做到胸有成竹，课堂中游刃有余，课后能及时把握学生对知识的反馈，做到使 40 分钟效益最大化。

浙江温州中学的教师在教学之前，实行集体备课，共同研究课标、教材和学生，集思广益。集体备课改变了原来教师单打独斗的局面，使教师成为合作者。通过这样的活动组织形式，教师之间可以互通有无，共同研讨，将课上好，使教师自身也得到提升。

三、路在何方——教师如何做成功的合作者

第一，教师要走下讲台，深入到学生中间，同学生建立起民主平等、相互信赖的"我——你"关系。在教学过程中，教师和学生都要以真实的、完整的"人格"亲临"现场"，以真实的、开放的心态彼此相待。这一切唯有教师放下"尊贵"的架子或身份，坦然面对来自学生的挑战以及自身存在的不足，才有可能实现。

第二，教学中要为学生创造主动参与的机会，为他们提供主动发展的空间，引导学生的主动参与，落实学生的主体地位，促进学生的主动发展。体现在教学中，要鼓励和支持学生提出问题，教师要以完全平等的姿态与学生一起

查阅资料，寻求答案。

　　第三，注意倾听学生。新课程强调教师要改变教学方式和备课方式，多研究学生，上课时多倾听学生、多关注学生的即时反应，而不是只盯着教学内容的讲解。学习是一个从无疑到有疑的过程，没有问题的课堂不一定是好课堂。如果学生没有问题，那才是最大的问题。培养学生的问题意识就是培养他们的主动探究意识，在课堂上要倡导学生敢于提问、善于提问，对那些提出颇有新意或独到见解的问题的学生要表扬鼓励，从而引导学生进行更高层次的思考。学生的敢于和善于提问的前提是有一个轻松愉快的课堂气氛，这种气氛是老师创设出来的。无论学生问什么问题，说什么想法，老师在课堂上要做的就是认真倾听，与学生共同研究与探讨。以学生的发展为本的课堂教学是动态的、开放的，让学生在不断生成的经历、体验或探索活动中，提出问题，发表见解。思考角度、策略与方式的多样性，答案的不唯一与差异性都是学生们创造的生动的教学资源。只要注意倾听学生，就能从学生的话语中提炼、生成更具有针对性的教学目标，并据此与学生进行深层次的互动，从而使教学实现超越预设目标的跳跃式发展。

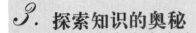

3. 探索知识的奥秘

——从课本知识的复述者到知识的建构者

新课程理念下，教师不再是教材的忠实执行者，而是课程的建构者之一。教师根据新课程标准挖掘乡土知识，使课程紧密联系实际，反映学生的生活经验，达到活学活用的目的。教师将课本死板的知识变成动态的知识，强调知识的建构和获取的过程，让学生去探究知识，发现问题、解决问题，从而获得真知。

一、让教材活起来

高中教材具有基础性，难以将所有知识点和学生能力生长点一一指明。因此，教师需要在吃透教材的基础上，创造性地使用教材，把教材作为一种资源进行深入开发、利用或延伸，以实现学生在获得知识过程中，能力、思想以及情感等各方面的发展。

（一）深化教材，延伸知识

为了在阅读教学中培养学生的综合能力和人文素养，弥补教材之不足，安徽省金寨县第一中学廖开奉，充分开发教材资源，对阅读课进行延伸教学，取得不错的效果。廖老师依据知识内容和学习目标，不局限于教材，对阅读课文的文化、思想情感资源进行深度开发与延伸，在实践中摸索出四种不同的延伸和知识拓展方式。

阅读是读者（学生）运用已有的语言知识和已往的社会生活知识经验，对作者提供的语言文字信息进行加工解码，领悟文字意义以及作者的思想观念、情感倾向和价值取向等的过程。在外语阅读中，廖老师针对学生的生活经验及社会阅历贫乏以及对所涉及的社会背景知识了解不够等实际情况，在阅读教学中，首先对学生的文化及背景知识进行适当的补充延伸，向他们渗透文化知识，促进他们对课文的理解，培养学生的文化意识、跨文化意识，同时还为读后的延伸教学奠定基础。

文化背景知识的补充与延伸，一般在 Pre - reading 阶段进行。教师可以向学生提供大量的语言文字信息、图片资料、音像视听制品及网络资料等。如在阅读 Body Language 时（Unit 21 Senior Book 1B），教师可利用这一话题，介绍相关中外文化差异的知识；在阅读 A Garden of Poems（Unit 4 Senior Book 2A）时，向学生介绍英语诗歌的特点及其与汉语诗歌的差异，使学生更好地理解、欣赏英语诗歌。在阅读 Martin Luther King 的 I Have a Dream 一文时，介绍美国黑人的历史、人权状况及马丁·路德·金的生平、事迹、贡献及其对美国社会的影响，可以使学生更好地理解课文，了解美国社会，敬佩马丁·路德·金。在阅读 The Merchant of Venice（Senior Book 2B）这一剧本时，介绍该剧的社会历史背景、社会阶级矛盾冲突，使学生可以更好地理解剧本、欣赏剧本。这些延伸可以由教师完成，也可以让学生到图书馆、阅览室、互联网上去收集信息，在课堂上汇报集中，由师生共同完成。这种延伸活动，可以大大激发学生的兴趣与热情，给阅读理解作铺垫及辅助，还可以拓展学生的视野，培养学生的文化意识，使学生养成利用各种信息资源的意识与习惯，为终身学习作准备。

新高中教材的阅读文章题材广泛，内容丰富，其中有小说、剧本、科技小品、科幻故事等。廖老师利用这些题目设计延伸任务，让学生大胆推测、展开想象，培养学生的想象力及创新思维能力。同时，这也大大增加了语言运用的机会，培养了学生运用语言的能力。

下面是在阅读 Life in the Future（Unit 6 Senior Book 2A）时，廖老师设计的读后延伸任务：

Imagine the life in the year 8006，让学生推测、想象，写出自己心中 8006 年的社会生活状况。学生可以就 Transportation，Business，Health and medicine，Education 等话题对未来进行构想。结果，学生的想象极为丰富，构建的未来社会生活蓝图千姿百态、异彩纷呈，效果极佳。又如，在阅读剧本 The Necklace 后，教师可以设计以下延伸任务，让学生作合理推测及联想：

①If the necklace had not been lost, what would have happened to Mathilde?

②If Mathilde had known the necklace was made of glass, what would have happened?

③What will the life be for Mathilde and her husband after they have paid off the debts? Will they love each other more deeply and live more happily?

学生可以就这些问题自由陈述自己的观点，也可以展开辩论。这种延伸锻炼了学生的创新思维和想象能力，培养了学生的综合语言运用能力。教师在进行推测及想象性延伸教学时，应对学生的推测或想象持欣赏的态度，鼓励奇思异想，表扬创新思维，不要判定是非优劣，倘若厚此薄彼，很容易挫伤部分学生的积极性。

阅读理解分为三个层次：表层理解、深层理解和评判性理解。这里的评判性理解是理解的较高层次活动，是在对阅读文章进行表层理解与深层理解的基础上，对文章的主题、观念、人物形象、写作手法及语言特色等进行分析、评论、批判或欣赏的任务活动。教材中设计的这种活动较少，因此，需要教师自己来延伸：第一，每篇文章都表达了一定的思想观念或主题，包含作者的意图或价值观。对于文章的主题或作者的价值观要进行分析或评判，吸收其积极、先进的部分，剔除其消极、落后的部分。第二，对小说、剧本及人物传记等可以进行人物形象分析与评论，促使学生深入研读文章、深刻思考，培养其逻辑思维能力。第三，教师还要通过延伸活动，引导学生分析文章的篇章结构及写作方法，欣赏借鉴精巧、严密的构思，指出不符逻辑或不合理的布局构思。这样能够逐渐培养学生自上而下的阅读能力和写作能力。第四，对文章语言特色的评判延伸可以帮助学生分析语言与人物个性及文章主题的关系，提高学生对语言的感受力和鉴赏力。总体上讲，评判性延伸教学可以培养学生综合分析的能力以及求异思维和创新思维。

评判性延伸教学应用较为广泛。比如在 The Merchant of Venice (Senior Book 2B) 的阅读教学中，老师为学生设计了以下评判性延伸教学任务：

任务一：Discuss the theme of the play. 学生通过讨论，不难得出主题：Love, friendship will surely defeat greed, brutality and revenge. Good has its reward and evil has its recompense. （善有善报，恶有恶报）

任务二：Discuss the personalities of the main characters in the play. Give your reasons. 通过分析与讨论，得出结论：①Shylock—a greedy, cruel and merci—less money – lender because he wants to kill Antonio.②Antonio—a representative of new capitalist and humanists, generous, helpful and loyal to his friend because he takes the risk of his life to help his friend, Bassanio.③Portia—a beauty with wit and loyalty because she save Antonio with her wit.

任务三：Discuss the language characteristics in the play. 通过讨论，可以看出：Thauthor uses humorous witty rhetoric language, including simile, pun and so on.

任务四：Discuss the writing skills in the play. 教师引导学生讨论，得出结论：本剧构思精巧，情节起伏跌宕，对比鲜明生动，引人入胜。

语言文字是思想和精神的依托，是情感的载体。高中英语教材阅读课文中有许多优秀的文学作品，如诗歌、小说、剧本、人物传记、科学探险记等，这些作品中蕴涵着作者或作品中人物丰富的情感经历与体验。阅读文学作品，是读者与作者之间心灵感悟、沟通、情感共鸣的过程，是培养与开发学生情商与心智的重要途径，是塑造学生美好心灵和培养学生高尚情操的手段之一。廖老师把阅读课文看做情感资源，看做是可以开发和利用的宝藏。因此，他经常对阅读课文进行情感挖掘与延伸，即进行情感性延伸教学。

在阅读 Living With Diseases（Unit 7 Senior Book 2A）中的两篇文章后，廖老师设计延伸问题：If you lived with AIDS or cancer, what would you do? What would your life be like? 让学生通过换位思考，体验艾滋病患者或绝患者的心理及情感变化，增强对他们的理解宽容，并向他们伸出援助之手。同时引发学生反思健康、生命等重大课题，增强珍视生命与健康的意识。又如在阅读 O.Herry 的著名小说 The Gift（小说描述一对恋人在圣诞节前卖掉自己最心爱的东西，分别为对方购买了珍贵的礼物，但礼物却派不上用场的故事。）时，教师可以设计延伸任务：What do you think Jim and Della's love? 分析情节，学生们可以体验这对恋人之间爱的真诚、苦涩与艰辛。

廖老师在自己的英语教学中，根据学生的实际情况以及英语教材的特点设计了四种教学延伸。考虑到学生的生活背景和经验，考虑到英语文化与中国文化的差异，充分利用已有教材内容，深入挖掘英语教材中本身的教育资源，重新组织了教学内容。可以说，在教学中，廖老师没有简单地去复述和照搬教材，不是"教教材"，而是将教材与现实的实际情况相结合，充分挖掘教材本身的资源，开发教材中的知识和思想精神，是利用教材在教，体现了新课程的理念。

利用教材进行延伸教学，旨在培养学生的综合能力及人文素养。因此，首先需要教师有较高的专业素养、教学能力、创新能力，更需要教师付出艰辛的汗水，教师必须充分备课，以便课堂活动顺利实施。其次，延伸教学是较高层次的任务活动，教师要针对学生知识、能力的实际，给予充分、必要的指导与辅助，否则，任务活动难以顺利进行，教学目标难以实现。最后，必须指出，延伸教学要讲究适度与实效，倘若无限延伸，偏离课题与教学目标，收不到实效，就会耗费了时间却两手空空。

（二）结合实际，贴近学生

高中教材要在全国各个地区广泛使用，强调共性和通用。因此，教材内容一般比较抽象，强调逻辑关系和知识体系。而这样就牺牲了知识丰富多彩的内涵。新课程下，教师不能再是教材的转述者，要自觉摆脱"课本怎么写，我就怎么讲"的观念，在理解教材的基础上，深入分析教材，对课本知识进行深化和创新，进一步将教材知识具体化、生动化、乡土化，使知识能够紧密联系实际，贴近学生生活经验，从而更好地与学生已有经验和知识建立联系，使学生牢固地掌握知识，活学活用知识。

江苏省邳州市明德实验学校的黄继良老师在地理教学中，针对地理学科的特点和学生的认知发展水平，用学生熟悉的、感兴趣的，又贴近学生实际的生活素材来替换、改造教学内容，尽可能使学习内容生活化，取得了不错的教学效果。黄老师认为"学习对生活有用的地理"和"从生活中学习有用的地理"是课改成功的关键。

黄老师认为，为了使学生更好地了解自己生存的环境，在地理课堂教学中，教师应从地理与生活入手，引导学生关注身边的生产实际、生活实际、乡土实际，让学生尝试从与周围密切相关的生活中发现问题，提出探究思路或解决问题的设想，把所学的地理知识运用到实践中去，服务家乡，服务社会。这也是"学习对生活有用的地理"，是"学会生存，学会生活"的思想理念的重要体现。

在讲"可持续发展"时，黄老师组织开展"一次性筷子、节日贺卡的思考"等社会调查活动。通过参与调查、分析、讨论，有的同学了解到大约4000

张贺卡就需要毁掉一棵大树，了解了一次性筷子、互赠贺卡对环境卫生、生态资源的破坏影响，增强了保护环境的意识。在分析"环境污染"的讨论中，黄老师要学生指出本地区的几大污染源，并要他们提出治污的合理化建议。课堂讨论热烈，学生异常活跃。同学们一致认为植树造林、栽花养草不仅美化了环境、净化了空气，而且带来了巨大的经济效益。他们切身的感受是：原野绿了，水更清了，空气洁净了；与此同时，人们的收入也增加了。种植花木把发展经济与环境保护很好地结合起来，实现了可持续发展，真是一举两得。这样利用学生的生活实际为课堂输入新鲜的生活内容，让学生学到了有用的地理，使课堂教学不断焕发出生命的活力；还激起学生强烈的探究欲望，自然地开启学生思维的大门，使学生的学习兴趣得到培养，并使学生创新的能力也得到了提高。

在"气候的形成和变化"一节讲完后，按课后活动的要求要组织一个小型研讨会。黄老师出示有关图片，让学生讨论我国南北方在住房上南尖北平、饮食习惯上南米北面、古代交通上南船北马的差异。其地理背景是：我国南方气候高温多雨，年降水量在800毫米以上，冬季平均气温在零度以上，屋顶高而尖既利于排水，又利于通风散热。北方屋顶多建成平顶，这样既可节省建筑材料，还可兼晾晒作物的场地。南方耕地多以水田为主，当地的农民只能因地制宜种植生长习性喜高温多雨的水稻，而我国北方降水较少，气温较低，耕地多为旱地，适合喜干耐寒的小麦生长，长此以往，便养成了南米北面的饮食习惯。正因为南方气候湿润，降水丰富，使得地表河网密布，使得适应"水乡"的船舶运输应运而生；而北方多干旱气候，草场广布，畜牧业发达，马匹除了提供乳肉产品外，又以其耐力好、速度快而被北方人民驯化为代步工具，成为古代北方大地的交通工具。

黄老师通过创设情景，将所学的知识进行拓展应用，培养学生的创新精神和实践能力。在"学习对生活有用的地理"的同时，"从生活中学习有用的地理"。

许多地理问题，在现实生活中都能找到原型或是可以模拟，而这些实际生活背景，学生是看得见、摸得着，也容易理解的。因此，教师除了自身解读教材外，还应对给定的教学内容进行大胆的变革与创新，用学生熟悉的、感兴趣的，又贴近学生实际的生活素材来替换、改造教学内容，尽可能使学习内容生活化，用生活经验来突破学习难点，用生活去理解知识，把地理知识移植到生活中去。

学习"大气对太阳辐射的削弱作用"时，黄老师没有直接将教材的知识点一股脑抛给学生，而是在分析教材的基础上，设置了以下问题：为什么朝霞、晚霞呈橘红色？（近地面大气中尘埃多，颗粒较大，散射能力强，而波长较长的红光、橙光难被散射）交通信号灯规定"红灯"为停的科学依据是什么？这样，使枯燥的理论知识转化为现实的生活问题，容易唤起学生的学习兴趣和探索欲望。

在学习三大类岩石的成因时，对于变质岩，学生难以理解。黄老师通过举例，利用生活的常识来帮助学生理解和掌握知识。泥土加热会变成坚硬的砖或是瓷。那么，对于地壳中已形成的岩浆岩、沉积岩碰到了高温的岩浆会怎样？这样，不仅使学生理解了变质岩的成因，同时也培养了学生思考问题的能力。

黄老师在地理教学中，紧密结合学生的已有经验和生活经历，将知识在生活经验中呈现，使死板的知识更具有生活的实际意义，激发了学生的学习热情和兴趣。黄老师在处理教材和学生的关系过程中，同样也首先从学生出发，充分考虑学生的背景和经验，对教材进行生活化的改造，体现了新课程教师也是知识的建构者的思想。

只要教师在教学过程中，尊重学生的个性，以人为本，挖掘教材中的生活因素，并与学生的生活经验有机结合，就不但能提高学生的学习兴趣和学习效率，也能使学生在学习中陶冶情操，净化心灵，真正学会做人，学会生活。

（三）让学生知其所以然

新课程非常重视学生的学习过程，强调在掌握知识的过程中，促进学生能力的发展，让学生在学习的过程中，学会学习。因此，教师在教学中，要重视知识的发生和生成过程，将"静态刻板"的知识获得变成"动态形成"的探究过程，让学生知其然更知其所以然，使学生了解形成结论的过程和方法，真正转变学生机械被动的学习方式。在实践中，教师要能够分解教材，将课本知识变成学生探究的问题，引导学生通过思考、操作和实验等获得真知。

福建诏安一中林俊明老师在教学中，注重教材分析，引导学生去主动探究，积极思考，通过亲自去分析和解决问题，形成结论。

教材的重点、难点处往往是学生感到学习困难之所在。当教材难度较大时，林老师就用很浅显的文字把它表达出来。对于教材的重难点，学生迫切希望弄清其来龙去脉，林老师就紧紧抓住这个节骨眼，创设一些有助于学生理解、简单明了的问题，引导学生主动探索，在探索之中寻求理解、寻求答案。

林老师在教"勒夏特列原理"时，为了更好地帮助学生理解这一较难的原理，举了这样的例子：有两池水，中间有一管相通。

（1）若往左池加水，会产生什么情况呢？（左池的水会移向右池）

（2）移动后，左池的水位与加水前水位相比如何呢？（前者高）

（3）两池不相通与两池相通这两种情况比较，左池均加入同量的水，则左池水位高低如何？（前者高）

这简明的例子有助于学生对平衡移动以及勒夏特列原理中"减弱"含义的理解。

当教材很简单时，林老师将教材的含义运用发挥得多一些、深一些、浅入而深出，使学生能够得到一些新的知识和观念。林老师认为浅显的教材每个学生都懂，如果教师再用简单的文字很平淡地解释它，学生会听得不耐烦。教师若能在平淡处给学生思维设置障碍，使学生产生"山重水复疑无路"之感，教师进而再加以启发，诱导学生找到解决问题的途径，使其达到"柳暗花明又一村"的境界。

林老师在教"周期表"时，在讲出第七周期为不完全周期，目前只发现23种元素的时候，提出：随着时间的推移，新的元素逐渐被发现。那么，请同学们来预测第七周期的"美好未来"——第七周期若全部发现后，该周期共有几种元素？这样一个富有挑战性的问题。这样一个标新立异的提法，打破了思维定式，促使学生去思考、去讨论，使学生在解决了问题的同时也加深了对元素周期律的理解。

林老师在教学中，没有生硬地把知识点抛给学生，而是将教材的知识点转化为一个个问题，让学生在问题中去分析和思考，通过推理、归纳、验证，最终获得结论。这样一个过程，激发了学生的学习兴趣。同时，使学生在不断的分析中建构了知识体系，这样，学生不用死记硬背，知识便了然于胸，既增强了学生的分析和解决问题的能力，又使他们掌握了一些学习方法，学会了学习。

二、构建更加和谐的课堂

高中的知识课程为人的终身成长提供了丰富的营养，教我们学会尊重生命、走进科学、融入生活。而作为传授这些知识的课堂应该是教师、学生、文本三者精神交流的园地，闪耀着人文与科学的光彩。反思当前高中教学实践，提问、分析、讲解成为课堂主旋律，无法激起学生对知识与课堂教学的兴趣。因此，在高中新一轮课改向纵深发展之时，构建和谐课堂，在课堂中实施人文关怀，丰富学生精神世界，促进学生的个性全面发展成为大势所趋。

安徽省霍邱师范学校的张燕妮老师，结合高中语文教学实际，向我们讲述了如何才能构建和谐的语文课堂，让学生沐浴在文学光辉中，彰显出语文课的人文光彩。

（一）唤醒生命意识

入选中学语文教材的文章绝大部分都是文质兼美的名篇佳作，但为何学生在阅读时，总感觉味同嚼蜡、兴味索然呢？张老师认为有以下四点原因：第一，主题意义的迷惘。例如文言文是中医、武术等国粹的最佳载体，但学生在学习时，从未见到这些生命力依然旺盛的文本，令学生对文言文学习的意义疑窦丛生。第二，中心话题的错位。每个时代都有处于社会兴奋中心的人文话题。这些话题作为一个强力磁场，使历代文本都呈现出新意。如生存之轻重、异化与荒诞、人格独立、人与自然等当代话题，极易引起学生的共鸣。但现今教材探讨的常是与时代脱节的话题，缺乏与学生对话的真诚姿态。第三，文本活体的肢解。有些作品应当慎用节选。如《红楼梦》呈网状式结构，人物众多，关系复杂，没有认真的前期准备，阅读时必然一片茫然。第四，学习兴趣的扼杀。不少教学内容超出了学生的认知视野。例如学生在学习鲁迅的一些杂文之后，只会背诵一些现成的答案。肤浅的理解，造成了对鲁迅的严重误读。更有甚者，不少学生产生逆反心理，使鲁迅先生的心血结晶成了他们最厌读的作品。

和谐的语文课堂应努力使学生捧起鲜活的文本，唤醒他们的生命意识，使他们在阅读过程中酣畅淋漓地养一养书卷文气和浩然正气。让学生在有效解读文本之后，让生命跨越时空与大师们的思想进行碰撞交流，使生命迈向一个新的高度。

（二）加强审美功能

在语文学习中，学生的学习主动性与他们的情感需要、审美兴趣直接相关。因此，教师在语文教学中应着力体现审美功能，把美育贯穿在整个语文教学过程中。语文教材中的文学作品，文质兼美，含有极为丰富的美学内容。教师在教学中要激发学生学习语文的兴趣，做到寓教于美，寓教于乐。只有这样，语文教学才有情趣，才有吸引力。文学作品的美，具有形象可感性，离开了具体形象，美就不复存在。语文教材中的文学作品，用优美的语言为学生塑造了一系列美的形象和意境。如黄山的秀美，西湖的艳丽，长江三峡的雄奇险峻，荷塘月色的恬静淡雅，处处显示出大自然的迷人景色。此外，"今宵酒醒何处，杨柳岸，晓风残月"的婉约缠绵，"大江东去，浪淘尽，千古风流人物"的豪迈奔放，无不充满震慑人心的艺术魅力。课堂上，教师要充分发挥主导作用，根据美的特点，捕捉形象进行分析，运用生动优美的语言向学生描绘作品的生动画面，帮助学生打开心灵的窗户，在作品所描绘的形象与学生思维之间架起一座桥梁，使他们感知美，热爱美，使他们心有所感，情有所动，从而更加热爱美，向往美，追求美。要提高学生的审美能力，还需帮助他们学习文化，增长知识，开发智力。学生的语文能力提高了，审美能力也会随之提高，审美能力的提高，又能促进智力的发展。

（三）提高学生的语言能力

经典作品的言语为什么能出神入化？有些高中生的作文语言为什么干瘪苍白？原因在于，作家体验并且留住了他对人生的独特感受，作品中出神入化的语言，只是他的情感和思想的水到渠成的表达。有些中学生虽然很勤奋，抄录妙语警句，但在写作过程中却往往束手无策，言不达意。课堂教学是教师借助特定的经典文本，对学生主观世界的一次发现、开拓、认识，对提高学生的语言能力至关重要。对高中生来说，目前课堂上文学作品的有效解读是提高语言能力的有效途径。

（四）培养学生的创新精神

语文教学由于长期处在应试教育的樊笼中，失去了人文科学应有的特征。教师讲读一篇课文，从作者、背景、结构、中心到写作特色，步步为营，滴水不漏；学生作文，起承转合，不偏不倚，层层设防；学生做练习，要紧扣教材观点和高考考点，不敢越雷池半步。学生成了录音机，只有复制的功能，没有主动、自由的个性。学生对语文学习形成了思维定式，潜在的创新意识被紧紧挤压，创造性日趋泯灭。语文课堂教学应当尊重学生的个性需要，培养学生高尚的道德情操和欣赏美、创造美的能力，以达到培养健全的人格和高尚的时代风尚以实现人性关怀的终极目的。构建创新性语文课堂教学，要以学生为根本，从学生心灵深处挖掘创新潜能，培养他们的创新意识，激发他们的创新精神。

课堂理所当然要成为学生聆听人类知识的讲堂，应该让学生认识美、体验美、热爱美。教师要构建起和谐的课堂，发挥各科知识的最大功效，引导学生热爱自然、感悟生命、尊重科学，激励学生唤醒自我，发展自我。

三、教师完成角色转变的注意点

新课程要求教师不再是课程的执行者，而要成为策划者；不再是课本知识的复述者，而要成为知识的建构者。这些转变的目的是转变学生的学习方式，变被动机械为主动参与，变死记硬背为活学活用。教师要很好完成角色的转变就要从以下几点入手。

（一）新的理念，新的观念

一直以来，教师的角色局限于知识的传播者，其职责就是"传道授业解惑"。对于课程来讲，教师只有选择"怎样教"的权利而没有选择"教什么"的权利，即教师考虑的是怎样将国家规定的课程有效地教给学生。新课程标准指出，"教师要善于结合教学实际的需要，灵活地和创造性地使用教材，对教材的内容、编排顺序和教学方法等方面进行适当的取舍和调整"。也就是在实际教学中，教师要转变观念，从知识的传播者转变为课程的设计者。教师要根据教学的需要，对教材进行调整、删减、添加等，即去设计课程。教师要根据教学目标和学生的特点，选择教材和教具，设计教学过程，设计学生和材料之间的相互作用，设计与生活以及现代社会科技发展相联系的教学内容。从一堂课的宏观方面来看，作为设计者，教师要考虑三个问题：教学目标是什么？选择什么样的教学策略来实现这一目标？选择什么样的测验手段来检验教学效果？从一堂课的微观方面来看，教师要从教学方法的各个环节入手，精心设计每一环节，如思考题的设计，各个环节的问题设计，时间设计以及内容设计等。

（二）熟悉教材，挖掘乡土知识

教师要准确把握新课程标准和教材的知识体系，熟悉教材中的重难点和逻辑结构。在此基础上，找准学科知识与现实生活的结合点，要能够针对教材中的知识内容进行"本土化"改造，使之更加适合本地区情况，更加适合学生认知发展水平。越是贴近学生生活的东西，越会使学生有兴趣，学习的动力也就越大。因此，在备课时，教师要从学生的实际生活出发，努力从生活中挖掘教育资源，从生活中创设情境，解决好生活与教学的关系的问题。

（三）了解学生，贴近学生

教师处理教材就好像是导演处理剧本，需要一个艰苦的再创造过程。教材的处理也要体现教师个性，表现出独一无二的"这一个"来。乡土是学生自幼生活并成长的地方，家乡的事例是学生能切身感受到的生动事件，谁都知道一些。以学生熟悉的历史或乡土生活体验创设生活情境，引入新课，对所有的学生都有吸引力，使学生们能迅速进入学习状态并对将要学习的知识产生浓厚的兴趣。

总之，新课程倡导民主、开放、科学的课程理念，同时确立了国家课程、地方课程、校本课程三级课程管理政策，这就要求课程必须与教学相互整合，教师必须在课程改革中发挥主体性作用。教师不能只成为课程实施中的执行者，更应成为课程的建设者和开发者。为此，教师要形成强烈的课程意识和参与意识，改变以往学科本位论的观念和消极被动执行的做法；教师要了解和掌握各个层次的课程知识，包括国家层次、地方层次、学校层次、课堂层次和学生层次，以及这些层次之间的关系；教师要提高和增强课程建设能力，使国家课程和地方课程在学校、在课堂实施中不断增值、不断丰富、不断完善；教师要锻炼并形成课程开发的能力，因为新课程越来越需要教师具有开发本土化、乡土化、校本化的课程的能力；教师要培养课程评价的能力，学会对各种教材进行评鉴、对课程实施的状况进行分析、对学生学习的过程和结果进行评定。

4. 民主对话，教学相长

★★★★★★★★★★★★★★★★★★★★★★★★★★★★★★★

——从课堂话语专断到课堂话语民主

过去的教学采用的大都是单向的接受式教学，这种教学方法使学生形成了被动学习的行为定式，即以教师独占讲台、学生被动听讲的模式进行。这种教学方式，其实质是对学生的"学"视而不见，忽视了学生学习的主体地位。学生是接受教育的主体，也是探索知识的主体。新课程强调要树立学生的主体地位，以学生为中心。学生的主体地位要求教师把学生看成是能动的独立的主体，要尊重学生的独立人格，培养学生在自觉活动中的自主性、独立性和创造性。在教学实践中，教师要走下"神坛"，构建一种民主、平等的师生关系，相信学生，充分调动学生的积极性和创造性，引导他们达到一种自我教育、自我发展、自我管理的境界。

一、与文本对话，与"生命"交谈

教材是师生学习的重要工具，是教学内容的载体，它的价值在于为学生构建知识与能力、态度与情感和谐发展的基础。人类积累的文化财富浩如烟海，而教材中的知识是精选的，是学生未来学习所必需的。因此，要重视对教材的利用。教师是学生理解课本知识的桥梁，通过教师的引导，与教材"对话"，使学生能够深入理解教材内容，牢固掌握基础知识，体会教材所透射出的思想，观念和情感。

浙江省江山中学郑逸农老师在讲授杜甫的《登岳阳楼》时，并没有使用多媒体朗诵录音。他主要的教学方式就是给学生充分的时间，让学生通过反复诵读，逐层加深对诗歌的理解和体验。在反复的阅读中，使学生进入课文"情景"中去，与作者心灵进行对话，在对话中建构意义，生成意义。而郑老师在教学中只去指导，组织阅读，并没有过多干预，没有直接将课文意义和对作者思想情感的理解灌输和强加给学生。下面是郑老师在这节课上的教学过程：

基本步骤为：一读，初步感知；二读，探究意义；三读，体验情感；四读，换位体验。诵读中结合听、说、写、思等其他学习活动。

一读，初步感知。

学生放开声音，自由朗读。读后在小组（六人）内说说各自的原初体验。交流结束后，教师随机抽取一组，请他们向全班介绍他们的体验与理解。

邵："本诗给人一种孤独、无奈之感。作者年老多病却不知亲朋在何方。社会动荡不安，更加深了作者的悲苦。"

黄："连贯，自然，不仅把洞庭湖之景写得雄伟壮丽，而且把那份孤独、寂寞融合得恰到好处。"

郑："乾坤动荡之下，国破家亡袭身之际，只能倚楼流涕的苦与痛。"

刘："是个老题材了，触景生情，抒发一些忧国忧民、思家想家的情感。气势较磅礴，挺感人。"

二读，探究意义。

学生边读边看课文注解，深化或调整原有的认识。接着自己质疑提问，并自主探究，形成个人的基本理解。然后在小组内交流介绍。各小组又从中选取一个典型问题，共同探究。

A组："本诗悲伤色彩很浓，但为何前两联颇有豪迈气象，后两联才突然转悲？转折是否太突然了点？"

汪："人在浩大的事物面前，感情往往会剧烈喷发。前两联豪迈，气势撼人。作者见此景，悲怆之情一拥而上，转折虽略显唐突，却也是情之所至，可谅。"

郑："并没有突然转折，先景后情，情景交融，自然。写景虽豪迈，却也含沧桑。"

翁："作者从大喜到大悲，更有艺术感染力，使人更觉得作者值得同情。"

巫："诗人的伟大之处就在于会运用常人不会运用的伟大技巧，而这个转折就是一例。运用磅礴的气势突然转折。"

郑："前面两联中也蕴涵着许多感慨和悲伤。只要细细发掘，认真品味，就会发现。"

姜1："作者正是利用前面的豪迈之气，突出自己的渺小和无助，形成对比。"

姜2："也许作者看到这一切美好的景物时并没有想到自己的辛酸，但当他写下前面的诗句后，心中的孤独与无奈忽然涌上心头，于是他的语气急转直下，由此便有了后两联。"

B组："对颔联'吴楚东南坼，乾坤日夜浮'的内涵怎么理解？"

郑："颔联的景物描写除了字面意义外，还有很深的隐含意思。'吴楚东南坼'，比喻唐王朝已处于分裂的边缘。'乾坤日夜浮'，比喻自己虽身在洞庭湖畔，却心包天下，关注国家。因此，对全诗起到了一个很好的过渡作用，自然而深刻地由写景转为抒情。"

夏："作者见到如此雄浑之景发出感慨，写下此句与下联自己的凄凉身世及国难作对比。"

黄："这是作者面对动荡不安的唐王朝的一声感叹。悲愤至极，豪迈至极。如果少了这两句，本诗的雄浑沉郁至少减三分。"

宋："此联写登上岳阳楼后所见的天地山川之广阔无边，从而反衬出自己的渺小、孤寂。这与《旅夜抒怀》中的颔联是一样的效果。天地如此广阔，而自己却孤寂无依。"

郑老师进行了简单总结，接着进入下一步：每人找出自己喜欢的诗句，进行书面的"一句话"欣赏。

饶："我欣赏的是首联：'昔闻洞庭水，今上岳阳楼。'（作者）圆了少年心愿却泛起心中愁苦。从'昔'到'今'，这中间的颠沛流离（包含着）多少无奈凄苦，作者的精神已被折磨得疲惫不堪。一'昔'一'今'，时间上的跨度，空间上的追忆，使人不胜欷歔。"

蔡："颔联'吴楚东南坼，乾坤日夜浮'初读意境很美，再读耐人寻味。后句的'乾坤日夜浮'，还让人想到作者因战事而无家可归、四处漂泊的无奈。"

严："颈联'亲朋无一字，老病有孤舟'，一个'无'字，一个'老'字，将诗人悲切的现状真切地展现在（读者）眼前，令人伤感。"

叶："我最喜欢颈联：'亲朋无一字，老病有孤舟。'这里的重点在于一'无'一'有'的对比，寥寥十字，孤独无助的意境便被营造出来。"

管："尾联是：'戎马关山北，凭轩涕泗流。'（诗人）登楼远眺，北方战事仿佛历历在目，厮杀声、哭喊声不断传来，冲击着诗人的心。猛觉醒，惊得老泪纵横。尾联正是展现了这一动人的情景，有形有情，读之如狂风卷沙扑面，黯然神伤。"

郑老师在同学理解的基础上，又向同学介绍古人对此诗的点评。王嗣爽在《杜臆》中说："只'吴楚'两句，已尽大观，后来诗人，何处措手！后面四句只写情，才是自家诗，所谓诗本性情者也。"刘克庄在《后村诗话》中说："杜五言感时伤事，如'亲朋无一字，老病有孤舟'……八句之中，着此一联，安得不独步千古？若全集于四百篇，无此等句语为骨气，篇篇都做'圆荷浮小叶，细麦落轻花'道了，则似近人诗矣。"

三读，体验情感。

郑老师介绍写作背景，引导学生正确把握诗歌的思想感情："公元768年深冬，诗人从湖北公安辗转来到了湖南岳阳，这时的他，贫病交加，落魄潦倒。登上岳阳楼，面对眼前壮观的景色，诗人感慨万千，忧国伤时之感和凄凉身世之痛一起涌上心头。"

学生自由诵读，边读边体会感情，并揣摩朗读技巧。小组交流后，教师随机抽取学生发言。

王："全诗要用深沉的语气读，根据感情的变化而改变语速和轻重。（其中）首联要平稳，颔联要读得辽阔壮远，颈联要读得孤寂苍老，尾联要读得无奈辛酸。"

郑："第一联要读得亮一些；第二联可以激动些，国家壮丽的河山气势非凡；第三联读得孤独凄凉些，语速放慢些；第四联更加悲哀，结尾拉长。"

郑老师适时提出自己的观点："本诗沉郁悲凉，要读得缓慢而深沉，每句五字，要读得字字顿挫，句句苍凉，声调要明朗，感情要沉痛。每句前两字后停顿都要明显些，再缓缓读出后面的三字。其中'日夜浮'三字更应慢些，因为是为后面蓄势的，似乎在说：'多少个日日夜夜就这样过去了。'于是第三联发出了悲痛的感慨，可读低些，把个人的无限辛酸与悲苦读出来。接着进入尾联，稍高些，把对国家命运的满腔悲愤读出来。末句'凭轩涕泗流'要读出深深的沉痛感，沉沉的悲愤情。节奏为二二一，第三联另为二一二。尽可能读出节奏美，情感美。"

学生齐读，用心体会。

四读，换位体验。

"现在，让我们用自己的生命去体验，请你化身为作者，读一读自己的诗。这时的你，一下子增加了 40 岁，而这 40 年中，你历尽坎坷，怀才不遇，几乎一事无成，浸透全身的是身世之痛，家国之痛。这时的你，登上了岳阳楼。请体会。开始诵读。"全班读得沉重起来，迟缓低哀。一些同学忍不住写下了这样的话："全诗的凄凉给人一种想哭的感觉。"（詹）"感叹作者壮志难酬的一生，想随作者一起哭。"（姜）

"现在，再请你用散文化的语言，对诗句进行情景性描述。"学生的心情变得更加沉重，开始还有七嘴八舌的声音，不久就都转为默念了，继而又纷纷拿起笔来诉诸书面。之后，郑老师随机抽点三人表述，渲染课堂气氛。

邵："我年轻时就很向往洞庭湖，今天独自一人终于登上了岳阳楼。在岳阳楼上，我看到了这里是吴楚分界处，日月星辰和大地仿佛昼夜都漂浮在这壮阔的湖面上。啊！我的亲人和朋友们，你们身在何方？我是如此孤单寂寞又年老多病，只有一只小船陪伴我度过无数个日夜。北方边关战事又起，国家动荡，又有多少人要妻离子散了……想到这里，我不禁老泪纵横，倚栏自叹！"

毛："我从少年时就一直梦想着有朝一日能登上岳阳楼，尽情饱览洞庭湖的壮观和恬静。然而，这一等就是整整的 40 年啊！黑发已变成了白发，这才拖着疲惫的身躯登上心仪已久的岳阳楼。倚栏远望，洞庭湖依旧是我想象中那样的壮丽与恬静，湖光山色倒映在清澈的湖水中，别人看到一定会陶醉其中、心旷神怡吧？可我呢？一个动乱中颠沛流离数十年的人，一个举目无亲、孤舟为伴的人，一个老病缠身、无可奈何的人，怎么会有心情赏景呢？遥望北方，那里的战乱正逼近，灾祸又难免了。唉，让一切随风而去吧，我只有衣湿青衫，老泪涟涟。"

课堂气氛渲染到高潮时，学生再次齐读。

随着诵读的一次次深入，课堂气氛渐入佳境。

郑老师通过组织学生进行反复的诵读，让学生融入课文，直接与杜甫对话，体会文章的深刻内涵。同时，每个学生都是不同的生命个体，有着独特生命的成长经历，因此对文章的理解也各不相同。新课程强调教学过程不只是一种单纯的认识过程，而且是生命意义的发生、创造与凝聚的过程，是生命力量的发生与发展的过程，是主体对于生命内涵的体验过程。教学不只是传递知识的活动，而且是一种生命活动，让学生在课堂上探究、活动、对话，完成一次次的生命历程。

二、师生对话，重在过程

传统教学是"独白"式教育，它忠诚于学科，却背弃了学生；进行着表演，却没有了观众；体现了权利，却忘记了民主；追求着效率，却忘记了意义。广东省清远市阳山县南阳中学成志荣老师采取对话教学这一新课程标准下的有效的教学途径。在语文教学活动中，渗透这种"对话式"的学习理念，在课堂上营造民主气氛，老师与学生进行充分、平等的"对话"，让语文学习在学生眼里、心里就像是大家在一起聊天一样轻松自在而又有意义。

对一些话题，成老师认为不必像过去那样"喋喋不休"地进行烦琐的内容分析，过多的分析只会阻碍学生的自主领会，最终是事倍功半。而应该首先让学生通过对文本中的言语进行熟读精思，潜思体会，切己体察，含英咀华，自主领悟话题的外延和内涵，产生个性化的感悟。当学生达到心求通而未得，口欲言而未达的"愤悱"状态时，教师再用启发、点拨、暗示等方式给他们以启迪，师生通过互动交流形式展开充分的讨论，引导学生进一步精思、观察、体验、想象，最终使学生恍然大悟，茅塞顿开。下面是成老师在讲《祝福》一课时的教学现场：

《祝福》

师：（板书："祥林嫂死了！"感叹号写得很夸张，上面如一把匕首，下面似滴着鲜血。）"上堂课，我们从鲁迅先生笔下获知，沦为乞丐的祥林嫂在一片祝福声中寂然死了。一个人死，无非有这么几种情况，一是自然死亡，二是意外死亡；或是自杀，或是他杀。这堂课我们讨论一下，祥林嫂属于哪一种死亡？"

学生感到很新奇，开始交头接耳。

师："有结论的同学站起来说说。"

生1："这还用说，肯定是他杀。"

师："是他杀？那么，谁是凶手？"（板书："谁是凶手？"）

生2："鲁四老爷！"

生3："还有四婶。"

生4："柳妈也是的。"

生5："卫老婆子多少也沾点儿边。"

生6："别忘了祥林嫂的婆家人。"

师：（笑）"鲁镇人统统是凶手？我看你们得说说理由。"

生7："鲁四老爷肯定是凶手。祥林嫂初到鲁镇的时候，他皱了皱眉，讨厌她是一个寡妇，祥林嫂被婆家抢回，他一句'可恶！然而……'多少带了点支持的味道。祥林嫂再到鲁镇，他说她'败坏风俗'、'不干不净'，祝福时不让她沾手；就是祥林嫂死了，他还骂她是个'谬种'。他在精神上把祥林嫂一步步逼上了死路。"

生8："这个家伙自私伪善、冷酷无情。"

生9："鲁四老爷还有一个帮凶，就是四婶。"

生10："我赞成。'你放着罢，祥林嫂！'四婶一声喝令，把祥林嫂在死亡边缘挣扎的勇气和希望都给粉碎了。"

师："我打断同学们一下。"

'你放着罢，祥林嫂！'是个怎样的句式？"（适当的点拨）

生11："感叹句。"

师："好。这是从语气上说。从语序说呢？"

生12："倒装句。"

师："对了。这一倒装，就突出了四婶要祥林嫂赶快放手的迫切心情。这里要注意，感叹号要放到句子的最后，而不是中间。"

这样，学生的七嘴八舌就会得出封建礼教害人太深了的结果。正像丁玲同志所说的那样："祥林嫂是非死不行的，同情她的人和冷酷的人、自私的人，是一样把她往死里赶，是一样使她精神上增加痛苦。"

成老师在进行玛蒂尔德的人物形象分析时（高中语文必修3《项链》），首先给学生设置了一个精当的思考问题，让学生围绕这个问题进行小组探究交流，给学生充分思考的时间。成老师鼓励小组成员发言，发表看法。教师适度参与，平等地与学生互动。最后给予适当简评，引导到原文句段。

教师："你认为玛蒂尔德是一个怎样的人物形象呢？下面我们分四人学习小组来讨论。"

学生小组讨论。

学生发言。

学生1："我们认为玛蒂尔德是个虚荣心强、爱面子的人。"

教师："那么你们对她的态度是不同情也不可怜？"

学生2："玛蒂尔德具有坚强、吃苦耐劳的精神。"

学生3："玛蒂尔德是能够执著地追求自己理想的人，尽管那一夜风光，换来了十年艰辛，但那一夜连部长都注意她了，她认为值得，不后悔。"

学生4："我们对她的态度是同情、宽容、敬佩。"

学生5："她不安于现状，有追求。"

学生6："恪守诺言，重视友情。"

学生7："一个成功的女性。"

（以上学生回答都能结合文本，言之有据，言之成理。教师都适当简评，引导到原文句段。）

教师点拨："分析人物形象时，应联系当时背景结合作者经历，挖掘出作者的写作意图。十八世纪的法国处于资产阶级上升时期，作者生活于那样的时代，和资产阶级接触较多，对小资产阶级的心理有很深的了解，对当时的小资产阶级既有同情又有讽刺。"

教师："那么，我们概括一下玛蒂尔德的形象。"（出示画面、字幕。）

1. 诚实守信的玛蒂尔德；

2. 勤劳坚强的玛蒂尔德；

3. 纯洁高尚的玛蒂尔德；

4. 热爱生活的玛蒂尔德；

5. 可悲可叹的玛蒂尔德；

6. 懒惰、不知足的玛蒂尔德。

从上面的事例我们可以看到，通过师生的平等对话，就能激活学生对课文的理解，实现对课文的多元化解读。

在传统教学中，教师习惯性地满足于"讲授"，而剥夺了学生发表意见的机会。教学中只有教师的"独白"而几乎没有学生的声音，没有学生与教师的"对话"，也就没有了学生思维的主动发展。其实，学生的潜力是无穷的，教师应相信学生，把学习的主动权交还给学生，这是平等意识、人格尊重在教学中的体现，也是对话教学的前提。只有把主动权让给学生，才能唤醒学生的主体意识，让学生根据自己的能力水平提出问题，并由学生讨论，阐述自己的见解，而教师只是适时地参与学生的交流讨论。这样的教学，学生的主动性才能得到充分调动，对话在教学中才能有效地得到贯彻。

三、师生对话，引人入胜

在当今课程改革的新背景下，各门学科的教学，都呼唤着对话教育。北京师范大学良乡附属中学覃老师在政治教学中，有意识地采用了对话教学的方法，使学生能力得到发展，思想得到提升。

在高二刚开设哲学常识这门课程时，学生拿到教科书，必定要想"这是一门什么课程？"当老师告诉学生这门课程叫做"哲学常识"时，学生肯定会问"什么是哲学？"覃老师没有直接给予学生答案，而是让学生先阅读教材有关内容，并分小组讨论，然后进入对话教学这个环节。

师："大家阅读了教材，知道了什么是哲学吧？"

生："哲学是关于世界观的学说。"

生："哲学是具体知识的概括和总结。"

生："哲学是世界观和方法论的统一。"

生："哲学是一种使人聪明、启发智慧、追求智慧的学问。"

师："这些回答都很好。从不同的角度、不同的层面回答了'哲学是什么'这个问题。"

生："哲学是关于世界观的学说，是一种使人聪明的学问，那是不是说所有的哲学都是科学的世界观和方法论呢？"

师："这个问题提得好，正是我们必须弄清的问题。同学们可以各抒己见，谈谈自己的看法。"

生："从'哲学'的原意来看，哲学能使人聪明，能启迪智慧，应该是科学的。"

生："哲学是关于世界观的学说，这表明哲学是一种学说，学说就是一种理论，理论有科学与非科学之分。因此，学说就有科学与非科学之分。有的学说可能是科学的，而有的学说可能是非科学的。"

生："我同意这种观点。马克思主义哲学是人类智慧的结晶，是科学的世界观和方法论。"

生："除了马克思主义哲学之外，还有哪些哲学呢？"

师："其实，古今中外哲学派别纷繁复杂。除马克思主义哲学之外，的确还存在许多其他哲学，如古代朴素唯物主义哲学、近代机械唯物主义哲学、主观唯心主义哲学、客观唯心主义哲学、不可知论哲学、二元论哲学、宗教哲学等。"

生："这么多哲学，怎么区分它们呢？"

师："哲学派别虽然纷繁复杂，但可以分为两大派别：一是唯物主义哲学，一是唯心主义哲学。总的来说，对世界本原的解释，唯物主义是正确的，唯心主义是错误的。"

生："宗教哲学应当属于唯心主义哲学吧？"

师："对！宗教哲学认为世界是神创的，先有神，先有神的意志，然后才有世界，才有人。自然界、人类社会都是神的意志的产物。"

生："宗教哲学对世界本质的解释没有道理，宗教哲学应当是非科学的哲学吧。"

师："同学们能够推出这样的结论，使我感到震惊！这表明我们已经具有较强的理解能力、辨识能力和思维能力。而这一点对于我们的后续学习非常重要！"

在对话中，参与对话的人之间没有任何对立，他们作为探究者和参与者，都有发表个人意见、提出自己见解的机会，师生之间可以平等地对话与交流，学生之间也可以对话与交流。参与对话者面临着共同的问题，对话的目的只是想搞清楚共同面对的问题。不管是教育者，还是受教育者，都可以而且应该感到自己是在接受教育。在这种教育中，人们可以通过心灵的碰撞和共同探讨得到新的东西，恰恰在这种新的东西面前，教育者和受教育者都有可能处于一种无知状态。教师是学生式的教师，学生则是教师式的学生。师生共同探讨、共同提高，从而真正实现了主体的平等性和民主性。因此，教师必须认识到，在对话过程中，尽管教师和学生在年龄、地位、阅历等方面有差异，但必须平等相待，绝不能以教师的权威压服对方，而是从心底里乐于接受学生提出的不同意见，乐于对自己的观点表示怀疑和反思。

四、在教学中对话的具体途径

对话是多主体的，具体包括师生与文本的对话，教师与学生之间的对话和学生与学生之间的对话。教师要在不同的对话形式和情景中，扮演不同的角色，或是学习者，或是组织者，或是引导者，或是倾听者……具体在教学中，教师要如何去做呢？

（一）创设问题情境，是对话的关键

问题是对话教学的核心，没有问题就没有对话，它相当于传统教学中的教学内容。设置精当的问题，引导学生在问题中去读、思、论，使学生能够围绕问题深入到教材中去，寻找答案。学生与文本之间的对话教学就顺理成章了。对话教学的问题不是简单的认知性问题，不是我们通常所说的简单的填空式的师问生答，而是能够启发和促进学生思考的问题，能够引起学生兴趣，给学生以广阔思维空间的开放性问题。同时，对话的问题不应追求答案的唯一性、标准性，而是通过设计开放性问题，引导学生的发散思维、逆向思维和创新思维。这就要求教师在课前必须切实做好与教材的对话，钻研教材，精心设计并考虑学生的需要，始终保持问题意识。

（二）建构民主平等的师生关系是对话的基础

教师和学生是一对具有平等人格、平等地位的教学伙伴。只有师生之间的民主、平等，才会有师生之间的真正对话，才会有对话的师生关系的建立。这就要求教师在对话过程中，学会彼此尊重，相互欣赏，营造一种平等、和谐、愉悦的对话氛围，使学生自由表达，自由参与，充分认识到自己的存在和价值。要给予学生鼓励和赞赏，增强学生的自信心，使他们敢对话、爱对话、能对话。

（三）心灵倾听是对话的保证

"倾听"是一种包容，是一种理解，一种豁达。师生之间要进行成功的对话，双方必须都要全身心投入到对话之中，用心去倾听、去感受、去理解彼此的思想。在倾听的过程中，对话双方的思想相互渗透，相互影响，最后达到一种融合。

师生对话关系并非一朝一夕可以生成，也不是单靠每周的两三节课就能做到。这不仅需要教师加强对教学观念、教学设计、教学过程、自身教学行为与教学反馈的反思，提升教学理念，而且需要教师注重情感投入、个人魅力等非智力因素对学生的影响。从学生的发展出发，积极开展课堂对话教学的尝试、实践与反思，不断提升自身的教学素养，以促进学生个体的全面发展。

5. 学生是学习的主人

——从"要学生学"到"学生要学"

新课程的实施要求教师树立"以学生发展为本"的新理念，把学生看做是有思想、有情感、有权利、有尊严、正在成长发展中的人。改变原来课程实施过于强调接受学习、死记硬背、机械训练的状况，倡导学生主动参与、乐于探究、勤于动手，强调使学生形成积极主动的学习态度。因此，在新课程下，广大教师要培养学生的主体意识，调动学生学习的积极主动性，激发学生的学习热情，实现"要学生学"到"学生要学"这一质的转变。

一、兴趣是"学生要学"最好的牵引力

兴趣是最好的老师，是学生学习与成才的动机源和催化剂。子曰："知之者不如好之者，好之者不如乐之者。"亚里士多德也说："古往今来人们开始探索，都应起源于对自然万物的惊异。"夸美纽斯也说："兴趣是创造一个欢乐光明的教学环境的主要途径之一。"我们常会看到，学生对自己感兴趣的事情，都乐于去做，而且积极主动，甚至废寝忘食；对不感兴趣的事，就消极应付，不去完成。那么如何才能真正激发和培养起学生的学习兴趣呢？

（一）多管齐下，寻找学生学习的兴奋点

目前，高中思想政治课在教育改革的大背景下，从内容到形式都有了不少新的探索和尝试，教学与现实生活联系更紧密、更客观，在理论知识的基础上

更注重了实用性，教与学都有了很强的可操作性。可在教学实践中，不少高中学生对思想政治课仍难以提起兴趣。当然，原因是多方面的。

陕西省扶风县高级中学的海宏昌老师，就教学实践中如何来培养高中学生学习思想政治课的兴趣给出了自己的策略。

1. 设置情景、自我体验

在高中阶段，学生的抽象思维能力不断提高，开始有了自己对经济生活、文化生活、政治生活和人生的体验。虽然这种体验可能还较为肤浅、模糊，甚至稚嫩，但重要的是，这是一种来自内省的体验，对激发学生的兴趣和所达到的教学效果是不言而喻的。那么，教师就应顺势利导，针对高中思想政治课的特点，在教学中合理运用此方法。海老师曾在"人生的真正价值在于对社会的贡献"的教学活动中分析"在人生价值的两个方面中，个人对社会的责任和贡献居于首位"时，设置了2003年初的"非典"情景，放映了两种不同场景的视频：一组是全副防化装备的医护人员和消毒人员忙碌的身影；一组是借机屯货居奇牟取非法暴利的奸商，让学生来体会谁真正实现了自己的价值。当那首《一路同行》的背景音乐响起时，海老师发现教室里出奇的安静，不少学生眼睛里有亮的东西闪动，海老师知道，他拨动了学生们内心深处的那根弦。可见，在思想政治课教学过程中应有针对性地适时设置情景，增强学生的这种来自内省的体验，拨动他们内心深处的那根弦，就有可能激活学生的学习兴趣。

2. 联系实际、剖析现象

思想政治课教学的一个很重要的原则就是理论联系实际。在培养学生兴趣的过程中，这一原则同样必不可少。思想政治课有些理论本身就比较抽象，概括性很强。若教师仅就理论讲理论，容易使教学陷入空洞的教条说教、被动的灌输和接受的怪圈，课堂气氛就沉闷，学生自然就提不起学习的兴趣。针对这种问题，教师在教学过程中就应遵循由具体到抽象、由个别到一般、由现象到本质的认知规律，备课时就应根据所学理论，收集实例、现象，越是贴近百姓生活实际的现象，学生越是感兴趣。教学过程中，让学生自己来剖析身边的诸多现象，对此，他们有着强烈的好奇心和求知欲，兴趣自然浓厚。

例如，在学习"商品的两个基本属性的关系"时，"使用价值和价值为什么不可能同时被占有"这个问题，比较抽象。海老师就让学生自己列举出自己买东西时最简单的现象——店主交货，自己付钱，然后让他们从经济学的角度，用商品的两个基本属性的理论来剖析此现象：店主拥有商品的使用价值，想要实现商品的价值，即"卖——想拥有商品的价值，就必须交货——让渡商品的使用价值给消费者"；自己想要拥有商品的使用价值时，即"买——想拥有商品的使用价值"就必须"付钱——让渡商品的价值给店主"。通过对这一现象的剖析，既激发了学生的学习兴趣，又加深了学生对理论的理解，学生对此印象特别深刻。

3. 积极引导、授之以渔

事实上，人们对某一知识的学习若能品尝到成功的喜悦，就越有学习的兴趣和欲望。因此，在培养高中学生学习思想政治课的兴趣时，除了形式和内容本身吸引学生以外，还应积极引导学生掌握学习思想政治课的方法，让他们学会解释和解决一般的经济生活、文化生活、政治生活和人生中遇到的现实问题，使学生产生成就感。对于高中生而言，学习思想政治课的方法不少，因人而异，教学过程中教师可以尝试积极引导学生进行归纳和总结适合自己的方法。海老师在教学过程中常授之以学生的一般方法是从三个方面如何去系统地理解一个问题，即"是什么"、"为什么"、"如何做"。具体来说，"是什么"是指明确含义、概念、本质、内容；"为什么"是指分析原因、地位、作用、意义；"如何做"是指提出方法、措施、手段、途径等，使学生能明确自己该怎样正确地解释、解决问题，具有很强的可操作性，效果明显。通过此方法，学生能品尝到学会学习的甜头，学有所用，有了成就感，兴趣自然可以培养起来。

（二）创设问题情境，激发学习兴趣

学生都有好奇心和求知欲。教师可以利用学生的这个特点有目的地创设一些问题情景，激发他们学习和探究的兴趣，使学生在问题中积极思考，主动参与。当问题解决时，学生心中的疑问得到解决，也掌握了知识。苏霍姆林斯基说过："学生对一眼能看到的东西是不感兴趣的，但对藏在后面的奥妙却很感兴趣。"

湖南衡阳实验中学贺老师在地理学科教学中，巧妙设置问题，创建模拟的情景，引导学生积极思考，主动参与。

学习"降水的条件"时，贺老师提出：有时我们看到天空乌云滚滚，浓云密布，最后为什么不见降雨呢？云南西部的高黎贡山有一个大峡谷，这里不能随便开枪放炮，否则马上会招来一场暴雨，这是为什么呢？这一提问使学生议论纷纷，课堂气氛马上活跃起来，教室里洋溢着探求地理知识的浓厚兴趣。

学习"俄罗斯冬季漫长而寒冷"的气候之前，贺老师创设了这样一个问题情境，激发学生探究和主动学习的兴趣：拿破仑和希特勒都曾兵败莫斯科城下，深究他们失败的种种原因，除政治、军事上的原因外，一个重要的原因是他们的士兵生长在欧洲西部，根本不适应俄罗斯的气候。俄罗斯的气候与欧洲西部有什么不同？为什么会形成不同的气候呢？

再如，学"地球公转的地理意义"之前，提问：二战时，德国全面进攻苏联的时间选择6月22日，从地理学角度讲，是出于一种怎样的考虑？

贺老师在教学过程中，通过创设有趣的情景，引导学生主动思考，积极地去探寻问题的答案，使学生能够形成积极主动的学习态度。

福建省武平一中的石老师在自己的数学教学实践中，也重视创设情景。石老师挖掘生活中应用数学的情景，从生活中捕捉数学问题，调动学生的积极性，使学生主动地运用数学知识分析生活现象，自主地解决生活中的实际问题，激发了学生学习数学的兴趣，培养了他们积极向上的学习态度。石老师认为，在教学中我们要善于从学生的生活中抽象出数学问题，从学生已有的生活经验出发，将学生感兴趣的生活素材以丰富多彩的形式展现在学生面前，使学生感受到数学与生活的联系——数学无处不在，生活中处处有数学。因此，通过学生所了解、熟悉的社会实际问题（如环境问题、治理垃圾问题、旅游问题等），为学生创设生动活泼的探究知识的情境，从而充分调动学生学习数学知识的积极性，激发学生的学习热情，促使他们主动地学习、主动地发展。

讲"概率"这一课时，石老师讲了一个故事：从前有一个聪明而又非常顽皮的小朋友，在和他的哥哥争论谁去婆婆家做客时，为了确保自己去，设计了一个游戏：在两张相同的纸上写上"不去"，然后让哥哥选，在哥哥拿了一张后，他要求哥哥打开，一看是"不去"，便说哥哥输。你认为他合理吗？那么怎样才能公平呢？如果是三个人，谁先拿、谁后拿一样吗？

学生听了议论纷纷，课堂气氛十分活跃，就连一些原来不动脑子的学生也积极开动"机器"设计游戏和思考问题，他们都想得到一个正确的答案。这时老师抓住学生的迫切心理及时引导他们进入新课。

讲"复数"第一课时，老师问同学们：有没有一个数的平方是小于0的？

进而用辩证唯物主义的观点解释复数的形成和发展。让学生体会到矛盾是事物发展的动力，矛盾的解决推动着事物的发展。引申到现实生活中，就是当我们遇到矛盾时，要有勇气面对矛盾，要有解决矛盾的决心和信心，促进矛盾的转化和解决。同时，在解决矛盾的过程中也就提高了自己分析问题和解决问题的能力。这样，一开始就"引人入胜"。

浙江义乌第二中学的朱老师在生物教学中，针对不同的教学内容创设不同的情景，使知识的学习变得丰富多彩，具体生动。

1．创设趣味性的问题情境，引发学生的学习兴趣

兴趣是最好的老师。朱老师为了调动学生学习的积极性和交互性，在教学中适时地穿插一些趣味性的话题。在进行"新陈代谢的类型"的教学时，朱老师在讲过酵母菌的代谢特点后，让学生探讨酿酒的生产工艺原理，利用酵母菌无氧呼吸产生酒精，为什么要先向发酵罐内通入氧气？接种酵母菌前为什么要加入一定量的尿素？发酵罐中的酵母菌数目将呈现怎样的变化规律？在围绕这一系列问题的小组讨论中，学生们表现得思维活跃，积极投入，气氛热烈，借着浓厚的兴趣，很快进入了主动学习的状态。这种方法提高了学生系统地把握知识的能力，使他们在自主地获得感受、能动地认知规律的过程中感受到了无穷的乐趣。这种由知识的实际应用创设的问题情境，最能激发学生的求知欲望，接下来学生便会兴趣盎然地进行学习。

2．创设扩散性问题情境，培养学生思维的广度和深度

在学习"生态系统"之后，朱老师设计了下列讨论题：从生态学角度看，如何实施可持续发展战略？学生通过思考一气呵成：控制人口数量、提高人口素质、合理利用动植物资源、保护环境、防治污染、植树造林、通过生物工程寻求新资源、改良新品种、农业生产工厂化等。经常性地进行扩散和列举训练，学生的思维会越来越活跃和开阔。长此以往，教师的问题一提出，学生就会思如泉涌。

3．创设热点式问题情境，培养学生的知识应用能力

朱老师认为对于社会热点问题，学生都有一种新鲜感，了解其中内容的欲望就比较强。因此，从中选取相关的内容，创设情境，非常方便，而且教学效果好。

在讲授生殖的知识后，朱老师向学生提出了几个问题：什么是克隆？什么

是组织培养？试管疫苗是怎样产生的？试管婴儿又是怎样产生的？它们分别属于什么生殖方式？这一类问题有一定的深度，学生无法从教材中直接获得答案，但他们都有浓厚的兴趣，很想立刻弄明白其中的道理。这时，朱老师引导学生通过各种信息渠道，如自然科学杂志、报纸、互联网等开展调查、收集资料。在获得大量信息的基础上，了解这些问题的新进展，纠正一些过去不正确的认识。同时，对所收集的资料加工整合，与课本内容联系起来进行对比即可得出正确结论。在这个过程中，学生的学习兴趣被激发了，知识面也拓宽了，而思维的全面性和变通性也得到发展，信息收集和处理能力在实践中也得到了锻炼和提高。

4. 创设递进式问题情境，培养学生的研究探索能力

在讲述"绿叶在光下制造淀粉"这一实验时，朱老师没有按照实验指导中的目的要求、材料用具、方法步骤按部就班地进行教学，而是根据学生已有的知识经验，设计一系列的问题情境：①此实验目的是什么？②如果绿叶在光下制造了淀粉，我们可以用什么方法检验出来？③叶片是绿色的，我们如何从叶片中更清楚地看见淀粉有遇碘变蓝的特性？④如何把叶片中的色素脱去？⑤叶片放入酒精中后为什么要隔水加热，直接加热酒精行吗？⑥如何肯定叶片中的淀粉一定是光照下制造出来的，而不是叶片中原来积累的呢？通过这一系列层层推进式问题设计，使学生真正理解实验原理。在充分思考了实验方案的科学性和可行性之后，可以自己设计出实验步骤。通过这样的学习，学生获得的知识不易忘记，即使部分忘了，还可以自己再推理。这样，学生不仅学到了知识，还可以掌握探究问题的方法，提高探索问题的能力。

5. 创设求异性问题情境，培养学生思维的变通能力

创造性思维的主要内容是求异思维，而求异思维正是一种朝着多方向、寻求多种解决问题方法和答案的思维。因此，教师应安排一些刺激学生进行求异思维的情境，使他们掌握变通思维的方法。

在讲授"生物的新陈代谢类型"时，学生中普遍存在"微生物都是寄生和腐生"的思维定式，这时可举例硫细菌、铁细菌、硝化细菌来破除定势。又如讨论"温室效应对人类的影响"时，大多数学生由于媒介宣传造成的定式心理，往往从不利的角度着眼，这时可建议学生反方向来思考：温度升高，海水蒸发加快，大气湿度增加，沙漠可以变成绿洲。

三位老师在教学中都有意识地设置学生感兴趣的问题，创建生动的问题情境，激发学生的学习热情，促进他们积极思考，主动参与，从而真正地使学生愿意去学，逐步形成积极主动的学习态度。

二、唤醒学生主动性，突显学生主体性

（一）搭建探究平台，促进学生主动学习

新课标认为，"教学活动必须尊重学生已有的知识与经验，倡导自主、合作、探究的学习方式，让学生参与教学，让课堂充满创新活力"。教师的角色就是要为学生搭建探究的平台，引导学生进行思考和探究，让学生学会发现问题和提出问题，解决问题。使学生的探究行为成为一种习惯，才能实现教学的最高理想：把学生培养成具有科学精神和强烈求知欲望的人。

河北省任丘市华北油田第一中学魏怡梅老师在历史的教学中，为学生创设问题情景，搭建探究平台，引导学生通过探究来掌握知识，培养学生的问题意识和学会学习的能力，促进学生的学习方式的改变。这对于正在进行的新课程改革不无借鉴意义。

片断一，引导探究战争内涵

教师情景引入："请同学们看一组图片后思考（用多媒体演示图片）：'这组图片共同的主题是什么？能否用一两句话说说你理解的战争？'"（图片有：南京大屠杀纪念馆前遇难者的数字；日本军队在活埋中国人；德国总理为二战中死难的犹太人反省和悲伤的泪水；广岛上空升起的蘑菇云。）

（学生思考回答）

教师提示："理性地理解战争还要从内涵出发。"

思考："战争的定义告诉我们哪些内容？"

（师生互动，通过学生们的讨论并借助多媒体技术把战争定义中体现的五个要素依次显现在概念的相应位置。）

教师引导："从鸦片战争、甲午中日战争、解放战争、《反分裂国家法》中任选一例看看什么是战争，谈谈你对战争内涵本质的认识。"

（学生讨论后回答）

教师点拨："战争内涵是阶段性、目的性、主体、手段、本质五要素组成

的总和。弄清战争的内涵固然重要，但更重要的，请看下面两组内容。"

（多媒体展现两组战争）

（师生共同探讨，教师引导纠错，得出正确答案：性质不同。）

片断二，学会正确地给战争分类

教师布置任务："请根据对战争的了解，从刚刚学过的近代战争实例入手，寻找分类角度。"

（学生小组合作讨论，找出了几种不同的战争类别，归纳总结。诸如：从战争的性质、从战争的原因和目的、从战争的内容、从战争的范围、从战争的方式及战术特点、从战争的结果和评价等方面分类。）教师拓展："以日本篡改教科书的漫画设计了一组关于战争性质的问题：日本右翼为什么篡改教科书？想达到什么目的？如何评价日本右翼的言行？在战争分类中哪个最重要？为什么？"

（学生讨论回答）

教师归纳："通过对此问题的讨论，我们明确了：在战争分类中，认识战争最基本，最根本的是从战争的性质分类，性质与国家民族荣誉、人民情感、国家利益紧密联系，任何战争都可以在正义、非正义、混战中找到定位。"

片断三，探讨分析战争原因的方法和原则

教师引导："分析战争的原因有多种方法，如内外因，根本原因、主要原因、直接原因，主、客观原因，国际、国内背景等。原因有多种角度，各有利弊，使用时需要针对具体情况具体选用。根本原因和直接原因，这两个原因既是每次战争都必然有的，也是各种考试中考试频率最高的。甲午中日战争是日本的第一次大规模侵华战争，找到这次战争的根本原因也就找到了日本历次侵华的根本原因，被日本右翼歪曲篡改的教科书中的谎言也就不攻自破。我们都学过了中国近现代史，请你代表中国学生告诉日本中学生甲午战争爆发的历史真相。"

（师生互动：学生回顾旧知识，列事实，追问真相，归纳根本原因和直接原因。教师点拨根本原因与直接原因：日本的大陆政策与朝鲜东学党起义。）

教师概括："根本原因影响全局并处于支配地位，在一定历史时期内带有必然性的客观因素，一般从历史事件的本质、深层次因素分析。日本自明治维新走上资本主义道路后就确立了侵略扩张的国策，这是近代以来所有中日矛盾的根源；直接原因是不经过中间事物、中间环节引起历史事件爆发的原因，常常是偶然因素，是战争的借口，不决定战争的性质，只起加速或延缓历史发展进程的作用。日本把镇压东学党起义看做期待已久的机会，竭力怂恿清朝出兵为挑起战争制造借口。"

教师引导："无论对事物怎样分析，起因都会包含根本原因和直接原因。而研究战争起因也应有共同的基本原则。1. 不同的立场，会对战争性质得出不同的结论。实事求是是人类学历史、研究历史要遵循的基本原则。歪曲历史必然从歪曲事实开始。2. 分析战争的原因要透过现象看本质。"（师生互动：依据分析战争原因的原则和方法，驳斥日本右翼对教科书中关于'九一八'事变的篡改；分析'九一八'事变的根本原因、直接原因。）教师引导："通过对'九一八'事变的分析我们可以看到：认识战争的原因只有坚持实事求是的原则，透过现象看本质，分清根本原因和直接原因，才能正确认定战争的性质。（展示材料）请结合纪念反法西斯战争胜利六十一周年，谈谈你对战争的感受和想法。"

学生甲："任何战争都可以在正义、非正义、混战中找到定位，第二次世界大战的胜利是人类正义和良知的胜利。"

学生乙："对于侵略战争、分裂战争要鞭挞，制止和防范；正义的、捍卫祖国荣誉、民族独立的战争义不容辞，为了国家利益和民族尊严即使献出我们宝贵的生命也无上光荣。抗日战争的胜利来之不易，决不允许日本有意歪曲历史，对他们的倒行逆施应进行不妥协地斗争。"

在这一堂课、一个专题，没有过多、过新的环节和方法，只是通过对问题探讨教学策略的设计，就实实在在地实现了学生对战争问题的认识与分析能力的提高，以及对历史学习方法的掌握。教学中，魏老师充分发挥主导作用，适时渗透方法指导、相机点拨，最大限度地把时间与空间还给学生，培养了学生自主、合作和探究性学习的意识。

在教学过程中，魏老师课堂探究活动设置了情境的创设（或是背景材料的呈现）——自由讨论——表述见解——师生总结四个阶段。在完成这个过程时，魏老师给予学生充足的自由讨论时间，环环相扣，真正调动了学生学习的积极性和内在潜力。

（二）出自学生需要，突出学生主体

人人都有使自己的才能得到充分发展、自己的能力得到认可的需要。青少年学生年轻气盛，自我实现的欲望都比较强烈。针对这种心理特点，教师要准确把握学生心理，站在学生的角度，激发学生在教学活动中的参与意识，创设学生"自我实现"的机会，使学生获得成功的体验，最终使学生由被动接受转变为主动要求进步。山东省淄博市第四中学的王春风老师在数学教学中，针对后进学生的心理需求，积极给他们提供成功的机会，使这些学生慢慢都喜欢上了数学，开始乐于学习数学。

一次数学课，学习完了新知识后，进行达标训练，王老师点名找同学板书。当王老师点到一个平时成绩不好的学生时，她站起来说："老师，我不会。"王老师笑着说："我不信，没试试就说不会吗？大胆试试看。"于是这个学生便走了上去，过了七八分钟，她竟然做出来了，虽然做得有些问题，但是方法很对，同学们包括她自己都很惊讶。王老师笑着说："同学们，任何时候都不要怀疑自己的能力，相信自己能行，你就能行！很多时候是你自己的胆怯或是不自信把你打败了。"一节课下来，学生们都听得很认真。

王老师在课堂上，相信每个学生都能够成功，都是能够进步的。因此，王老师没有忙于下定论，而是鼓励学生大胆地、亲自去尝试。通过这样一个过程，学生对未来更加充满信心。

王老师经过经验总结，认为教学要从学生的需求出发，唤醒学生的主体意识，给他们更多的表现自我的机会。

许多老师平时上课多以提问中上游的学生为主，对后进生很少提问。教育要实现让每一个学生都得到不同程度的发展，就不该对后进生不管不问。因此，把课上简单易学的环节和习题交给他们，即使多用几分钟也要去做，首先，教师要让他们感受到老师在关注他们的进步，让他们慢慢去摆脱"我什么都听不懂，什么都不会做"的心理障碍，从学会一个公式，学会一个题目开始，让他们尝试成功，使他们慢慢投入到学习当中去。其次，在教学中通过师生合作，同学合作使学业上失败的学生在老师与同伴的帮助下体验成功，从而建立自信。

王老师在教学中明确学生是主体，从学生的心理和需求出发，强调调动学生的主体意识和主动性，相信和信任学生，给他们更多的表现自我的机会，体现了新课程的理念。

三、让"学生要学"的方法

高中新课程标准倡导学生要主动参与学习、乐于学习，勤于动手、动脑、动口。新课程标准的实行，必将对今后的教育教学工作起到积极的推动作用。新课程标准的理念要求教师从片面注重知识的传授过渡到注重学生能力的培养；教师不仅要关注学生的学习结果，更要关注学生的学习过程；教师要促进学生主动参与学习。学生主动参与学习是学生自主性学习的具体体现，是实施创造性教学的重要因素。教师在教学过程中要积极引导学生主动参与学习才能确保教学实效。

（一）学习目标明确化——指引"学生要学"方向

教学目标是课堂教学的出发点和归宿，是师生共同活动的指向，它对整个教学过程有导向、激励、评价和调控的功能。明确学习的具体目标，可以激发学生的学习动机，使学生积极主动地参与学习。有资料显示，学生具有明确的学习目标比没有目标可以节省60%的时间完成同样的任务。因此，在课堂教学过程中，必须让学生明确教学目标，引导学生参与学习，共同完成教学任务。

（二）教学方法综合化——创设"学生要学"条件

素质教育是以学生为主体的教育。从这个意义出发，教师在备课和课堂教学实施过程中，要处处站在学生的角度来钻研教材、设计教案、组织教学、指导练习。教师要尽量创造条件，让每个学生都有充分表现自己的机会，要引导学生积极主动地动手、动脑、动口，让全体学生都能自始至终主动积极地参与到学习的全过程中。教师教学时应做到：创设问题情境——让学生愿参与；联系生活实际——让学生爱参与；了解学生基础——让学生能参与；加强学法指导——让学生会参与；激发成就动机——让学生善参与。

（三）课堂教学民主化——营造"学生要学"氛围

促使学生主动学习还必须营造一种民主、平等、和谐的课堂气氛，以利于学生善于思考，乐于参与。教师从高高的讲台上走下来，走到学生中间，以平等的身份与学生讨论交流，让学生在广泛交流中参与。在教学活动中，教师与学生是平等的，而不是发布命令与被动服从的关系，教师应尊重每一个学生，多一些鼓励，促使他们生动活泼地主动学习。在课堂上要注意到学生的个体差异，创设不同的情境和氛围，特别是对学习有困难的学生，要及时肯定，赞扬他们身上的闪光点，增强他们的自信心。

第二章 新课程下的师生关系重构：教师要走近学生

在教育活动中，师生关系是最常见的人际关系，也是教育过程中最重要、最基本，同时也是最经常、最活跃的人际关系。师生关系直接影响教师的教学过程和学生的学习过程，也影响着教育教学的效果和教育质量。尤其是在新课程改革中，师生关系的重构是一个重要的组成部分。师生关系本身既是人与人关系在教育领域中的体现，更是学生作为人而存在和发展的独特方式，具有无可比拟的力量。在新课程体系中，新的课程理念是"以人为本"，要求作为学校教育中的施教者——教师和受教者——学生之间确立一种新型师生关系，倡导建立一种平等合作、对话理解的师生关系，为学生的全面发展和健康成长创造有利的条件。

1. 走进学生的"心灵"

——做一名心理老师

一、教师要理解学生的苦衷

社会的急剧变革影响着个体的生存状态。面对着竞争日益激烈的社会，学校的压力大了，家长的责任重了，学生肩膀上的书包也更重了。然而，作为"90后"的他们，肩膀上的重量远不如心理的压力来得更加真切。但是，"90后"的学生，在教师的眼中比"80后"更加难教，他们从小娇生惯养，任性、自私、个人主义倾向严重，耐挫折能力差，表现欲望过强，叛逆性格明显，许多学生还沉迷网络。到了高中学习阶段，这个群体更让习惯了传统教育模式的教师们不知所措，似乎在这些学生身上我们看不到任何闪光点，可是又有谁能真正倾听一下这些孩子心里的声音呢？

下面的一段话是一个中学生的日记：

……当学生实在太苦了，可以说学生是普天之下最苦最累的人，而且一丝好处都没有。我们整天不是被逼着做作业，就是复习功课。我们不能想看电视就看，也不能随便出去玩；没有朋友，只有竞争对手；没有明天，只有没完没了的痛苦和无穷无尽的难题。反正当一个学生算是倒了血霉，一点自由都没有，在家被爸妈管着，在校被老师管着。总之，学生是全宇宙最可怜的人，是最值得同情的人。反过来，当个大人就幸福多了，想干什么就干什么；想上哪儿玩就可以上哪儿玩；每天都可以看电视、打麻将；不用写那么多压死人的作业。当个大人就再也不用担心被人管，被人骂；当个大人活得多么自由自在，风流潇洒！大人的生活比我们学生的生活真是幸福一千倍、一万倍。我可真是美慕死他们大人啦，我可真恨不得有什么灵丹妙药，让我睡一觉起来就和我老爸老妈一样大，和教我们的老师一样大！……

（一）我们可以说悄悄话吗？

20世纪90年代出生的孩子大部分是独生子女，他们从小就在没有伙伴的日子中成长，"过家家"的游戏对他们而言是陌生的。虽然，儿童间的游戏在孩子的成长过程中起着非常重要的作用，正如斯宾塞所言："游戏活动是身体幸福所不能缺少的。"但是，他们的童年被禁锢在高楼大厦、防盗门之中，他们的游戏对象离不开不会说话的玩具，和会说话的虚拟空间。而到了有伙伴可以玩耍的学校，学习已经成了他们的主要任务，"竞争"二字过早地在他们稚嫩的心里烙下了痕迹。"我没有朋友，我的伙伴就是课本，就是考试分数，我没有选择，虽然我很孤单。"一位刚刚升入高中，却已获得大学英语考试四级证书的女同学这样讲道。也许，这段话也仅仅就是让我们心生涟漪，那么让我们再来看看下面一个案例：

浙江上虞春晖外国语学校陈少华老师在阶段性教学水平评估后，照例要召开家长会。陈老师让学生推荐三位同学准备发言，不久，他们的稿子就放在陈老师的办公桌上了。摘录片段如下：

甲："这次考试，虽然我的各科成绩不错，但我深深懂得'山外有山'的道理，决不骄傲，争取更上一层楼……"

乙："考试成绩一般，说明我还不够尽力，请爸爸妈妈放心，我一定会考出令你们满意的成绩的……"

丙："这次考试考砸了，我对不起你们，我很后悔平时没有好好学习，浪费了宝贵的时间，我以后一定认真听讲、及时复习……"

看到这三份有代表性的、能令家长满意的发言稿，陈老师心头涌起的却是阵阵酸楚！因为凭着与孩子们朝夕相处的直觉，陈老师分明感到在这些近似表决心的"谦虚"、"觉醒"、"后悔"的背后，孩子们还有太多太多的话没有说出来。那么，面对最最贴心的爸爸妈妈，他们为什么欲言又止呢？

于是，陈老师提议每位学生都对家长说说心里话，不留姓名，实话实说。提议得到学生热烈的响应。当44张写得满满的纸交到陈老师手中时，陈老师的心情沉甸甸的。于是，陈老师暗下决心：家长会上，要让家长听听孩子的心声。

家长会如期召开，家长们仍是很急切地围上来问同一个问题：我的孩子成绩怎么样？陈老师没有急着发成绩单，而是示意家长们先坐下来，并用商量的口气说："今天，让你们了解孩子的成绩之前，我要先送给各位家长一份难得的礼物——孩子们说给爸爸妈妈的心里话。听完之后，我们再一起聊聊，好吗？"然后，陈老师就一份一份地念起了孩子们的"心声"。

甲："妈妈，您总说我是'最优秀的'，总说我'应该超过任何人'。我知道这是您鼓励我的话，所以，我一直很努力，课外活动的时候也躲在教室里看书。这次考试，我虽然得到老师的表扬，但我不知道您是否满意，因为我的成绩在班里不是最好的。请您不要再说'你是最优秀的'了，好吗？我感到很累、很怕……"

乙："爸爸妈妈，当你们看到我的成绩时，一定会很失望，因为我的成绩只能算一般。你们知道吗？每次回到家里，看到你们那么忙碌地工作，我都会暗暗告诫自己：好好读书！虽然我自认为很努力，但我更记得你们说过的话：'成绩不冒尖就是不努力，最起码进入班级前五名！'我开始怀疑自己的能力，我真笨！"

丙："爸爸，从我开始记事起，您就没有表扬过我。7岁那年，我学会了骑自行车，您没表扬，还说：'只知道玩！'9岁那年，我评上了'体育积极分子'，您没表扬，却说：'又不是学习，体育有啥用？'12岁那年，老师说我有篮球方面的天赋，让我进篮球队，您不但不表扬，还'哼'了一声，说：'成绩上不去，就是打篮球打糊涂的！'爸爸，我是您的儿子，我做梦都想得到您的夸奖，哪怕是一个微笑，一次点头，但您没有！那次篮球比赛，别人的爸爸都来观阵，唯独您没来，我当时就哭了……"

丁："妈妈，您真的还爱我吗？在我看来，自从上了学，您就只爱我的成绩了。每次考完试，您总爱拿我跟别人比：我的语文不如隔壁王叔叔的儿子，我的数学不如楼上的那位，我的英语不如您同事的女儿……您知道吗，在您一次一次说'不如'的那些个晚上，您的女儿都会躲在被窝里偷偷地流泪！我的成绩其实不算差呀，但，您总是看'扁'我，我觉得您已经不爱我了。"

教室里很静，家长们脸上的表情各不相同：有愕然的、有沉思的、有忧虑的、有点头的，有几位妈妈还红了眼圈。

案例中，陈老师采用了匿名的方式，让学生在家长会上说出了心里话，在

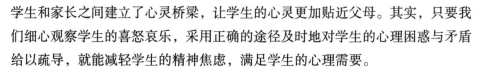
学生和家长之间建立了心灵桥梁，让学生的心灵更加贴近父母。其实，只要我们细心观察学生的喜怒哀乐，采用正确的途径及时地对学生的心理困惑与矛盾给以疏导，就能减轻学生的精神焦虑，满足学生的心理需要。

人生如同长长的跑道，我们会遇到许许多多个转弯，对于学生群体而言人生最重要的一个转弯就是高考。孤军奋战在题海中的他们多么渴望有一双温暖的手，能携着他们一起转过这个大弯。然而，大部分学生都忙于自己的复习准备之中，大家成了学习上的竞争对手，都想将其他人甩在自己的身后，所以，他们找不到为自己领跑、加油的伙伴。而教师是学生朝夕相处的伙伴，理应成为陪着学生一起走过高考的朋友。

我们的教师也许会说，我们一直陪在学生的身边啊。可是在学生的心中，教师只是他们的监工，而学生成为了分数的奴隶。教师与学生之间一直在扮演着警察与小偷的角色。警察怎会与小偷同行？

新课程改革提出要改变师生对立面的角色，让教师成为学生的朋友，在高考这条赛道上与学生一起跑出好成绩。这不仅是教育工作者的心声，更是学生心里的声音。

（二）尊严可以再捡起来吗？

近年来，我国中学生心理健康状况不容乐观，他们普遍存在着嫉妒、自卑、任性、孤傲、焦虑、逆反心理、情绪反常、神经衰弱、社交困难、学校恐惧乃至自杀、犯罪等心理与行为问题。心理健康问题不仅仅影响到学生的学业成绩，也会影响到学生今后优秀的人格、品德的形成。因此，促进学生心理健康地发展，是当代教师义不容辞的责任。

然而，在当代的教育实践之中，教师却经常利用刻薄的语言、粗暴的管教、随意的讥笑来蔑视学生的人格，以"他们还小，不懂事"为借口，对学生实施心理惩罚的现象屡见不鲜。高中生，作为一个特殊的学生群体，他们面对着升学的压力，面对着错综复杂的人际关系，面对着理想与现实的矛盾，无可避免地产生了焦躁、忧虑等情绪。作为学生学习、生活的指导者的教师，我们应为学生提供适时的帮助，引导鼓励他们，而不是采用消极的手段和不恰当的方法去打击他们。

苏霍姆林斯基说过："人类有许多高尚的品格，但有一高尚的品格是人性的顶峰，这就是人的自尊心。"教师在与学生的交往中，只有注意尊重、爱护和培养学生要求上进的自尊心，才能获得学生的信赖和尊重。

下面我们仔细分析一则来自江苏省无锡市玉祁中学高中部付辉老师的教学案例：

小A是付老师班有名的"看书大王"，按理说爱看书是好事值得表扬，但小A看的书除教材之外，全是魔幻、武打、言情小说。付老师曾经在晚自修的一节课里收缴了他三本"野书"。那天作业讲评课，付老师边讲边进行课堂巡视。当付老师走到教室后面时，坐在最后一排的小A突然放下手中的作业，当着付老师的面拿出了一本很厚的武侠小说看了起来。面对小A的公然"挑衅"，付老师毫不客气地把他的书拿过来，当场撕成了碎片。

撕书事件发生之后，小A上课时再也不看"野书"了，但也是从那以后，不管上什么课，小A一律不听讲，要么睡觉，要么玩笔，要么找人讲话。

看起来，付老师明明是负责任，为了小A好，可他不但不领情还和付老师作对，这是为什么呢？付老师感到有点委屈，百思不得其解。付老师究竟错在什么地方？付老师不该没收小A的书吗？哪有课堂上老师任学生为所欲为的呢？那样老师岂不是太不负责任！突然间，付老师想到了前些年发生过的学生犯错被老师惩罚致死的事件，付老师不禁有些害怕。付老师是非常佩服有责任心的老师的，甚至认为没有责任心的老师不是一个好老师，也不配当老师。付老师想如果那次不当着全班同学的面撕小A的书，而是冷静地等到下课后与他耐心地沟通和交流，效果会不会好一些？

于是，付老师找到小A，对他说："老师不该当着那么多同学的面撕碎你的书。我肯定伤了你的自尊心，请原谅老师工作方法的粗暴。让我们重新开始，好吗？"付老师真诚地注视着他，期待着他的回答，可是，小A坐在付老师旁边却一言不发，眼睛死死地盯着地面，双手不停地抠着指甲。过了很长时间，他慢慢地抬起了头，眼睛里闪着泪花，问道："一个人的尊严失去了，可以再捡起来吗？你一句道歉就可以弥补对我的伤害吗？你根本不配当我的老师！"说完，小A猛地冲了出去，"咣当"的关门声响彻了整个办公室。

良久，付老师低头沉思：如果当天在处理问题时冷静一点，耐心一点，事情也许不致如此，付老师也不会在一位曾经犯过错误的学生面前如此痛苦和尴尬。事后，我们才看到，付老师在撕碎小A的书的同时，也撕碎了小A的心。

是啊，小A那一句"一个人的尊严失去了，可以再捡起来吗？"深深震撼了我们的心灵。由于我们教师的工作方法不得当，激起了学生的反叛心理，使得学生的自尊心，自信心都受到了伤害，在学生的心理上笼罩了一层阴影。如果教师选择另一种方法，在充分尊重学生爱好的前提下，正确引导学生，帮助学生培养起学习的积极主动性，教学效果就会截然不同了。

现代教育应注重培养学生健全的人格和健康的心理。作为一名教育者，教师首先必须拥有较高的心理素质，使学生通过教师的言传身教学会诸如控制情绪、处理矛盾、调节人际关系等方法。因为学生会在宽容的教师那里学会宽容，在暴躁的教师那里学会暴躁。

二、教师要走进学生的心灵

教育是一门艺术，教师作为学生心理健康的维护者，只有充分洞察学生的内心世界，认真倾听学生的呼声，与学生平等相待、坦诚相见，并灵活运用各种教学策略，才能真正走近学生。陶行知先生说："真教育是心心相印的活动，唯有从心里发出来，才会打入学生心灵深处去。"

（一）拉近与学生的心理距离

陕西商洛职业技术学院东校区的周天良老师有着几十年的高中班主任工作经验，他在自己的教育随笔中为我们提供了走进学生心灵的方法。

1. 幽默的自我介绍使学生亲近你

在第一次与同学见面时，为打破僵局，周老师一般会先作自我介绍："我叫周天良，周恩来的周，天地的天，良心的良。1981年从教至今一直都在当一个不大不小的官——班主任，虽然其貌不扬，语不惊人，但以前毕业的你们的学哥学姐们都喜欢我做他们的'头'，因为我不是一个丧尽天良的人，而是良心大大好的人（笑声）。不信，以后你们慢慢瞧吧！"听了陈老师的介绍，教室里的气氛开始活跃起来，学生们紧张的心情一下子放松了，对老师的畏惧心理也随之消失，便争先恐后发言，尽情展示自己的才华。

2. 自觉缴纳班费使学生信赖你

关于学生缴纳班费的事，历来有两种意见：多数老师认为学生不应该缴纳班费，因为这会增加家长的负担；也有老师认为学生应当缴纳班费，以便班级开展活动。周老师的观点是，学生要缴纳一点班费（每人每学年不超过5元），与此同时，班主任也应该自觉缴纳班费。教育理论告诉我们：活动是班级生命力的依托，班级经常开展富有教育意义的活动，既可以增强班集体的凝聚力，又可以使学生在活动中锻炼能力。而活动的准备及活动结束后对优胜者的奖励都需要经费开支。因此，周老师在担任班主任期间，一般会让学生缴纳一些班费，周老师本人也总是自觉缴纳班费，而且数额是学生的几倍（班费由班长管理）。十几元钱虽不足挂齿，却因此赢得了学生们的信赖。班主任用实际行动把自己融入班集体之中，也体现了民主平等的师生关系。

3. 温馨的班级管理制度使学生认可你

班集体的正确舆论和良好班风不会自然形成，需要班主任的引导和培养，也需要一定的规章制度加以规范。传统的班规一般由班主任制订，内容少不了"严禁"、"不许"之类约束学生言行的词语。这类规章制度虽然在某种程度上会起到一定作用，但它至少存在两个问题：其一，把学生置于被管理、被监督的地位，易使他们产生心理上的不平衡甚至逆反；其二，这类制度很难穷尽所有禁止学生做的事，一旦出现漏洞，处理起来就有难度。那么，如何使学生自觉自愿地遵守班级的规章制度呢？一家豆浆店墙上针对员工贴的警告语"请尊重每一粒黄豆"启发了周老师。周老师想，一粒黄豆尚且需要珍惜和尊重，作为情感丰富的学生，更需要老师的尊重。为此，周老师尝试与学生共同讨论制订了一个富于人性化的班级管理制度，收到了良好的效果。如按时起床做早操，你既可以呼吸到新鲜空气、有益于身体健康，又养成了良好的生活习惯，你说是吗？上操时步调一致，做操时动作规范，既舒展了筋骨，又展示了年轻人的风采，我们何乐而不为呢……后来与学生交谈得知，学生之所以乐意接受这样的制度，原因在于他们认为班主任把自己当朋友对待，制订制度时广泛征求学生的意见。同时，这样的制度告诉了学生应该怎样做和为什么这样做，因此学生一般都能自觉遵守。

4. 主动的祝福使学生尊重你

英国教育家斯宾塞曾经说过："野蛮产生野蛮，仁爱产生仁爱，这就是真理。"周老师回忆自己在上大学时身体素质差，经常生病，一位年近花甲的心理学老师每次见到自己总是送上一句"小周，最近身体怎样？"充满浓浓爱意的问候，使周老师总是受宠若惊，被老师关心的幸福感让周老师终生难忘。后来周老师自己当了老师，每次与学生见面时，都先向学生打招呼。近几年有了手机，每逢节日来临，周老师也都不忘给班里有手机的学生发条短信或打电话祝福，学生们很受感动。有的老师曾问我："你们班上的学生为什么总是那么有礼貌？"周老师笑着说："那是因为有礼貌的学生都被分在我们班了。"其实周老师深知，学生是最讲情义的，你敬他一尺，他自然会敬你一丈。只要教师有礼貌地对待他们，他们自然也学会了尊重老师和礼貌地对待他人。

周老师以自己几十年的班主任工作经验告诉我们，拉近与学生的距离其实并不难，关键在于教师能否放下"师道尊严"的架子，在于与学生的交往过程中教师能否致力于创设一种亲密和谐的良性互动氛围，使学生由紧张到放松，由猜疑到信任，由惴惴不安到无拘无束，并逐渐对教师产生一种亲近感，从而使自己真正走进学生的内心。

（二）教师要学会"反弹琵琶"，提高学生自我教育能力

面对着学生们出现的种种心理健康问题，教师往往束手无策。而学生深知忠言逆耳却不爱老师的忠言，因为他们认为个人学习的时间和心理发展的空间都被教师过分侵占了，这就导致了学生产生抵触心理，缺乏学习的自觉性和主动性。著名作家毕淑敏在《柔和的力量》一文中说，"用酒精消毒时，太高浓度的酒精，会使细菌的外壁在极短的时间内凝固，形成一道屏障，后续的酒精就再也杀不进去了，细菌在壁垒后面依然活着。最有效的浓度，是把酒精的浓度调得柔和些，润物细无声地渗透进去，效果才佳"，"柔和有时比风暴更有力量。柔和是一种品质与风格。它不是丧失原则，而是一种更高境界的坚守，一种不曾剑拔弩张，依旧扼守尊严的艺术。"所以教师要学会"反弹琵琶"，为学生留下自我教育的时间。

在教学中，教师要能够将批评的话，赞扬地说，严肃的话，幽默地说，直白的话，婉转地说，从而营造和谐的教学氛围。这不但能使学生在前进中看到不足，从成绩中发现问题，保持清醒的头脑，不断战胜自我、完善自我，也会让那些失败过的学生在失败中看到希望，树立信心，增强勇气。所以，我们应该学会运用柔和的力量，走进学生心灵世界。这就是排列组合的力量，如果教师将批评与赞扬、严肃与幽默、直白与婉转，重新排列组合，也许就会收到意

想不到的、理想的教育效果。

有人说：温暖的一句话可以让人温暖一个冬天。教师的一句话，甚至一个眼神的作用都是无穷的。

陶行知先生当年任育才学校校长时，一位女生考试时少写了一个小数点，被老师扣了分。试卷发下来后，她偷偷地添上这一点，然后找老师要分。陶先生虽然从墨迹上看出了问题，但并没有挑明，而是满足了那个女生补分的愿望。不过，他在那个小数点上重重地画上了一个红圈。女生领会了老师的意思，惭愧不已，以至终生难以忘怀。多年后，那名女学生已成人成才，但回忆起当年那一幕，仍然激动异常。她说当时也是抱着忐忑不安的心情去找陶先生的，生怕老师看出破绽。然而先生没有当面让她难堪，她的心反而震撼了。她说："那件事后，我才下决心用功学习，才下决心做个诚实的人。"

学生渴望得到尊重，学生需要尊严。当他们犯了错误时，他们的自尊心非常敏感、脆弱，就像"荷叶上的露珠"。教师的言行稍有不慎，就会刺伤他们的自尊，如果教师此时再给予不当的批评训斥，那就只能使学生更加没有安全感。学生不能无错，学生也无大错，多数情况下，学生都能知错改错。因此，很多时候，教师在尊重学生、信任学生的前提下，采用含蓄的、委婉的方法去引导学生，多一点宽容和理解，更能收到无声胜有声的教育效果。它是一种教育的艺术，是给学生留一片自由的天地，留一次自我教育的机会。

三、亦师亦友，呵护学生的心灵

在教学实践中，教师单靠与学生的"朋友"关系进行班级管理与教学是不够的，还需要在学生心中树立一种威信。那么，应该如何更好地响应新课程"以人为本"的理念，扮演好亦师亦友的角色呢？

（一）端正思想——允许学生犯错

所谓"金无足赤，人无完人"。即使是身负"传道、授业、解惑"重任的教师也无法保证自己不会犯错误，更何况是我们的学生呢？因此，每位教师都应该坚持"以人为本"，承认学生作为"人"的价值，允许学生犯错。

某位高中老师让全班同学用100来字的篇幅写下自己最近的心理困惑，但是，一向品学兼优的小光竟缺交了。于是该老师面对全班同学对他"开火"了，目的是以儆效尤，趁机树立威信。放学前，该老师看到了这篇迟交的作业，心想：这回应该可以树立起一点威信了吧！翻开作业，首先映入眼帘的是："老师，其实我不知该不该向你说出我心里的困惑……"这位老师感到十分疑惑，于是赶紧往下看……原来小光的困扰来自家庭。他的爸爸因为工作缘故常常晚归，不但对他的关心越来越少，而且还时常与他妈妈争吵。面对这一状况，他无能为力，于是选择了把苦恼藏在心底。该老师意识到错怪他了！为了弥补过错，当天晚上就与小光好好地谈了一次心，除了向他道歉外，这位老师还有针对性地给了他一些建议。其实，在对待这个问题上，这位老师首先有了一个错误的认识——品学兼优的学生是不会不交作业的，是不会甚至不能犯错误的，偏离了"以人为本"的理念，使其在面对突发状况时实行"一刀切"，鲁莽地对小光进行了公开的批评。

有人曾说，"错误是宝贝"。因为有了错误，我们才能知道自己的不足，才能想办法去改正、解决它，才能使我们的人生得到不断的发展。学生偶尔犯错并没有什么大不了，关键是知错能改，这是作为一名教师，特别是班主任必须谨记的。如果忘记了这一点，就等于违背了新课程"以人为本"的理念，也就无法摆正师生之间的关系了。

（二）合理使用纠错方法——善用批评

批评作为纠正错误的一种常用的方法，教师应该学会合理地使用。"育人犹如苍天待禾苗，霹雳闪电，只能划破夜空的静寂，引起禾苗的颤抖；只有绵绵细雨才能滋润禾苗。"适度合理的、朋友提醒式的批评就像和风细雨荡涤心灵，往往能让学生诚心接受。因为它很好地关注了人性、关注了学生的感情，是"以人为本"的表现。但如果在对待学生犯错时，教师采取一种"暴风骤雨"式的批评，或是一种放任自流的态度，就违背了人性、忽略了学生的需求，那么，错误则会更频繁地发生，甚至会给学生带来无法弥补的伤害。

某教育节目曾播出过这样一个案例：一位名为洪倩的中学女生不小心把同学的作业本撕破了。那位同学在要求她道歉未果的情况下，把此事报告了班主任。班主任马上到班上对洪倩进行了批评，还声称只有家长到校接她，她方可离开。该生备受刺激，竟从教室的窗户往外跳了下去……事后采访小洪倩，问及她为什么跳楼时，她说，因为听到老师说要把家长叫到学校并告知此事，出于惧怕家长责骂和维护自尊心，她选择了一种极端的方式——跳楼。诚然，诸如此类的例子也非鲜见。

教育学生离不开批评，而批评又常易伤害学生的自尊，引起学生反感，怎样才能做到两全其美呢？根据新课程"以人为本"的理念，教师在班级管理与教学中应该细致、谨慎，凡事多设身处地为学生着想，做到善用批评。简而言之就是要讲究批评的艺术。就批评的方式来讲，它是因人而异的。若一个开朗直率的学生犯了错，大可以对他进行直来直去的公开式批评。但对一个自尊心强的学生则不能使用这种公开的批评，而应该采取点到即止的点化式批评。另外，对倔犟刚毅的学生可以采取柔软式批评；对温和顺从的学生可以使用和风细雨的温和式批评；对粗暴急躁的学生可以使用避开锋芒的疏导式批评。就批评的语言来讲，应该多肯定，少否定；应注意循循善诱，少用问号……

善用批评，把握批评的分寸，采取合适的批评方式，做到"以人为本"，让学生乐意接受，才能收到所希望的教育效果。

（三）积极使用有效的方法——多点赏识

"为了每一个学生的发展"是新课程的核心理念。于是，如何更好地促进学生发展，建立一种和谐、民主、平等的师生关系，就成为新课程实施的一大重点。心理学研究表明，无论多么顽皮的学生，无论多么冷漠的学生，其内心深处都非常渴望被别人赏识。赏识可以使他们体验到成功的快乐，而这种情感因素正是学生成长的关键。"先有伯乐，而后有千里马。"因此，教师应该具有伯乐的眼光和识人的技巧，学会赞赏每一位学生，多用"赏识教育"。通过赏识教育，帮助他们克服自卑感，增强自信心，让他们学会维护自尊，学会自爱，减少攻击性行为，从而挖掘学生的潜力，促进他们更好地发展。

有一位老师在开学初，曾为了班上一名不太守纪律的男生小李操了不少心。有段时间，这位老师的身体有点不适。就在一天傍晚，这位老师竟收到了小李发过来的问候短信，上面还有这样一句话："我想，在老师的心目中我是一个坏学生。"这位老师想了想，回了他一句话："一个会关心别人的学生，绝对不是坏学生！"……自此之后，小李变了，不但对老师的工作配合多了，还开始慢慢地改掉了迟到、上课打瞌睡等坏习惯，并且积极地帮助身边的同学，为班级服务。细想，实施赏识教育并不难，关键是教师必须有善于发现学生闪光点的目光，善于找准实施教育的切入点，善于随时捕捉甚至是创造教育情境，小题大做，给学生成功的机会，让他们品尝成功的喜悦。在赏识中，教育便会潜移默化地发挥其应有的功效了。

建立新型的师生关系既是新课程实施与教学改革的前提和条件，又是新课程实施与教学改革的内容和任务。面对新课程改革带来的机遇和挑战，走进学生的心灵则是建立新型师生关系最为基础、最为重要的一步。广大教育者应多思考、勤实践、常总结，力求成为学生的良师益友，构建出平等、民主的师生关系，从而更好地推进新课程的实施。

2. 走进学生的生活

——做一位贴心朋友

长期以来，由于受传统思维定式的影响，"传道、授业、解惑"往往被看做是教师的全部责任，从而在教学过程中逐渐形成了以教师为中心、以教材为中心、以课堂为中心的教学模式。这就决定了教师在教学中的角色：教师即权威，教师所讲授的一切都是正确的，不容置疑的，学生只能被动接受。这就使教学变成了一项单向的教师教和学生学的活动。无论是课堂上还是课堂下，师生之间的界限清晰，严重影响了师生之间的交流，导致学生学习疲劳，教师职业倦怠。

教育是育人的，教学强调教师与学生的交流。新课改要求教师摒弃传统的权威地位，不扮演圣人和神仙，在教学中与学生共享共生，走进学生的生活，成为学生的朋友，凸显学生的主体地位。

一、不扮演圣人和神仙

教师素有"人类灵魂的工程师"之称，一方面，他们扮演着"红烛"，"园丁"的角色，无私奉献，不图回报，经常有人用"曲高和寡"来形容教师；另一方面，教师由于自己的个人经验、专业知识、人格魅力等吸引着学生，使学生觉得教师无所不知、无所不能。这使得教师有了一种可望不可即的圣人形象。然而，在知识爆炸的信息社会，教师的神仙角色还能扮演多久？

（一）教师要敢于露"私"

新课改要求教师转变角色，放下架子，成为学生学习的合作者。教师要敢于向学生打开自己的心扉，甚至敢于把自己背后隐藏的"私"字亮出来，让学生明白教师也是有人情味的，这样就会无形中拉近与学生的距离，使学生觉得教师不再是高高在上，而是陪伴自己生活、学习的大朋友。

在教学过程中，我们都强调要充分了解学生的心理发展特点，了解学生的知识背景、生活背景，既然教学是教师与学生的互动过程，那么我们有什么权利不让学生对教师了解得更多一点呢？有的教师唯恐学生知道自己的一些事情，总是教导学生"问有关学习的问题，不该问的不要问"。几年下来，学生只记得教师的一副面孔，连教师的年龄、家庭住址都不知晓，就更不要谈与教师成为朋友了。

高中学生作为一个特殊的群体，心理发展水平已接近成人，他们具有明确的辨别是非的能力，与成年人比起来，他们更加真诚。所以，教师应该以一颗真诚的心走近他们，谈谈学习，谈谈生活，和他们分享自己的小秘密，让学生更加了解你，信任你。在学校里，一般青年教师往往受到学生欢迎，因为他们更会创造激情，他们喜欢将自己的好恶与学生分享，他们可以毫无拘束地和学生打球，和学生一起吃泡面。学生还可以成为很好的倾听者，为教师来排忧解难。教师要懂得向学生表达："教师是人，然后才是教师"的观点。

一名教师在他的随笔中写道"我心目中的老师"：……或许，他正年轻；或许，他已人到中年。但他的心时刻都能感受到学生的青春悸动。课余时间，他和学生们一起议论"八荣八耻"，一起畅想和谐社会，一起谈论伊朗核问题，一起瞭望台海局势，一起讨论"超女"的利弊、"国足"的得失。他会听学生们唱《月亮之上》，学生们也有幸聆听他唱的《隐形的翅膀》……学生们把他当做知心朋友，喜欢与他分享考试成功的喜悦，或者向他倾诉面临的压力、心里的紧张和成绩下降的失落。他也给学生们讲述自己经历过的曲折、曲折中的奋起和奋起后的收获。男生们愿意向他倾诉胸中的豪迈、远大的志向；女生们愿同他交流心中的秘密、成长的迷惘。他娓娓的话语，让男生倍增无穷的力量，让女生黯然的眼睛重新闪亮。他会为学生的成功而孩子般地雀跃欢呼，也会为学生失去亲人而垂泪神伤。他快乐着学生的快乐，悲伤着学生的悲伤……

正如郑杰校长所言："不必装做圣人，学校不是庙堂；也不必扮演神仙，学校不是舞台。"传统教师被看做知识的象征，真理的代言，学校是学生获得信息的主要来源。可在信息迅猛发展的今天，学生的信息来源不单单只有教师了，知识的传播、更新速度更是我们无法想象的。所以，"一桶水"的理论很显然在今天已经不成立了，教师不是神仙，并不能知晓天下，教师也有许多未了解，未理解的知识。故新课改将现代教师定位于研究者的角色，要求教师掌握先进的教学理念并将其融入教学实践，促进教育智慧的生成，成为终身学习者。

教师要想成为研究者，首先必须具备实事求是的态度，对自己不能够解释的问题，敢于说"我不知道"，对学生坦言相告。学生并不会因为老师的一句"不知道"而瞧不起老师，相反，他们会因为老师的坦诚，更加信任老师。

（二）相互取暖

曾经有一个很经典的故事说，当天气寒冷的时候，成群的野箭猪会凑在一起取暖，但是它们的距离保持得很好，既可以让彼此感到温暖，又不会因为身上的箭伤到彼此。面对着严峻的学生心理健康问题、教师执业倦怠问题，也许我们能从这个故事里得到些启发。教师职业比其他任何职业都需要学习，因为教师要通过学习来生存；学生也需要学习，因为学生要通过学习来成长。新课程改革倡导合作学习，通过合作学习，可以使教师更有效地教，使学生更愉快地学。在教与学的过程中，通过师生的交流、探究，使教师与学生双方不再停留于各自的观点和见解，当然也不是由一方去征服另一方，而是彼此受到影响，使各自的认识偏见得到克服，正所谓"教学相长"。不仅如此，教师如果能够蹲下来以朋友的身份与学生相处，师生间的交往就会变得更加和谐，无论教师或是学生都会拥有更强的成就感。

浙江省淳安中学高二（7）班全体学生在一篇文章"难舍'胖子'的温柔"中这样描写自己的老师：

相处日久，渐渐发现，这家伙还特别"好管闲事"。同学之间闹矛盾，他要管；同学心情郁闷，他要管；同学家庭不幸，他会提醒其他同学如何适时去安慰；连同学性格不开朗他都要管，有时甚至会横插一杠。他所用的招数其实很简单，那就是"食贿"，用食物"引诱"。你还别不信，有三个闹矛盾的同学就是在他的几根棒棒糖和一顿"温柔"的饺子宴中和好的。我们还真的很喜欢这种够"白痴"的对付高中生的做法。他说一个班级就是一个包含同学、家长、老师的家。所以，他希望通过自己的努力使我们班一切都和谐美满。为此，他设计了许多"温柔的陷阱"，让我们身陷其中，乐在其中，收获在其中。他设计过班级辩论比赛、演讲比赛、跳绳比赛、唱歌比赛、书法比赛、学雷锋活动、爱心日活动等，开过茶话会、寝室板凳会、女生生活会、量化评定会、中秋晚会等，模拟过人生 AB 剧、"等到大学再说爱"、百家讲坛、开口说英语、超级男生、超级女生等。我们班的主题班会总是特别独特：要么有家长参加，要么有高一级同学参加，甚至有初中老师参加。而且同学们总是心甘情愿地落入他设计的"陷阱"，心甘情愿地秀上一把。现在的学生最怕的就是考试，考前准备是"接近噩梦"，考试开始是"噩梦的开始"，发成绩单是"痛不欲生"，面对家长是"另一个噩梦"。说实话，我们班的成绩那时并不突出，但他却让我们总是充满力量，总能轻松地、满怀信心地面对考试。他时常启发我们："人要有些精神！"教育我们，"知道得越多，不知道的当然就更多！"每次考试他总是提出诸如克服笔误、学会复习、摸索考试技巧、规范答题等似乎与考试成绩无关的考试目标。考试结束后，我们往往顾不得伤心就沉浸在他的"技术统计"中了。高中生活最忌讳的也许是"早恋"吧。但他告诉我们，"喜欢一个人，这是每个人成长的必由之路。没有感情还能称为健全的人吗？""不喜欢别人，也不会被别人喜欢。""但是，过早把心事说出来就使生活缺少了神秘感，秘密一旦公开，那就只有烦恼，不如让那份惦念永远留在心底！""暗恋最美！"等。他还告诉我们他自己的经历：初中的"三八"线，高中的朦胧诗，大学的西北风。他毫不避讳地说："爱情是最难懂的书。"记得最牢的是他曾对男生们说："身为一个男人，跟你们说一句很男人的话，喜欢一个人就要干出一番事业，就要营造一个能扛起点什么的宽阔的肩膀，让小鸟可以依靠！现在我们没有金钱、地位，但我们有的是青春朝气，有的是头脑和时间。高中三年，就要有点男人样，打出个自己的天下！"在他的"教诲"下，我们形成了一致的认识："等到大学再说爱！"

学生以"难舍'胖子'的温柔"为文章取名，将自己的老师亲切地称之为"胖子"，从字里行间渗透着对老师的爱。老师为同学们提供了展示自己的舞台，不仅让同学们掌握了学习的技巧，并且在心理上逐步成熟起来。而可爱的胖子老师通过得力的处理同学们的事情，与学生们建立起了良好的师生关系，并且获得了作为一个教师的高成就感。

二、走进学生生活，理解学生心灵

新课改提倡以人为本。教师的教育要注重面向个体，既要尊重个性、发展个性，又要规范个体行为。人是有情感的人，在人的情感当中存在着愿意与不愿意、喜欢与不喜欢。一个有个性的学生是否愿意接受教育者的教育，是每个教育者都要直接面对的问题。因此，师生情感融洽与否会直接影响教育效果。而建立师生情感的一个重要途径就是走进学生的生活，更多地去了解学生。

（一）非主流文化——了解学生生活的重要途径

走进高中校园，你只要留心观察就会发现：校园里，经常有背着老师做"拇指运动"的手机族们；课余间，网络游戏成了必不可少的谈论话题；课桌上，"涂鸦"之作琳琅满目；宿舍里，电话粥常煲不衰，"卧谈风"此起彼伏……

消极颓废的心绪情结；反对权威，呼唤自由的价值观念；玩世不恭的人生态度；轻松的闲娱和无拘的释放；追求感官刺激和放纵享乐等因素形成了高中校园的这些非主流文化。非主流文化的多元化取向使校园主流文化受到影响。一些学生理想信念淡化，集体主义观念淡薄，甚至出现了享乐主义的不良倾向。在这些不良文化的侵染下，主流文化原有的教育功能、凝聚功能、激励功能受到影响。非主流文化的存在导致高中生生活个人化、生存信息化，使得人际交往减少，人际关系淡漠，导致一些学生产生心灵的孤独感、寂寞感与强烈的不适应感，从而很有可能会产生不同程度的心理障碍。并且，由于学业负担沉重以及读书无用论的冲击，校园非主流文化势头旺盛，消极颓废的心声和玩世不恭的人生态度使得校园里充斥着不思进取的颓靡之风。在此情况下，教师就要走进学生的非主流生活，引导非主流文化健康发展，让非主流文化承载起积极健康的思想情趣。目前高中校园非主流文化主要包括：拇指文化、网络文化、课桌和墙壁文化、宿舍文化等。

广东省东莞市樟木头中学的罗苏赣、朱彩红、桂训华和李晓蓉等四位老师给我们呈现了一幅校园非主流文化的图景，并提醒教师们思考现在的高中生究竟需要什么。

1. 非主流文化之一——拇指文化

罗老师他们对樟木头中学高二（1）班的"手机玩家"刘文斌同学进行了专访。

问："可以谈谈你的手机的主要用途吗？"

答："我的手机主要用来发短信或者玩游戏。上课不想听讲时，就会把手机调成振动，偷偷地发起短信或玩起游戏来。有时晚上不想睡觉，就躲在被窝里玩游戏。"

问："你一般给什么样的人发短信？"

答："女朋友、班上同学以及网友。"

问："为什么和女朋友交往不打电话却选择发短信？"

答："发短信的妙处在于它是一种很有趣的'私语言'，可以发送平时不好意思说出口的心里话，也可以在无聊的时候给对方发去一些图片和歌曲。总之，它比打电话问'你有没有想着我'TOP得多。"

问："网友和你怎样保持联系？"

答："一旦我不在网上，我的很多网友就会通过手机短信、新闻、笑话、图片与我联系。有了手机，我不管到哪里都不寂寞啦！"

问："一般什么时候你和同学通过发短信的形式保持联系？"

答："有时候上课很无聊或者心情烦躁时，就会发个短信给同学或朋友，这样一来一去地聊天玩。还有的时候想和其他班的同学一起去电脑室玩游戏，就在最后一节课上发个短信给对方。"

问："你觉得高中生有必要使用手机吗？"

答："说心里话，高中生用手机弊远大于利。"

通过一段时间的调查、分析、讨论和查找资料，罗老师他们认为，高中生持有手机是一把双刃剑，使用手机固然给他们带来了方便，但也带来了一些负面效应：超前消费意识，尤其是对时尚的追求往往伴随着虚荣心，驱使他们互相攀比，加重了家庭负担；一部分同学上课发短信、下课聊天，对学习有很大影响；少数高中生的手机具备上网功能，但网上的许多内容、短信息都不适合高中生，影响学生的身心健康发展；学校已有18.3%的学生的手机价格在2000元以上，为他们的人身安全埋下了隐患。

2. 非主流文化之二——网络文化

随着互联网的迅速发展，学校高中生网民的人数也越来越多。高中生上网会导致个性化情绪和精神孤僻；与家人、朋友疏远；身体健康状况下降；上课身心疲倦，无精打采。总之，网上不健康的内容影响了高中生的身心健康发展。

根据调查，罗老师他们学校有55.6%的高中生接触过网络广告、网络色情或网络垃圾；有6.3%的高中生玩网络游戏或网上聊天；44.4%的高中生因长时间上网导致视力下降。对高中生与网友交往的原因，罗老师他们也作了调查，55.6%的同学是因为无聊，少数同学是渴望网友关怀。据报刊资料表明，网络的开放性、隐蔽性，会使高中生的行为失控，出现网络成瘾以及网上暴力等问题。有的学生甚至崇尚暴力，并把它延伸至日常生活和学习中去，从而引发校园暴力、青少年犯罪等不良现象。通过调查，罗老师他们还了解到，学校一名17岁的高一男生，因长期沉迷于网络而产生网络心理障碍，对学习造成了严重的影响。

3. 非主流文化之三——课桌、墙壁文化

随着年龄的增长，高中生在课桌、墙壁上任意刻写的不良习惯有所改观，这说明同学们的公德意识随着知识与年龄的增长呈上升趋势，尤其是高三学生的课桌文化已经成为学校主流文化的有益补充。每位高三同学的课桌右上角都贴着美观规范的自我激励卡，卡片内涵丰富，如"誓把凤愿变现实，不将悔叹留明天"。桌面刻痕很少，书本等学习用品摆放十分整齐，课桌整齐划一。教室的每一个角落都体现出独具匠心和高品位的文化气息，每一寸空间都充溢着浓烈的读书求学氛围。高一年级课桌、墙壁涂鸦之作占有较大比例，与高三特色文化形成鲜明对比。一笔笔宣泄情感、发表感慨的浓墨重彩让课桌、墙壁满身伤痕。这些文字有的是用铅笔创作的，尚属手下留情，橡皮一擦便无踪影；但大多数是用圆珠笔、钢笔或涂改液写在桌面、墙壁上；还有些文字则是用刀子刻在桌面、墙壁上，成了永久的痕迹。为了了解课桌、墙壁文化风行的主要原因，罗老师他们组织召开了高一、高二部分学生座谈会，发现有如下原因：部分学生觉得情感宣泄、发表言论的空间太少，课桌便成了他们表达情感的一条途径；有的同学感到上课无聊、做题无趣，就想虐待一下课桌；同学们有话要说，苦于无处可说，只能在课桌、墙壁上"偷着乐"了。

令人告慰的是，对于课桌、墙壁文化，接受采访的学生普遍持反对态度，他们认为在课桌上涂鸦，破坏了学习环境，也折射出学生公德意识的淡薄与道德上的"缺钙"，与新世纪的学生理应具备的积极向上的精神风貌格格不入，与学校文明育人的主流文化和儒雅的殿堂氛围背道而驰。

4. 非主流文化之四——宿舍文化

宿舍是同学们的"家"，是集学习、休息、娱乐与交际于一体的综合性多功能场所。在这个自由天地里，同学们用自己的言行创造了具有自身特点和时代特色的宿舍文化。罗老师他们到 12 个宿舍进行了采访，以下是部分采访镜头。

镜头一：B栋某女生宿舍

幽暗的灯光下，依稀折射出蚊帐的斑斑点点，帐子里的人儿还在低吟"我爱你，爱着你，就像老鼠爱大米……"偶尔，对面的上铺会传来几句歌声"我会变成童话里，你爱的那个天使……"这边的上铺正忙着写日记……

镜头二：A栋某男生宿舍

"今天我投篮命中率特高，爽死了！"

"你们把哑铃放哪里了？我要用！"

"不知道，像我这样能做几个俯卧撑啊？"

"哇，你怎么还在煲电话粥！"……

镜头三：B栋某女生宿舍

"今天的数学测验好难，我有三道大题没有做出来！"

"平时不用功，考试望天空！"

……

在之后与同学们的讨论中，罗老师他们发现，无论是男生宿舍还是女生宿舍，电话在寝室里是最受欢迎、最受重视的，而煲电话粥更是宿舍里必不可少的一部分，可以说是常煲不衰。女生宿舍更多的是关注于瘦身、美容、健身等内容，形体美的追求在某种程度上已经成为高中生的热门话题，很多人特别崇拜刘德华等港台明星。由于种种原因，宿舍文化出现了许多灰色潜流，宿舍的卧谈风是高中生的必修课，久而久之，便摆脱不了庸俗和空谈的底子，一定程度上污染了宿舍的精神环境，也影响了高中生良好风貌的形成。

通过罗老师他们呈现的这幅图景，我们看到教师必须走进学生生活的重要性和迫切性。教师只有走进学生生活，才会了解这些让教师头疼的非主流文化盛行的原因，才会想到真正有效的措施引导学生的非主流文化向主流文化靠拢。

（二）关注学生的心理生活，做学生的贴心朋友

现代社会关于"健康"的概念已超越了传统的医学观点。健康不仅包括躯体、生理健康，还包括精神、心理健康。当今社会的激烈竞争，造成人们心理压力过重。中学生在这样的社会大环境下生存，面临着很大的升学压力，导致他们心理脆弱；再者，我国独生子女以自我为中心的问题也显得越来越严重；更甚者，家庭的残缺，如父母离异、丧父或丧母的单亲家庭，隔代抚养孩子等现象，都使孩子缺乏良好的生活和教育环境。有关研究表明：心理发生变化的高发期在青春期，中学生中存在的心理问题越来越突出；学校里学生的各种不良现象屡禁不止，各种失控越轨行为时有发生。原因固然是多方面的，但与学生心理健康水平不高，心理素质较差有极大的关系。这些不健康的心理与素质教育下的育人要求是格格不入的。作为一名教育工作者，对学生进行心理健康教育，既是素质教育的有机组成部分，也是教师的一项艰巨的任务。

河北省承德县第一中学的计福菊老师就遇到过一个心理上有障碍的学生。这名学生，他平日是三天两头迟到，有时甚至无故旷课，还经常不完成作业，导致成绩下滑。起初，计老师都是严厉地批评他，还要求他写认识、表决心、写保证，但这样做却一点作用都不起。他仍然经常出现以上问题。后来计老师在家访中了解了他的家庭情况，同时，也发现了他身上更为严重的问题，但是也找到了他的"病因"：不完成作业，只因懒；经常迟到，只因没闹钟（计老师曾给他出主意，"设个闹钟"，但他没有实施），每天都是奶奶叫了多次还赖床；无故旷课，只因上学早已迟到；不到校，经常去玩篮球或在家看电视；在家里，曾骂过所有家人（奶奶、爸爸、继母），还曾向奶奶抢过椅子，砸过家里的东西。他的种种行为令人咋舌，却也有其根源：他自小父母离婚，妈妈改嫁，他和奶奶、爸爸一起生活。后来爸爸再婚，他又与继母感情不和。而他的爸爸是一个极不善言辞的人，父子之间交流极少。在计老师与他的谈话中，他不经意的一句话引发了计老师的思考，"我爸根本不疼爱我"。没有感受到爱的孩子，又怎能知道如何去爱呢？因为心理上有爱的缺陷，所以他的种种行为都很偏激，更谈不上良好的行为习惯。经过多次家访以及几次请家长到校后，他

的家人包括亲戚召开了家庭会议。他的爸爸也了解了表达的重要性，了解了在这样一个不完整的家庭中父爱的重要性。在多次与这个学生聊天后，他也终于认清了家庭的出路、自己的将来和当前的任务。沟通中，家长、孩子体会到了对方的爱和重要性，双方也都在朝着更好的方向努力，孩子的心理也在逐渐趋于健康。

心理健康教育是学生健康成长与全面发展的需要。教师在高度重视学生心理健康教育的同时，也要注意因材施教，关注学生的心理生活，走进孩子的心灵，使每个人都能受到良好的心理素质的培养。因为学生只有具备健康的心理和良好的心理承受能力，才能适应激烈的社会竞争。

三、怎样做，才能成为促进学生进步的贴心朋友

在教学实践中，每一位教师最主要的是要有热爱学生、热爱工作的深厚感情，只有带着这样的情感，才能真正地了解学生的思想、情感和心声，才能深刻体会学生的所需所求，才能达到师生的情感交流，心灵的相通。教师也只有充满爱心地对待工作、对待学生，才能达到师生之间的默契，才能更好地完成教育教学工作，才能使师生之间彼此构架起一座理解的桥梁。那么，在实践中，教师要如何做呢？湖南省长沙市开福区植基中学的杨超平老师提出了以下几点建议：

1. 注重培养学生的自信心

心理学研究表明，任何一名智力正常的青少年都有本能的求知欲望。这种求知的需要，期望越高，则自信心越强，而求知过程中成功的喜悦，则是增强他们自信心的力量源泉。根据日本教育家田畸岛的调查研究，许多学生学习成绩差，不是因为智力差或别的原因，而是因为缺乏自信心。缺乏自信导致了自卑，从而丧失了学习的兴趣和欲望，也丧失了前进的勇气和力量。

一般学生的自卑心理大多来自教师对学生的主观评价，对后进生否定，出言不逊，无疑给学生带来极大的心理压力及负面影响，严重影响学生的身心健康。而浇花要浇根，治病要治本，"生锈的锁"只能靠"心灵的钥匙"去解开。

刚分完班，了解到班上有位同学成绩不好，纪律观念涣散。要找这个学生的缺点，批评他，毫不费力就能找到许多条，但这样做，只能打击他的自信

心，强化他的自卑感。显然，这个学生在自己不长的人生路上，经受的批评打击是很多的，他不缺少批评，缺少的是鼓励，缺少的是肯定。因此，开学不久，杨老师就请这位同学给自己找长处。他开始不好意思，低着头不说，在杨老师的一再鼓励下，才怯生生地说："我爱干活。""对呀，心肠好，爱干活，爱帮助别人，到哪里都会受到别人的欢迎和帮助，这就是了不起的长处。"他受到肯定后，非常高兴，以后也就更愿意为班级做好事，渐渐地，他学习也认真了，作业也不拖欠了。

在犯错误的学生面前，困难的不是批评，不是指责，更不是数落他的一系列错误，而是找出他的错误的对立面——长处，只有找到了长处，才算找到了错误的克星，才能帮助他找到战胜错误的信心，从而战胜自我。

2. 用无限爱心和严格要求来促进学生的心理健康

热爱学生是形成教育艺术的基础。"感人心者莫先乎情"，对情感的渴求是每一个青少年学生的心理需要。教师只有把爱的情感投射到学生的心田，师生间才能产生心心相印的体验，收到良好的教育效果。教育艺术之树只有植根在爱的土壤里，才能结出丰硕的果实。一个具有坚定信念和热爱学生的教师，总是对自己的教育对象充满热情的期待，这是师爱真实的自然流露。教师虽然没有把他们对学生的热爱之情诉诸于语言和文字，但通过自身的一举一动，一颦一笑，甚至通过眼神和面部表情的微妙的变化表达出来，并被这些对爱特别敏感的孩子们所感受到。

教师对学生的爱心固然会产生一定的教育效果，但它无论如何代替不了对学生的严格要求。爱心具有模糊性，而严格要求具有明确性，教师必须把总的教育目标具体化在整个教育过程中，通过严格要求来实现。否则这种爱就会失去它本身的原则性。这里的严格要求是指有明确的标准，有分寸、合乎情理，同时也包含着严肃、严明和严厉的要求。所谓严肃，是指在教育学生的时候一定要坚持原则，要一丝不苟，要有科学态度；所谓严明，是指在执行纪律的时候，不徇私情，赏罚分明，没有偏向；所谓严厉，对有些严重的错误行为，必要时可以进行严厉的批评、严厉的谴责。苏霍姆林斯基指出："批评的艺术在于严厉与善良的圆满结合；学生应该在教师的批评中感受到的不仅是合乎情理的严厉，而且是对他充满人情味的关切。"师爱离不开温柔、和蔼，离不开热情、亲切，但是师爱是一种教育爱，具有明确的原则性，遇到学生犯错误的时候，也要对学生进行严厉的批评。但是，一个真正有涵养的教师，对学生内心世界十分关心的教师，是不大会对学生高声叫喊的。他就是用平平常常的词句，学生也能体会到教师的激动、忧愁、惊讶和愤怒。因为，当他愤怒的时候，他能控制自己，用一种几乎是耳语般的低声说话，可是全班学生却在屏息静气听他的每一句话，因为他们感到这些话里面有真理、正直和不带偏见。所以教师必须做到以理服人，以情动人。

3."蹲下来"与学生说话

老师与学生之间形成沟通障碍的原因常常不是大是大非的问题，而是一些学习生活的细节。许多老师把单向的指令和说教理解为沟通，很难避免受到学生的抵触，很难进入学生的心灵世界，引导他们快乐、健康地成长。

中国青少年研究中心副主任、中国青少年研究会副会长孙云晓指出：教育孩子的前提是了解孩子，了解孩子的前提是尊重孩子。"蹲下来"与学生说话，不要过早地把学生的心理社会化，而是要遵循学生的天性。搭建一个师生之间、学生之间的伙伴式学习平台，这个平台以学生的学习需求为中心，教师以同志和朋友的身份同同学们一起交往和活动，建立和谐的师生关系，满足学生多方面的学习要求。在教师心中，学生应该是空中鹰，而非笼中鸟，自己的职责是引导学生飞翔。所以，在学生的感受中，学校应该是大海，有着广阔的学习和发展空间，而非养鱼池。在学生看来，老师这个高大的形象不仅可敬可信，而且可亲可爱，他们不仅从心底愿意敞开心扉接受老师的教导，也能激发起学生努力向上的内部动力。一句"我能帮你做点什么"的服务业的问候语，在课后与学生的交谈中出现，能拉近师生的距离，把尊重、信任、爱护和理解，这些高尚的情感移入学生的心里，并化为一种崇高的影响力。

５．以情育人，用心育人

——做一名爱心型教师

一位教育家曾经讲过：教育是一个灵魂唤醒另外一个灵魂的过程。大师罗素也曾认为：凡是教师缺乏爱的地方，无论品格还是智慧都不能充分自由地发展。成功并不是衡量一个人的标准，爱的阳光应该洒满教室里的每一个角落。每一个学生都有一颗渴求上进的心，他们都渴望被赏识、被重视。教师需要做的就是唤醒他们的自尊心和自信心，用爱的泉水去浇灌，用心中的阳光去温暖，用不轻言放弃的责任去关爱每一个学生。

一、我以我心爱学生

苏联教育家苏霍姆林斯基指出："我生活中最重要的东西是什么？我毫不犹豫地回答：对孩子的爱。"学生需要爱，教育呼唤爱。爱像一团火，能点燃学生心头的希望之星；爱像一把钥匙能打开学生心头的智慧之门；爱是洒满学生心灵的阳光，能驱散每一片黑暗，照亮每一个角落，融化每一块寒冰。因此，教师要像母亲一样关心学生、爱护学生。首先，学校作为学生走出家庭融入社会的一种中介机构，教师在其中起着桥梁作用。学生很自然地把他们与父母交往中产生的各种思想感情、期望与"爱的需求"转移到教师身上，渴望教师也像父母那样关心照料他们，体贴爱护他们。这时，教师就需要将自己的母亲般的爱心奉献给学生。其次，由于学生心智发展水平还没有完全成熟，他们会在无形中模仿老师的行为，并作用在与他人的交往过程中。教师的体贴会使学生学会体贴地对待父母，甚至是自己饲养的小动物；教师的勤劳、善良会使学生树立起性善观；教师的知书达理会使学生学会处事中"礼"字在先。所以，教师不仅需要精湛的专业知识，认真负责的敬业态度，还需要怀着一颗母亲般细腻、温柔、无微不至的爱心关怀、体恤、包容和扶持学生们的成长，让孩子们在教师的温暖关爱中放飞梦想。

(一) 分数是爱的音符

在校园里总是流传着这样的顺口溜：分、分、分，学生的命根；考、考、考，老师的法宝。似乎学生是为分数而学，教师是为分数而教。新课程改革提出变革传统教育评价标准，改变原来以分数为单一的评价指标，力求评价标准多元化，使学生摆脱"应试"的束缚，真正做到全面发展。但是，为了科学、准确地评价学生，分数仍然会作为一项评价指标来衡量学生的学习发展水平，所以，教师要学会运用自己的智慧，使分数由束缚学生发展的镣铐变为传达爱的音符。

这是一位校长对一次考试分数的难忘回忆：

由于中途转学，功课落下不少。一次数学考试后发卷子，我提心吊胆地接过来一看，非常意外，老师没有打分，只写了两个字"哎呀"。片刻，我领会了老师的心意，老师不相信我会是这样，老师在用这样一个善意的玩笑等待着我的努力。我决心把落下的功课补上。果然，下一次考试我得了满分。

许多年过去了，我又经历了无数次考试，见到过成百上千张试卷，但只有那份没有分数，只写着"哎呀"的试卷，成了我心中永远的珍藏。

教育无小事，虽然只是一个小小的分数，却可以使学生感受到老师的温暖。同样的分数，老师却可以运用不同方式表达，不仅可以让学生更容易接受，更让学生体会到其中浓浓的爱意，使学生有了前进的动力。

在上海市浦东云台中学，分数有了更新的内涵：在云台中学，考试分数不再一锤定音，而是实行分数协商制。每位学生在考试后可以根据自己的学习态度、课堂表现，向老师提出"申诉"，双方协商确定最后成绩。如有的语文老师根据学生平时的阅读量给予加分，有的英语老师通过加分鼓励学生大胆开口，有的数学老师则给学生开设了分数银行，分数如同货币一般可存可取……这就是分数协商制。

教师可以将分数协商制灵活地应用到我们的教学实践中去，使学生认识到分数只是检验自己近期学习水平的一个工具而已，使分数变得更加人性化，这样更能够调动学生学习的积极性。而教师也会通过这种方式使自己的心与学生贴得更近，教学会因此变得更加和谐。

（二）善待学生、反对"监视"

现代科学技术的发展为我们带来了便捷的教学工具，使教学变得更加生动、有趣。但是它也为我们带来了负面效应，越来越多的学校在校园的各个角落安装了摄像头、监视器，以便时刻发现学生的出格行为。记得自己还是中学生的时候，班级后门上总是留着一个小洞，老师总是在不同时间通过这个小洞观察学生。同学们生动地叫它"窥视窗"，有胆大者，试图将"窥视窗"堵上，结果是受到老师严厉的批评。进入信息时代后，学校的监视方式颇有鸟枪换炮的感觉。

学生在这种环境下，变得规矩了很多，在课堂上都正襟危坐，课间也再无打闹嬉戏者。老师、学校都认为摄像头、监视器有效地改善了学校和班级纪律。但是，这样的管理学生的方式违背了教育伦理的基本准则。难道纪律等于监视吗？学生是囚犯吗？教育是育人的，学校不是工厂，教师不是流水线上的装配工人，而学生更不是等待出厂的产品。

新课程改革提倡尊重学生的主体意识，让学生成为学习的主人，使学生能够自我约束，严格要求自我。因为学生们厌恶被人监视，也会由此厌倦教师。在他们看来，教师从不相信他们，并且成了喜欢偷窥别人隐私的小偷。如果我们将纪律与监视区分开来，从理解学生的角度出发，多一些宽容与信任，就能将心里的那扇窥视窗堵上。

广东省深圳市福田区景秀中学的张继红老师虽然在班上反复强调作弊的危害，但每次测试，班上总有学生"以身试法"，而且作弊手法花样繁多，令人防不胜防。所以每逢考试之际，便是"警察捉小偷"游戏的开始之时，这种情况实在令人头疼。

一天下午，张老师要对学生进行单元测试。张老师手里分发着试卷，心里却在琢磨着该用怎样严厉的方式来保证考试的真实，可该用的方法几乎都用过了，该说的狠话也都说完了，现在……突然，张老师灵机一动，一个奇妙的想法产生了。

"同学们，今天，我们要用一种特别的方式来完成这次考试。"学生们一下子把目光从试卷上移开，颇感意外地望着张老师，静静地等着张老师说下去。"我们这次考试将采用'无人监考'的方式进行，一切靠大家自觉。"话音刚落，学生们纷纷交头接耳地议论起来。显然。这个决定让他们感到新奇。从一些学生彼此会意的眼神中，张老师忽然有了一丝担心，可是话已出口，又怎能再收回来？怎样才能让学生在没有老师监督的情况下也能自觉自律呢？

大脑飞速旋转一番，张老师有了主意，首先宣布考试纪律：不要翻书，不要相互研究，管好自己。然后，张老师在黑板上写下了一行大字：我的灵魂在注视着我！张老师转过身，看到学生们出奇的安静，若有所思地盯着黑板，便丢下一句"考试开始"，就离开了教室。

回到办公室，张老师盯着墙上的钟，看着秒针一点点地挪动，越来越坐立不安，好几次都想冲到教室去探探虚实，但最终还是忍住了。他走到窗前，远远地向教室的方向望去，只隐隐地看到学生们低着的头，似乎一切正常。可是，张老师想到那几个在自己眼皮底下都会玩花样的调皮学生此时可能的举动，心不禁紧缩起来，真有点后悔一时冲动作出无人监考的决定，说不定那几个小子正在暗笑这个自作聪明的举动呢！

好不容易熬到快下课了，张老师急急忙忙向教室走去。快到教室后门时，张老师故意放慢脚步，轻轻地走了进去。教室里十分安静，只听见"沙沙"的写字声，学生们很专注，竟没人发现张老师的到来。张老师用目光快速地扫视着那几个调皮鬼，发现一个在答题，一个咬着钢笔盯着试卷似乎在苦苦思索，还有一个拿着试卷不知在想些什么。按照以往的监考经验，此时应该是学生最"活跃"的时候，但张老师站了半天，竟然没发现一个人有试图作弊的举动。

铃声响了，张老师站在讲台前，看着组长们训练有素地收起试卷，每个学生似乎都长长地松了一口气。

考试的结果让张老师意外，更让张老师惊喜！没想到，一次大胆而简单的尝试，会给学生们带来如此大的震撼。这是张老师读完当天学生的随笔才敢确认的事实。

"在家里，父母天天看着；在学校，老师天天盯着。我们被监视了太久，好累好累，这一次，被人信任的感觉真好……"

"是啊，考试的时候，教室里静极了，我感到我的灵魂就在不远处的上空注视着我，使我诚实作答，不敢作弊……"

"每个人的头顶都有一颗灵魂在注视，不仅注视着自己，也注视着别人。"

"这不仅是一场考试，也是一纸师生签订的信任契约。""第一次这样强烈而深刻地认识到，被人信任是一种幸福。因为别人觉得自己配得上这种信任。"

这么多年，张老师还是第一次被如此众多的学生的文字所打动，几乎每一篇都让张老师更深地了解了学生，也更加热爱学生了。张老师选择了几篇随笔，让作者在课堂上朗读。在读的过程中，台上激动，台下感慨，张老师的心也在那一刻和学生们贴紧了。结束时，张老师对学生说："你们长大了，学会了自己管束自己，没有一种品质比诚实更可贵，没有一种行为比自律更能催人奋进。"学生们听后，眼神中流露出骄傲和自豪。课后，一名女生主动找到张老师，向张老师承认她在考试中偷看了同桌的试卷，但她又说，自己当时就后悔了，因为在偷看以后，她发现自己的举动跟周围同学的表现明显地格格不入，这一发现令她羞愧难当！

张老师没有责怪她，反而表扬了她承认错误的勇气。其实，每个人的内心都有向善的因子，教育的最高境界就是激发这些内在因子。一旦自我约束和自我管理变成一种自觉的行动，那么，每个人就能充当起自我的管理者，此时，外在的力量便会成为更有力的助推器。中学阶段，教师面对的是一个个正处在叛逆期的青少年，所以，教师应该善待每一颗敏感而脆弱的心灵，真心呵护他们的自尊与自信。

正如张老师所讲的那样：从"我的灵魂在注视着我"开始，每天和学生们相处时，教师不再把他们当成管束的对象，而是把他们看做一群富有个性、充满活力的生命。"窥视窗"打开不打开并不重要，重要的是教师对待学生的态度。教师只有懂得关爱与欣赏，懂得尊重与信任，消除窥视心理，才能与学生建立朋友式的师生关系。监视是锁住心灵的枷锁，信任则是打开心灵的金钥匙。

二、爱要说出口

中国传统文人崇尚"中庸之道"，教师作为知识分子的代表，长期以来被贴上了"文雅、含蓄、内敛"的标签，正是这种"含蓄"使我们的教师面临着今天的问题：你们爱学生吗？

在一项调查中曾有过统计，绝大部分的教师会说"我爱学生"，可是，在调查学生时，只有很小的一部分学生表示能感受到教师的爱。所以，温文尔雅的教师们要尝试将爱说出口。有人将师爱比作父爱，深重而沉稳，教师将对学生的爱放在了心底，成了缄默的爱。但是，按照学生的心理发展水平，这种缄默的爱是很难被他们所体会到的，大部分学生都是在离开学校很久以后才理解老师的那份爱的。新时代的学生思维更加活跃，思想更加开放，这就要求教师走出缄默之爱，大胆地把爱说出来，让学生分分秒秒感受到教师的爱。

高考大省四川省荣经言道一中的刘敏老师的学生彭某是一名语文成绩只有几分的学生。从小父母离异，无人照管的他染上了不少恶习。在学校里，他不思进取、顽劣成性、闯祸不断，老师和同学都对他头疼不已。当然，刘老师也不例外，对他简直是深恶痛绝！可有一天的语文课上，他却不同寻常。记得那天上的是《孔乙己》这一课。上课伊始，无法管住自己的他仍在东张西望，寻找机会讲话搞小动作。课上，为了让学生深入地理解课文，也为了活跃课堂气氛，刘老师让同学们推举几个活跃分子扮演孔乙己，表演孔乙己有些怪异的语言及"排"、"摸"、"罩"等动作。此时，无心听讲的他一下来了兴趣，一边高举着手，一边大声嚷着："老师，我来，我来！"望着他那急切的目光，刘老师挥手示意他上台去。在同学们如潮的掌声中，他大方而又生动地表演完了。后来，他在作文中写道："那节语文课真有意思，我从未有过这样的成就感！"虽然字写得潦潦草草，但每个字、每句话都是真诚的，发自肺腑的。于是，刘老师也写下了这样的批语："相信自己是最棒的，老师爱你！"从此，彭某有了不小的进步，令老师、同学们、家长都欣喜不已。

只是，简单的一句"老师爱你"就可以让顽劣的学生改过，可见这句话的力量之大。正如刘老师所讲：无论怎样的学生，他们都还是小孩子，内心深处都渴望老师对他的关注与爱护。作为老师，真应该修炼自己的性情，锤炼自己的爱心！

（一）做一名"友好"的教师

作为一名爱心型教师，就需要拥有孩子般纯真的心态，与学生站在一条起跑线上，想学生所想，做学生所做。

1. 多点微笑

上帝赐予人类美丽的笑容，那么为什么要吝啬你的微笑呢？对于学生而言，教师的微笑是一种豁达。学生犯错误在所难免，但教师要善于控制和调整自己的情绪，保持微笑，这样就更容易找到解决问题的方法，由此冰释前嫌，换得云消雾散，还会给学生留下平和积极的好印象。利用微笑，教师可以以退为进。因为微笑，会使教师成为学生的知心好友。在学生失败或受伤时，教师的微笑好比一副精神安慰剂。给学生一个微笑，意味着"我相信你"，会给学生无穷的力量与自信。当你在工作和生活中遇到困难和挫折时，微笑着战胜它，你就是生活的强者！微笑着面对学生，实际上是教师的一种人生态度！抱怨工作难做时，请把你的怒火收一收，不妨多点微笑！

2. 多点赞扬

老师们，请不要吝啬你的鼓励，你的赞美。马克·吐温说过："只凭一句赞美的话，我就可以活上两个月。"在教学中，赏识每一个学生，善待每一个学生，把爱洒向每一个学生，让每一个学生都能在老师爱的教育中茁壮成长，并放射出绚丽的色彩，真正实现"当太阳普照时，灰尘也发光"的教育效果。老师们，请用赞美架起师生沟通的桥梁，用赞美为学生搭建成长的阶梯，用赞美为学生铺垫一条健康的绿色大道。

2007年度全国优秀班主任湖北省大冶市第一中学的邹正明老师，在高考前期为了给同学们加油、鼓劲儿，别出心裁地开展了以下活动：

趣解姓名，催人奋进

姓名，是父母馈赠给子女的第一份精神厚礼。趣解学生姓名的含义，帮助学生体察父母的厚望及其所寄托的梦想，可以给学生找到精神加油站。老师们写的祝福如下：

数学老师写给柯晓红同学：高考时愿你如一轮晓日喷薄而出，映红一中校园。写给石梦同学：希望你北大之梦会像磐石一般坚定，我期待着……

地理老师写给段慧兰同学：秀外慧中、质若幽兰的你，一定能实现心中的梦想。

历史老师写给李洁琼同学：有个北大教授叫雷洁琼，有个北大的苗子叫李洁琼，找准方法努力吧，一切皆可能。祝你成功！

邹老师写给几个同学的分别是：石永强——石头永远强大，天荒地老石不烂，韬光养晦永不倒，王者当属强中强。王文——你看，全班就数你最有文科缘。王文，文科之王啊！学好文科是理所当然的事，把文科的优势发挥到极致吧。程远——既然选择了远方的路，就只能风雨兼程。无论有多少困扰，都挡不住勇者的步伐。张欢欢——北京欢迎你！奥运会吉祥物，不，代言人欢欢同学，张开梦想的双翼，翱翔在2008年高考的天空吧！

3．多点关怀

爱心型教师需要拥有博爱之心，将爱的音符洒向每一个学生，摒弃只有优等生才是天之骄子的观念，真正地去关爱每一个孩子，尤其是落在同伴后面的学生。

教育家陶行知先生看到一位男生欲用砖头砸同学，就将其制止，并责令其到校长室。等陶行知先生了解了一下情况回到办公室，见到那位男生已在等他。陶行知掏出一块糖递给他："这是奖励你的，因为你比我按时来了。"接着又掏出一块糖给男生："这也是奖给你的，我不让你打人，你立刻住手了，说明很尊重我。"男生将信将疑地接过糖果。陶行知又说："据了解，你打同学是因为他欺负女同学，说明你有正义感。"陶先生遂掏出第三块糖说。这时男生哭了："校长，我错了，同学再不对，我也不能采取这种方式。"陶先生又拿出第四块糖说："你已认错，再奖你一块，我的糖给完了，我们的谈话也该结束了。"

事例的内涵精髓，的确特别值得教师们扪心深思啊！只要教师伸出自己的友爱之手，打开自己的博爱之心，对每一个学生多一点关怀，"后进生"这刺耳的三个字就不会再出现。

（二）捧着良心教书

近年来，总是能在学校里看到这样的现象，有的教师利用自己的教师职位，要求学生家长为自己打开方便之门，教师职业跟"贿赂"二字扯上了关系。

与其他职业相比较，教师职业具有投入多、收入少的特点。随着近年来新的教育政策出台，外加学校、家长对教师的高要求，想成为一名优秀的教师更是难上加难。有人戏称教师职业是一种"费力不讨好"的工作，所以大批教师改行。留下的部分教师也因为教师收入低，经营起了第三产业，有的甚至为了得到更多的物质利益使教学走向了商业化。

曾几何时，教师拥有"太阳底下最为光辉的职业"的称号。然而今天，教师头上的美丽光环已渐渐散去，教师也不再为学生用心良苦，一切为了学生的教师与日俱减。教育是唤醒灵魂的工作。没有爱的教育，如同饲养；没有爱心的教师，如同盛满知识的空心机器。正如叶圣陶老先生说过的：教师得先肯负责，才能谈到循循善诱，师生合作。虽然，教师不能时时神情悠然，但却可以在一天的忙碌中与学生共享充实与快乐；虽然不能拥有优厚待遇，但却可以在所有的节日收到学生真挚的祝福；虽然没有华丽的舞台，但却可以与学生一起实现五彩斑斓的梦想……在收获的季节，教师收获的是一颗颗炽热的心，一份份温暖的情谊和一幕幕美好的回忆！

将那颗走远的关爱学生的心收回来吧，将那句久违了的"一切为了学生，为了学生的一切"再次放进心底吧，因为我们是捧着良心教书的人。

三、怎样做一名爱心型教师

学生是否能够成为德、智、体全面发展的一代新人，很大程度上取决于教师工作的好坏——教师的工作态度是否认真，教育艺术是否高超，教育方法是否恰当，组织管理能力是否较强，以及教师本身能否身体力行、成为学生的楷模。在提倡以人为本的今天，教师要尊重学生生命个体，关爱学生，促进学生发展。

关爱学生是教师搞好教学工作的前提。只有热爱学生，才能教育好学生。教师要尊重学生的自尊心和人格，关心学生的身体、学习和生活，使其身心健康、全面发展。教师要热爱所有的学生，只爱"金凤凰"不爱"丑小鸭"，不是真正地爱学生。教师要把自己的温暖和感情倾注到每一个学生的心田。通过真情的流露去拉近老师与学生的距离，滋润学生的心田，走进学生的心灵，感化学生。

在实际的教育活动中，不少教师把这一教育过程简单化了，以为对学生生活上嘘寒问暖，学习上语重心长地提几点要求就是进行了情感教育。实际上，这只是一种浅层次的理解，这种方式对认知能力和独立思维能力尚未完全觉醒的学生往往能起到比较好的效果。但随着年龄的增长，高中生的生理发育开始日趋成熟，心理上也呈现出新的特点：发现了"新的自我"，明显地感到"我"是大人了，并由此产生了强烈的民主、平等要求；在人生的追求中强化了自主管理和个人实惠观念；产生了对现实的不满情绪。这些生理、心理特点就要求教育者必须及时洞察学生的内心世界，准确把握学生的心理健康状况，进行因势利导，有的放矢地教育。正如古人所说："知其心，然后能救其失也。"因此，教师要积极创造条件，主动亲近学生，细心体察、全面深入细致地了解学生的内心世界，为学生摆脱烦恼、化解困惑。这样的情才能动人，这样的爱才具有说服力，这样的教育才能做到"随风潜入夜，润物细无声"。

那么，具体该怎样做才能实现师生间的情感交融呢？

（一）平等的观念促进情感的交融

传统的教育观念中，教师是高高在上的，强调师道尊严。"一日为师，终身为父"，教师形象威严，对学生的教育称作教诲、训导，教师和学生在地位、人格上是不平等的。教育是单向的流动，学生被动接受教育，主观感受被忽略，情感的交流被抑制，许多问题得不到及时的疏导，容易产生厌学的情绪。当今的教育要求教师要与学生做心灵相通的朋友，应从人格平等的基本观念出发，把学生看成是有主观能动性的、有感情、有思想、有独立人格的活生生的人，而不是可以任意摆布和要求的工具。

不少教师抱怨说某某同学自私，让他做事表现得不情不愿的，支使不动；而学生却说老师不近人情，不管自己有没有时间……有人把这种现象产生的根源归结为：当今社会家庭独生子女居多，过分的溺爱使得孩子养成了唯我独尊的心态，不懂得关心他人，乐于助人，是一种道德的缺失。其实这种说法有点言过其实，小题大做。从教育学的观点来看，这种矛盾的实质其实根源于观念上的冲突。教育者把学生提供的服务定性为天经地义，理所当然的义务，这就能折射出教育者是否具有平等的教育观念，是否把学生当成人格平等的对象看待。构筑平等的师生关系需要教师放下架子，摆脱居高临下的姿态，在实施教育的具体过程中，不要习惯于单纯地从成年人、教育者的角度，带着爱之深、责之切的心理去进行说教、指正，而是要善于倾听，了解学生怎么想，怎么看，尝试从学生的角度去看问题。在日常生活中，通过一些小事让学生感受到关心和爱护，如学生的学习用品掉在地上，教师碰巧经过时，不是旁若无人地走过去，而是帮他捡起来，让学生觉得这个教师是容易亲近的，从而拉近与学生的距离。对学生存在的问题多一点理解和宽容，从爱出发，了解学生真实的感情需要和丰富的内心世界，设身处地为学生着想，给学生平等对话的机会，让学生觉得教师是一个值得信赖的朋友，从而"亲其师，信其道"，自觉愉快地接受老师的教育。

（二）适当的方法增进情感的交融

著名教育家苏霍姆林斯基曾说过，"教育的核心就其本质而言，就在于让儿童始终体验到自己的尊严感。"因此，教师对学生的教育要讲究方法，要适度，要合乎情理。"人非圣贤，孰能无过"，老师不是圣人，学生也不是圣人，教师要树立"允许学生犯错误的教育观"，把育人当做一项长期的事业，用发展的眼光去看待每一位学生，要有一颗对学生宽容的心。当有学生请假时，不妨关心地询问他哪里不舒服，取代用怀疑的眼光上下打量，看他是不是说谎。过几天，再问一下这个学生，看他的病有没有好。也许有的学生请病假是说谎，但在老师的不断关心下，他会觉得羞愧。这样，一次宽容就变成了一次行之有效的教育。就像人的手指长短不齐一样，往往会有一些自制力薄弱的学生，他们认错态度诚恳，改错效果却不尽如人意。面对学生反复犯错误的情况，暴风骤雨、劈头盖脸地来一通批评，固然痛快，但未必收到好的效果，这种情况下，教师要稳定情绪，留一点时间给自己思考，留一点余地给学生自我改进，照顾学生的自尊心。在教学中，教师适当地放手，留一定的空间给学生，远比不信任学生，大包大揽，不留一丝空隙的效果要好。对学生教育目标的确定，不能主观臆断地采取高标准、严要求，而是根据学生的实际制订，是学生通过努力可以达到的，有助于满足学生的成就感，增强学生的自信心，激发学生的学习兴趣的。

（三）懂得欣赏激发情感的交融

社会心理学中的"阿伦森效应"告诉我们：人们总是喜欢褒奖不断增加，批评不断减少。任何人做事都希望得到人的赞赏。所以，教师不要吝惜对任何一个学生的赞扬和肯定，要善于发现学生的优点，要多使用表扬这件法宝。时代在发展，学生的思想也在变化，以往所崇尚的自谦美德在人的精神品质中所占的首要地位，在今天的社会已被自信所取代。今天的学生不缺乏自信和自傲，缺乏的是对自我的客观评价。教师评价学生，如果只关注其缺点，而忽略对其优点的肯定和认同，就会产生思维方式上的冲突——教师认为是在严格要求学生，帮助其完善提高；学生认为自己在老师眼中一钱不值，老师不懂得欣赏自己。这种冲突带来的直接后果是学生对老师的教育持一种抵触情绪，影响教育的效果。

现在的学生有两大倾向，尖子生在家、在校都受宠，真可谓宠坏了，批评不得；双差生在家、在校都受歧视，真可谓坏透了。久而久之，尖子生变得高傲自大碰不得，双差生变得心灰意冷无所谓。这样的教育不利于学生的身心健康，是畸形教育。评价学生要坚持一分为二的辩证法：对尖子生采取表扬中的批评，让他明白自己虽有成绩，但还有不足，要追求全面发展，需要不断地努力，同时培养他们一定的挫折承受能力；对于双差生则实行批评中的表扬，差生易犯错误，犯了错误不批评不行，这是原则，但要让他在接受批评时感受到老师对他的期望，找出他的发光点，帮助他树立自信心。差生有了进步要及时表扬，并鼓励他再接再厉，差生的表现易出现反复，教师要有耐心，恒心。这样，让学生在老师的欣赏中愉快地接受教育，自觉地改进、完善自我，实现自我发展。

教师的工作是琐碎而细致的，又是极具创意和挑战的。用真心换真情是教师工作的精髓所在。用一颗平等的心与学生交往，尊重学生，讲究沟通的技巧和方法，用一颗宽容的心对待学生，善于发现学生的长处，欣赏学生，真情互动，就能使教育在学生的心底开花、发芽，结出累累硕果。

4. 营造民主、平等的班级氛围

——做一名民主型教师

皮格马利翁是古希腊一位善于雕刻的国王，他创作完成了一个少女的雕像。由于日久生情，他竟然慢慢地爱上了这雕像少女。皮格马利翁把全部的热情和希望都放在自己雕刻的作品上，感动了爱神，最后使雕像获得了生命。

美国心理学家罗森塔尔等人在 1968 年做了这样一项调查研究，研究者先对全体学生进行了智力测验，然后他们随机选取了 20% 的学生。他们告诉这些被选中的学生的老师，这些学生的发展潜力非常大。几个月以后，当再次对这些被选中的学生进行智力测验时，他们的智商与其他学生相比有了提高。后来借用这个古代传说，将教师期望导致学生变化的现象命名为"皮格马利翁效应"。可见，教师对学生的期望会影响到教师对待学生的态度，同时也会影响到学生心理或行为的变化。

"皮格马利翁效应"让我们认识到：我们需要在新一轮课程改革活动中，解放思想，倡导教学民主，从根本上重构师生关系，与学生建立平等的、民主的、和谐的师生关系，使学生在信任、理解和宽容的氛围中受到鼓励，得到指导和建议。教师与学生在学习、生活中分享快乐，促进师生共同发展。

一、师生共创平等对话

杜威先生说："给孩子一个什么样的教育，就意味着给孩子一个什么样的人生！"民主的教育是现代社会生活所必需的，因为民主的教育能够使孩子成为具有民主观念的人。

师生平等对话是一个开放的动态过程，它意味着对学生作为"人"的一种尊重，是人格平等上的灵魂交融，同时意味着对学生生命的唤醒与激励，使学生在民主的氛围下，启迪心智，开启智慧的大门。只有在师生平等对话的过程中，双方的灵魂才能相互碰撞、相互回应、相互融合、相互创生，生成一种流动的变化美。

名师李镇西强调"师生之间的互相依恋"。他依恋学生，常常在周末或节假日情不自禁地思念学生，即使在暑期外出旅游，也要每天给学生写信并寄出，表达对学生的惦记，让远方的学生分享他旅途的快乐。这种依恋之情还表现为他对学生无微不至的关心。李镇西关心所有学生，引导每一个学生养成高尚的人格，让学生拥有充实、健康、幸福的精神生活。他对学生的日常生活非常关心，总是对学生嘘寒问暖，经济上接济困难学生……同样，李镇西的学生也很依恋他。李镇西常常说："我的教育本领，许多是学生给我的，教育者的尊严是学生给的。""我在生病住院时，学生为我唱歌。我经常在想：怎样才能报答学生对我的厚爱。""其实，学生对我的爱才真正值得我'永远记住'。""比起学生对我的感情，我欠他们的实在太多太多，我应该也必须还这笔债。"当李镇西为学生做了一件有意义的事的时候，李老师心里都说，"我这是在还债啊！看来，我对学生欠下的债是永远也还不清的了！"

假如所有教师日常都能像李老师那样与学生讲民主，平等地对待每一位学生，不计较地位，与学生促膝谈心，问寒问暖，与之处于平等的关系中，持之以恒，学生难道不受感化，师生关系难道不会融洽？

（一）在对话中培养学生的创造性

有一千个读者就有一千个哈姆雷特，千姿百态的学生对事物的理解是无法与教师的认识一致的。课堂小小的对话，可以营造出活跃的、富有生命力和创造性的氛围，可以使学生的求异思维能力得到充分的发展，创造精神也可以得到培养，同时极大地调动学生的学习热情。教师通过民主执教，以学生为本，充分发挥学生的主体作用，以引导、探讨、启发等方式来使学生自主、主动地学习知识，同时，调动学生的思维，使他们发挥丰富的想象力，这将更有利于对他们创造意识的培养。

1. 别让学生们失语

小学生的课堂上永远都那么喧闹，学生似乎有提不完的问题。可是，走进高中的课堂里，却是死气沉沉，学生似乎倦怠了回答老师的问题。在近年来的高考作文中，批卷教师常常抱怨学生的作文有雷同、编造、抄袭的现象，那么我们的学生学习了十二年的语文，却在考场上无从下笔，在课堂上无话可说。是谁的错？教师？学校？教育制度？……众说纷纭。

学生们失语了吗？

其实，我们的学生是爱"说"的，当他们遇见自己的童年伙伴，甚至面对自己饲养的宠物，他们都有说不完的话。可为什么一到学校，学生就变成了"哑巴"呢？因为，他们爱说真话。而传统的教育，要学生只说"对的"，如果学生说错了，是会受到惩罚的，而教师就成了引导学生说"对话"的权威性工具的代表。从小学到中学，学生经历了由想说真话到不敢说真话，再到不想说真话的过程，于是出现了上述的现象。新课程倡导教师构建民主的班级氛围，就是要转变教师作为权威者的角色，充分发挥学生的主体作用，使教师在整个教学过程中，应以学生这个主体为中心，不仅在学业上要对他们悉心教导，更应在心灵上、人格上重视对学生的塑造，使学生想说真话，敢说真话。教师要信赖学生，让每一位学生体会到教师的平等和可亲，使自己的民主执教作风得以体现，使学生不再失语。

2. 启发学生自己感悟

现代学生思维活跃，头脑灵活，对事、对物有自己独特的理解和想法。在教学过程中，教师应鼓励学生在一个宽松、民主气氛浓厚的教育教学环境下，大胆地各抒己见，畅所欲言。在重视那种"大众化"观点的同时，更应重视、保护那些有独特性，甚至是"叛逆性"的见解。标准化考试的答案是唯一的，但生活的答案却不是唯一的。

我们的学生，往往有许许多多瑰丽多彩的梦。这些梦，极可能是他们明天成功事业的雏形。作为教师应很好地保护他们的梦想。不管有的梦想是多么的缥缈，教师也要给予鼓励，树立学生的信心，使学生在人生的道路上有一个奋斗方向。特别是对于缺乏自信的学生，教师更应该鼓励他们勇于拥抱自己的梦想，并引导他们不断努力去实现自己的梦想。

（二）教师走进对话教学

作为一名好的教师，最高的标准不是当好"相马"的伯乐，而是要当好"养马"的伯乐。为学生营造民主、平等的班级氛围，是"养好马"的前提。只有在民主、平等的环境下，学生才会敞开心扉，与教师成为真正的心灵朋友，使学习成为学生生活的一部分，而不是为了学习而学习。学生的学习是主动建构的过程，是通过与教师的对话、交流，深化对知识的理解，并不断内化的过程。所以，在学习活动中，教师应力求体现民主性、平等性，创设轻松愉快、民主平等的氛围，以合作者的身份参与到教学活动中去。教师以平等的一员的身份，参与师生合作，生生合作活动，给学生"润物细无声"式的指导、激励和帮助，而不是什么都是教师做主，教师说了算。

有位教师在讲到李白的《梦游天姥吟留别》中的洞天美景时，提出了这样一个问题，"作者描绘了一幅美丽的仙人盛会图，可作者为什么不让自己也融入这幅美景中呢？"第一个学生站起来答道："诗歌贵在含蓄，所以作者不愿把所有的内容都写尽，给读者留下更多的想象空间，就像……就像……""就像维纳斯的断臂，给人带来的不是遗憾，而是美好的想象，这也就是所谓的'残缺美'吧，是吗？"学生显得很兴奋："对，对！我要说的就是这个意思。"第二个学生说："我认为作者自己太喜欢这幅画了，他怕自己入画惊动了神仙，破坏了美丽。"老师接着说："就像冬天的一个早上，你推开门准备去上学，却发现满地是一尘不染的白雪，你站在门口，实在不忍心挪动双脚去破坏那洁白，是吗？"且不论这个问题提得怎样，学生回答得如何，教师表现出来的意识是值得提倡的，因为他对学生带有创意性的思维，给予了热情的鼓励，并帮助学生完善认识，顺利完成回答。这样，就提高了学生思考问题的积极性和解决问题的能力。

对话理念下的教学，应是在教师回答学生的问题的过程中，通过各种方法"激发学生的问题意识，加深问题的深度，探求解决问题的方法，特别是形成自己对解决问题的独立见解"。对话理念下的教学是师生一起发现问题、探讨问题、创造性地解决问题，是师生之间、生生之间、师生与文本之间形成一种对话，从而使学生真正"活起来"，让学生带着问题走进教室，然后再带着问题走出教室，形成一种多向且互动开放的状态。

那么实现对话教学的要点有哪些呢？

1. 创设民主、平等、积极、信任的对话氛围

一方面，对话教学是一种各种价值相等、意义相等的意识之间相互作用的特殊形式，所以对话应在民主、平等的基础上进行，没有民主、平等就没有对话。因此，教师要从传统的高高在上的权威中走出来，归还学生的话语权，这实质上是一种人文精神的体现，其本身具有极大的教育价值。在对话中，有时对话双方认识的真理成分多寡有别，但是各有其分量和价值，即使学生的认识与自身的观点有偏差甚至截然相反，也应在对话中被揭示，而不应在居高临下的肆意贬损中被否定和消灭，因为学生对文本的理解是多元化的，在它后面往往会出现精彩的风景。

另一方面，信任、积极也是对话不可或缺的前提。信任旨在建立一种可依赖和可预测的教学环境，它由教师的长期而稳定的行为方式所构成。即使面对那些最富有敌意和攻击性的学生，教师依然应该保持克制，避免回敬以同样的行为方式。这样一来，学生不仅会非常喜欢身边的环境，而且会以同样的方式对待外界事物。现在的学生在思想、语言、生活、交往等方面具有全新的色彩，他们不仅有丰富的感性认识，也常常有深刻的理性思考。教师要把他们看做是有自我生活体验、有创造力、发展力的行为主体，而不能简单地用"难对付"、"一代不如一代"的眼光来看他们。而且，很多时候我们的对话交流并非如期待中那样完美，教师此时要"学会满足"，不能对学生求全责备，只有保持这种乐观积极的态度，才能使整个教学比较顺利地进行下去。民主、平等、积极、信任的对话氛围是实现师生双方共同丰富和提高的前提条件。

2. 设置恰当的对话话题

话题确立得好坏直接影响学生的积极性能否被调动起来，进而影响到话题能否广泛而深入地开展下去。教学是面向全体学生的发展的，所以教师设计的话题必须让每个同学都有话说而不是部分同学动起来，要使话题与学生的生活非常贴近，使每个学生都有切身的感受。有了较好的话题，设置一个令人愉快的情境，营造一种轻松的氛围，就能使师生在课堂上进行多向的交流。这样，学生学得投入，学得快乐，教师也教得轻松。话题的设置在与文本有着必然联系的基础上，还要注意趣味性、开放性、综合性、时代性，让"对话教学"成为培养学生创造性的广阔天地。事实证明，在对话题的讨论中，一方面，学生

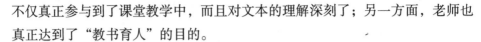

不仅真正参与到了课堂教学中，而且对文本的理解深刻了；另一方面，老师也真正达到了"教书育人"的目的。

3. 教师善于在对话教学中转变角色

对话教学的实质是创新式教学，即主体性教学，让学生真正成为课堂学习的主人。但并不是说学生自己就能完成教学任务，这同样需要教师的关注和帮助。

首先，教师应该是一个设计师。在"对话教学"进行之前有一系列的问题需要思考：根据学生当前已具备的知识、技能，所有的学习愿望以及所持的学习态度，应该定什么话题，学生是否有话说，可能会出现什么情况，将会收到怎样的效果等。只有教师将这些问题了然于胸后，"对话教学"才会收到较好的效果。值得注意的是，笔者所倡导的总设计师角色不是传统意义的包办一切的，可以发号施令的人，而是保证"对话"井然有序进行的组织者和引导者。

其次，在对话活动中教师应该是一个主持人。对话教学是在民主、开放的氛围中进行的，尤其是合作讨论的次数较多，课堂中难免会出现喧闹的情景，教师应弄清产生喧闹的原因，组织好课堂纪律，保证对话正常有序地进行；同时，对小组讨论要格外留心，决不能成为一个旁观者，要经常在教室里漫步，观察每一组是否确实在讨论，弄清不讨论的原因。教师应以合作伙伴的态度去关照他们。如果是因为松懈要及时促进，如果有困难要给予一定的帮助，对话过程中，学生之间难免会出现分歧、冷场等现象，这时，教师就要发挥主持人的机智，去引导学生达成某种共识，启发学生继续发言。

再次，在对话中教师还应该是一个表演者。教师要积极地参与学生的讨论，实现师生之间的互动，对学生的见解给予一定的评价，以自己的学识、水平、人格魅力去感染学生。需要强调的是，这种表演与传统教育中那种唱"独角戏"的表演不同，对话教学的表演是一种真诚的表演。教师要以一种敞开的方式去面对学生，和学生相互交流、相互沟通、相互补充、相互影响，以达成共识、共享、共进的目的，这才是真正意义上的教学相长，才是一场真正的对话。

二、让课堂开放和谐之花

（一）用民主唤醒学生的自主

浙江省台州市黄岩区灵石中学的数学老师江波以数学课堂为例，讲述了教师应该怎样营造浓厚的自主学习氛围，来唤起学生的主体意识，激起学生学习兴趣，使学生调动自身的学习潜能，进行自主学习，成为课堂学习的主人。

1. 发扬教学民主，平等互动交流

班级的群体中，总是存在学生学习的差异。教师在课堂上应该鼓励学生大胆发言，让他们有充分的机会自由地发表意见和见解，以暴露他们自身存在的问题。教师有时甚至故意诱导学生互相展开激烈的辩论，"煽动"学生为捍卫自己的观点而争辩，使课堂上形成人人参与的民主的教学氛围。对于出现错误的一方，教师应以鼓励的语句说："你开拓了同学们的思路。""你能为自己的观点而战"等，尊重学生，切忌嘲弄、打击学生。课堂上发扬教学民主，师生展开真心诚意的平等交流，学生和学生之间互相讨论，让学生们在和谐、民主的融洽气氛中协同完成数学教学。

2. 营造学习氛围，让学生参与教学

交往沟通、求知进取、和谐愉快的学习氛围为学生提供了充分发展个性的机会，教师只有善于协调好师生的双边活动，才能让大多数学生都有发表见解的机会。例如，在讨论课上，教师精心设计好讨论题，学生之间进行讨论研究，然后教师再进行有理有据的指导。这样，学生在生动活泼、民主和谐的群体学习环境中独立思考并相互启发，在共同完成认知的过程中提高思维表达能力，提高分析问题和解决问题的能力。

3. 创设问题情境，让学生亲近数学

人的思维过程始于问题情境。一个生动有趣、富有挑战性和实际意义的问题情境，可以巧妙地引发学生的认知冲突，使得学生对新知识满怀无比强烈的求知欲。方法有：①创设动画情境：学生对于形象的动画卡片、投影、实物或生动的语言描述非常感兴趣，他们的思维也容易被这些事物启迪、开发、激活。②创设生活情境：数学来源于生活，让学生感受到数学就在他们的周围。因此，从学生已有的生活经验出发，创设生活中的情境，强化感性认识，从而达到学生对数学的理解。③创设故事情境：学生都很喜欢听故事，而且可以从故事中得到更多的数学启示。④创设挑战性情境：根据教学内容，创设新奇的，具有神秘色彩的情境，能有效地激趣、导疑、质疑、解疑，培养学生的创新意识。⑤创设游戏情境：学生集中注意的时间较短，稳定性差，分配注意力的能力较差，教师可创设游戏情境，让学生在游戏的活动中不知不觉地进行学习，以延长有意注意的时间及增强学习效果。⑥创设发现情境：培养学生的创新意识，并不是让学生都去发明创造，更重要的是让学生去独立思考、去发现，这种发现本身就是创造。⑦创设实践情境：学生的第一发展水平和第二发展水平之间存在着差异。教师应走在学生发展的前面，创造"最近发展区"。注意适时、适度创设实践情境，培养学生的创新意识和实践能力。

总之，新课改背景下的高中课堂不再是封闭的知识集中训练营，而是让学生在"海阔凭鱼跃，天高任鸟飞"的环境下学会自主学习，合作探究。相信只要教师给学生一片蓝天，学生的思维就会得以飞扬，灵感就会得到激发，课堂就会变得春光灿烂、精彩纷呈。

（二）让学生在民主的班级氛围里快乐生活

教师的指导思想、民主意识、奋斗目标甚至一言一行对每个学生都有潜移默化的影响。树立团结、向上的班级意识，营造民主、平等的班级氛围，能够让学生健康、快乐地在班级中生活和学习。那么如何营造民主、平等的班级氛围呢？

江苏省泰州二中的王建民老师认为应该从以下几个方面来营造良好的班级氛围：

1. 抓住契机，培养集体意识

班级之所以成为一个集体，是因为它具有团结友爱、凝聚力强、向上进取的特点。培养学生的主人翁意识、班集体荣誉感对一个集体来说至关重要。王老师觉得应抓住以下几个重要关口：

①班级组建之初，此乃班级意识确立的最佳时机。班主任先要改变传统观念，放下架子，以一颗公平、公正之心对待学生，尊重每一个学生，加上学生自己对新班级的期望，很快就会对班集体产生信任感；再辅之一系列的民主措施，如编排座位增加透明度、班委会由选举产生、班规由同学们讨论通过，共同协商惩罚措施等，使学生一下子便有了归属感和认同感。

②大型活动之时，班主任要认真对待，精心准备每次活动，这是集体意识加强的机会，不能错过。运动会是最能体现一个班的团体精神、合作意识的活动，对为班级争得荣誉，能主动为班级服务、尽职尽责做好分内工作的同学给予大力赞扬，同时对一声"加油"的呼喊声、一点替别人拿衣服的热心肠、一

句对失败同学鼓励的话语也进行充分的肯定，让学生充分认识自己是班级的主人。

③出现一些较严重问题之际，教师要不怕出问题，也不对出现的问题遮遮掩掩。教师正好利用这些机会纠正不良行为，以达到教育全班同学的目的。二中的艺术班组建不久后，便召开了元旦晚会。在晚会上出现了令人痛心的一幕：在进行过程中，同学们一个接一个地溜回到原来自己的班级去了，只剩下几个班干部和几个老实点儿的同学，后来晚会完全进行不下去了。针对这些问题，王老师没有过多地责备同学，只是让他们思考几个问题：作为文科班的同学重情重义完全可以理解，但艺术班该何去何从？新班级的组建意味着什么？该是什么样子？让每个同学反思并写出期望中的班级现状。经过几次交流，学生意识到了自己身上的问题，班级氛围逐渐浓厚，学风、纪律迅速好转。

2. 占领主阵地，引导正确的舆论导向

良好的班级舆论和氛围对每一个班集体都至关重要，它的力量是无形的，但常常比教师有形的约束强大得多。

①充分挖掘利用班会课。班会课是班级舆论的主旋律，王老师的班会课的第一主题一般就是制订共同的奋斗目标，确立全班同学共同的理想、追求和希望达到的成果。近期目标和远期目标相结合，使学生在共同目标的激励下产生积极向上的愿望，做到心往一处想，劲往一处使，逐步形成一种强大的凝聚力和良好的班级导向。

②经常召开班委会，发挥班干部的积极带头作用。班干部是整个班级的中坚力量，教师要注重调动他们的积极性，让他们带动身边的同学，从而实现对班级出现的问题及时沟通交流，使问题得到及时的解决。培养一批有正义感、工作能力强的班干部会使班级向着好的方向发展，也使班主任工作轻松不少。比如，对学校规定不带食品进教室的问题，首先要班干部达成共识，让班干部从思想到行动上都认同，从而使其他同学逐步遵守。

③不失时机地召开形式多样的座谈会。高三上学期期末，针对班级出现的一系列问题，如不愿刻苦学习，没有目标，纪律涣散等，王老师召开了一次全班座谈会，无主题，随意谈。在两位干部组织下，大家畅所欲言，座谈会从下午6：30开始，直至晚上9：30才结束（语文晚自习），30多位同学发言，对班级纪律，个人学习与目标，父母的失望及存在的种种问题，包括对王老师过于仁慈，不重视流动红旗等，说得头头是道，说得声情并茂，说得慷慨激昂，

说得声泪俱下……每个同学都被深深感染了，都在认真反思自己的问题以及以后该如何做。后来效果出来了：王老师的班级连续三周都得流动红旗，任课老师反映上课纪律出奇的好，学习成绩自然突飞猛进。

3. 激发学生，培养互助教育能力

除了充分发挥班干部的核心作用之外，教师还应意识到大部分学生本身就是一支不可缺少的教育力量。如果能激发他们互相影响，相互教育的主动性，对班级氛围的全面提升无疑有极大的推动作用。

①树立各种类型的榜样，尽可以面大、面广。学习勤奋的榜样，不断进步的榜样，永不放弃的榜样，以身作则的榜样，助人为乐、乐于奉献的榜样，榜样的力量是无穷的，更多的榜样使更多的同学趋向真善美。

②成立互助组，引导学生共同进步。成绩好的学生有自身的缺点，骄娇二气，特立独行，自我感觉良好，集体荣誉感不强；中间层容易两边偏；后进生有一些不良习惯。如果能促使他们结成对子，有人监督，有人制约，有人激励，互相取长补短，就能使他们实现共同进步。

③引导学生多为他人着想，使学生学会共同生活。良好的人际关系一直是王老师所倡导的，让学生学会换位思考，在集体生活中学会宽容、大度，相互关心信任，少些猜忌，使大家和谐融洽地生活在一起。

高中阶段是由幼稚走向成熟的一个关键时期，建立民主平等、团结互助、奋发向上的班集体，提供积极有为、令人快乐幸福的环境氛围，将对学生的一生产生重要的影响。

三、如何营造民主、平等的班级氛围

在课程改革和素质教育的今天，我们多么希望有这样的一个班级：学生在此学习生活，茁壮成长，快乐无比；教师上课兴趣盎然，乐在其中；班主任班级管理得心应手，游刃有余。这样的班级一直是让所有班主任老师费尽心机、竭力追求的。其实，要达到上述的班级管理效果并不难，其中最为重要的一点就是用民主与平等的理念去管理和引导班级。教师从刚刚接过一个新班开始就要努力去营建一个民主平等的氛围，使每个学生都将这个班当做自己的家，人人都爱她，时时都想着她；与她共荣辱，同忧患。

那么，怎样达到这样的效果呢？山东省茌平县实验中学的徐风民老师，根据自己的个人经验总结了以下几个方面：

（一）教师应放下架子，平易近人

要让学生真正感到老师是这个班集体里面的一员，与他们是平等的，班主任从一开始就要培养学生的这种平等观念和思想。班主任首先应向学生表明：在这个群体中，老师只不过是领头雁而已。班主任不仅要这样说更应这样做。

徐老师看到班级那么多家庭条件不好而特别勤奋的孩子时，总会由衷地说："你们的表现让我感动，值得我学习。"看到有些孩子主动为班级做事情时，例如，从家里拿一块抹布，拿一个盛废纸的袋子，会说："你们的集体精神值得我学习。"当看到同学们在运动会上的表现时，徐老师会表现出对他们拼搏精神的钦佩。多说更应该多做。日常交谈时，徐老师会主动让学生坐下。有时徐老师会和学生同桌同堂自习，和学生融为一体。徐老师更会弯下腰拾起一片字纸或是一个粉笔头。作为一名教师，这样的事情应该多做，并且做好，养成习惯。

（二）班委会的建立一定要通过真实的民主选举产生，切忌指定或点名候选

班委会是班级的主心骨，是人心所向。因此，它的产生方法至关重要。它的产生一定要让民主与平等的思想体现得淋漓尽致。

徐老师在引导班级进行班委会的换届选举时，都是让学生无记名投票，然后由几位同学在讲台上当着全班同学的面唱票，最终选出班委会成员。这样选出的班委会，学生信服且更有利于班委会的工作。班委会产生后，徐老师同样用民主与平等的思想指导班委会工作，班级大事大家拿主意，然后集体作决定，不搞专制独裁，把自己凌驾于学生之上。比如班规的制订，大家出谋划策然后举手表决，一旦形成制度就严格执行。徐老师班上的自习时间允许商量问题就是通过举手表决形成的，形成后要作适当解释，让学生知道并没有绝对的民主与平等。执行时，人人都是裁决者，班干部或班主任是执行者。这样一来，谁也不愿去违反自己作出的规定，即使犯了规也甘心受罚并力争少犯。慢

慢地，同学们的自觉性、集体荣誉感会在无形中形成。

（三）教师力争做到标准统一

平等地对待每一个学生，关心每一个学生，不偏袒优生，漠视差生，这是教师工作中至关重要的一环。教师在教学过程中，优生犯了规，要严肃处理；差生心理脆弱，本身就有自卑感，又最易犯错，因而在处理事情的过程中，切忌伤他们的自尊，要心平气和地说服教育，有耐心地去引导他们才是最好的方法。他们一旦有一丁点儿进步就要大力表扬，让他们找回自信。更为重要的是千万不要用一种别样的眼光看待差生，要善于发现他们的优点并大力表扬，让他们知道自己有很多优点，让他们充满信心。

面对班里的最后一名，徐老师对他说，你写的字不错，这是很多同学所不及的。在座位排列上徐老师用的是定期轮换制，特别注意了民主与平等，决不歧视差生，从未以成绩或明着不按成绩实则以成绩排位。

总之，不管学生的优劣，教师都应从生活学习、思想意识等各方面去关注他们。教师平时要多走近他们，与他们谈心交流，利用班会课共同解决一些矛盾，读一些好文章对他们进行引导；努力走进他们的生活，了解他们的思想，再走进他们的心灵。因而教师要扮演好教师、朋友、父母等多重角色，也只有这样才会赢得同学们的尊重、信赖，进而形成一股强大的班级凝聚力。

第三章 新课程下的教师专业发展：让教师与新课程一起成长

教师是高中新课程实施、研究、开发、评价的主体。促进普通高中教师专业发展，促进学校教育教学方式与学生学习方式的实质性转变，是本次普通高中新课程改革的一个亮点和重点。在此背景下，如何促进高中教师的专业发展，让教师与新课程一起成长成了亟待解决的问题。

1. 授人以鱼，授人以渔

——由本体型教师向指导型教师转变

新课程提出，教师要关注学生在学习中的主体地位，包括学生在课堂师生互动、自主学习、同伴合作中的行为表现、参与热情、情感体验和探究、思考的过程等，即关注学生是怎么学的。通过了解学生在课堂上如何讨论、如何交流、如何合作、如何思考、如何获得结论及其过程中学生的行为表现，评价课堂教学的成败。在这个过程中，教师的角色定位应转变到如何促进学生的学习；如何组织并促进学生的讨论；如何激发学生学习的热情和探究的兴趣等。因此，新课程提出建立"以学定教、教为促学"的响亮口号。因为"以学定教"模式更为关注学生在课堂上做了些什么、说了些什么、想了些什么、学会了什么和感受到什么等，教师的板书和口语表达能力已不再是一堂课的必要条件。只要教师给予学生充分的自主学习、探究的机会，使学生在课堂上获得了充分的发展，板书可以是学生来写，总结可以是学生来说，但这依然是一堂好课，一堂学生"学"得好的课。"以学定教"使教师更多地关注学生在课堂上的可能反应，并思考对策，促使教师从以往"只见教材，不见学生"的备课方式中转变出来，注重花时间去琢磨学生、琢磨活生生的课堂，注重提高自己的教学能力，而不是在课堂上简单地再现教材。

一、成为指导型教师必须完成的三个转变

(一)"用教材"教而不是"教教材"

新课改倡导教师要学会"用教材"而不是"教教材"。首先，教材是教学

活动中师生互动的中介和桥梁。对教材的研读，可以充分调动师生的积极性，使师生共同参与对话，彰显"生命课堂"的价值。其次，教材作为一种引导学生思考和进行教学活动的范例，是开放的学习资源，它能帮教师开阔思路。教师可以借助教材使学生回归生活，找出能激发学生学习兴趣、引发学生思考的学习话题，明确所要达到的目标，确立生活为中心的教材观，开发、用好校内外资源。教师应多角度、多层面地加以学习引导，给学生创设一种情境，使学生领悟到教师的用意，用教材而不拘泥于教材。

（二）教"方法"而不是教"知识"

无论是现在还是将来，教师的教学目的都应是帮助每一个学生有效地学习，使每一个学生充分地发展。学生的个体认识不是被动的，是通过自己的经验主动建构的。教学目的是促进学生在原有经验基础上主动建构知识，而不是复制知识。教学是基于学科并超越学科的。学生在掌握学科知识的同时，思维得到发展，能力得到提升。教学中的自主实践是为了学生的亲身体验而不是验证知识，学生掌握知识的多少不是最重要的，而如何掌握知识才是至关重要的。因此，新课改强调由讲授为主导的教学转变为提倡自主探究和引导发现的教学，从而教会学生学习，引导学生自主学习。"授人与鱼"，更要"授人以渔"。知识是静态刻板的，是前人已有经验的总结。对于学生来说，这些知识是那么的生硬，有些难以理解，而教师面对着一个个知识点，采用传授的方法硬塞给学生，学生只能是死记硬背。这样，知识对于学生来说，没有成为自己的。因此，学生往往容易遗忘。优秀的教师注重方法。教方法是教给学生如何获得知识的方法，教学生如何思维，如何理解，如何掌握知识。事实上，在注重方法引导的课堂上，学生的知识掌握得更牢固。

浙江省台州市椒江区三梅中学的沈慧君在她的化学课上注重对学生进行方法的引导，使教学效果达到了最优化。

在这节课上，各实验小组先观察钠的外表，发现刚从煤油中提炼出的钠根本不是书上描述的银白色。用小刀将其表面切除后才露出"庐山真面目"——银白色的金属光泽。如果将其继续裸置在空气中，小块钠很快又变暗，然后变潮湿，最后变成白色粉末。

（学生议论纷纷，讨论热烈。）沈老师仔细一听，同学们在讨论"白色粉末是什么？"

有的说："是碳酸钠。"

有的说："是氢氧化钠。"

沈老师很肯定地说："我认为是碳酸氢钠。"

有个声音不服气地说："你怎么知道就你对呢？"

沈老师："让实验事实说话。那么，用什么方法证实各自的结论？"

学生又交头接耳，有人开始用试管做实验。沈老师看到李霞那组做好了，就请她发表意见。

李霞："我们的结论是白色粉末为碳酸钠。"

沈老师："你们怎么验证的？"

李霞："我们把白色粉末装入小试管中，加入少量蒸馏水溶解，加入氯化钙溶液，出现白色沉淀。碳酸钙不溶于水，为白色沉淀；碳酸氢钙是溶于水的。所以，我们认为白色粉末为碳酸钠。"大家报以赞同的掌声。

沈老师（诚恳地）："是老师弄错了。"（同学们很兴奋，觉得老师与他们是在平等地讨论，兴趣更浓了。）

沈老师在这节化学课上，没有直接告知学生问题的答案，而是要求学生自己动手，通过自己的观察思考，亲自得出实验结果。沈老师与大家一起讨论和实验，不仅使学生学会了知识，还学会了思考问题的方法，并且师生共同参与，平等对话，使师生的感情更为融洽，课堂氛围也更加和谐。

（三）教"价值观"而不是教"行为"

传统教学基本是注重培养学生知识的知识本位观，忽略了品德养成在学生个性成长中的重要作用。新课程改革明确了三维教学目标，要求培养学生树立正确的情感价值观的意识。因此，教师不仅仅要将注意力集中到学生的行为上，更要帮助学生树立正确的道德观、人生观、价值观，成为真、善、美的引导者。

浙江省衢州市柯城区巨化中学陈雅芬老师的班上有这样一位男生，他长得特别瘦弱，动作总是比别人慢，在班里总是低着头，默默无语。同学们背后常常嘲笑他，说他是个哑巴。他没有朋友，当同学们嬉戏时，他总是独自站在一旁，呆呆地看着。他心里在想什么，没有人知道。他时常发呆，甚至可以盯着一样东西一动不动地看上一两个小时。老师、同学都不喜欢他。

直到有一天，陈老师读到他的一篇周记，才感受到他内心的痛苦。他在周记里说，没有人关心他、理解他、帮助他。陈老师感到震惊：一个平常无法将句子写通顺的孩子，今天却写得如此流畅；而且这个孩子心中竟是如此孤独，如此渴望别人的关爱与重视。看了他的周记，一种深深的自责涌上陈老师的心头，陈老师责怪自己为什么没有早一点关注他？

陈老师反思自己，平时除了催他快点交作业之外，的确很少关心他。有时候，陈老师讲完一些事情，他会跑到陈老师跟前再问上几句，陈老师却总是嫌他烦，可他还是会经常跑来问一些别的学生不会问的细小问题。现在看来，或许他是真的没听明白，或许他只是在寻找一个和老师说话的理由，一个让老师关注他的理由。

想通了之后，陈老师决定送给他一个日记本。陈老师对他说，要好好记录你的感受，老师愿意与你一起承担痛苦。他没说话，只是点点头，可陈老师分明感觉到他那种受宠若惊的激动。第二周，他写了一篇长长的周记，说从没遇到过这么好的老师，他一定会好好珍惜的。从此，他像换了一个人似的。课堂上，胆小内向的他，在陈老师一次次期待、鼓励的眼神中，开始鼓足勇气站起来磕磕巴巴地回答问题。在陈老师"好，说下去"、"不错，有见地"、"你又有进步了，加油"的赞扬和鼓励中，他渐渐地变得活泼自信了。

仔细分析一下像这个男孩一样性格孤僻的学生，他们往往比较内向、感情脆弱、自信心不足、自我控制能力差、适应环境能力弱、不善与人交往。针对这类学生的特点，可以采取以下措施，以教给他们正确的"价值观"。

1. 用激励培养他们的自信

苏霍姆林斯基指出，"自尊心和自信心是孩子心里最敏感的角落，是孩子前进的动力和向上的源泉。"为此，对性格孤僻学生的教育应从培养他们的自信心入手。教师首先要关注他们，主动与他们接近，有事没事经常与他们聊几句，讲一些他们感兴趣的话题，和他们一起游戏、活动。其次要欣赏他们，抓住他们身上微小的进步及时给予激励。欣赏他们，其实就是用亲近和信任来沟通师生之间的感情，从而调动他们的积极性，增强其自信心。

2. 给他们创造体验成功的机会

性格孤僻的学生习惯拿自己的短处与他人的长处作比较，看不到自己的优点，时时处处产生退缩回避心理。心理学家诺尔蒂说："如果儿童生活在肯定、赞许和鼓励的环境中，他就会学会自信、进取与探索，并善于自我激励。"在平时的学习、活动中，老师应多为性格孤僻的学生创造体验成功的机会，促使他们积极参与各项班级活动。首先，在课堂教学中，设计一些他们能回答的问题，引导他们积极参与到学习中来。对他们的提问要讲究艺术，要照顾他们的思维水平、知识基础，斟酌所提问题的难易程度，恰如其分地引导点拨。当他们回答正确时，及时给予肯定，热情鼓励。多次成功以后，他们就有了自信，就能慢慢融入课堂学习中来。其次，发挥集体的力量。要让性格孤僻的学生积极参与课间活动、班队活动，给他们提供在活动中发挥特长、体验成功的机会。同伴的影响对他们改变自我有较大促进作用。可以挑选守纪律、热情开朗、乐于助人的学生与他们同桌，让这些同学随时随地帮助他们，这样做也有助于班里形成团结友爱、互相帮助的好风气。

3. 向他们传授与人交往的方法

要使学生摆脱孤僻性格的困扰，就要让他们学会主动与人交往，学会正确的交往方法，与同学正常交往。首先，要让他们明确同学间交往既是一种思想的交流，也是一种知识的互补。真正的友谊应该是互帮互学，当朋友有困难时，伸出援助之手；当朋友取得成绩时，衷心祝贺并向他学习；当朋友有缺点时，给予耐心的帮助……其次，要教给他们交友的方法。从最简单的见面互相问好做起，教他们每天主动与同学打招呼，继而主动与同学愉快地聊天。要求他们与同学相处要真诚：一是对别人说过的话、答应了的事一定要努力做到，不能失信；二是与别人相处时不能当面一套、背后一套，要实事求是，真诚待人。

4. 磨炼他们战胜困难的意志

首先，教师可以通过开展丰富多彩的班队活动，对性格孤僻的学生进行训练，使他们在活动中扩大交往范围，变得活泼开朗些。有趣的活动、集体的氛围，能够促使他们勇敢地战胜胆怯，磨炼意志，在不知不觉中矫正自己的孤僻性格。其次，从易到难、分阶段进行指导，逐步培养他们良好的听课习惯。帮助他们做到上课坐端正、认真听讲，不做小动作、思想集中，肯动脑筋、举手发言。同时，教师还要注意调整课堂气氛与节奏，使他们能够积极参与到教学过程中来，做学习的主人。

性格孤僻的学生更需要我们的理解和帮助。老师应主动与他们接近、沟通，注重他们个性的培养，强化他们的长处，帮助他们改正缺点，指导他们学会生活，做一个心理健康的人，使教室里不再有"一人一个世界"的学生。

在教学过程中，教师要促进学生个性健康发展。社会的多样性和学生的个性差异决定了学生拥有不同的人格和个性。教师要在尊重学生的前提下，培养学生的优秀道德品质，完善学生的个性品质，使学生成长为全面发展的人。

二、精讲，精导——做提高学生学习效率的老师

随着当今世界科学技术的深入发展，全球知识总量的翻番周期越来越短。一个人在学校学习的东西，最多只能算是基础性的知识，"吃老本"根本无法满足工作的实际需要。终身学习，不仅是人发展的需要，更是人生存的需要。学科知识与学习能力相比，它已不再是最主要的。要培养学生终身学习的能力，必须从培养学生自主建构知识的能力开始。课堂中学生的自主探究，通过自身的体验获取知识、培养能力，是培养其终身学习能力的重要途径。

新课程强调精选终身学习必备的基础知识和技能，要求教师在课堂上要讲得精确、精炼、精彩、实用、高效从而提高教学质量。在课堂中，教师通过精心的设计，科学的安排，合理的方法，简要的讲解，使学生快速掌握知识。

在浙江省嘉兴市二十一世纪外国语学校的课堂上，高中教师最多只能讲25分钟。学校规定教师"讲"课的时间不超过25分钟，其根本目的就是为学生在课堂上的自主探究、体验创造条件。语文教学行家魏书生说他"懒"，这是一种有目的、有意识的"懒"，这正是为了把更为广阔的课堂空间让给学生，正是发挥学生主体作用思想的体现。很多人都有这样的感受，或许教师讲得非常精彩，学生听得也非常认真，但老师把路铺得非常平坦，没有一点坎坷，学生就得不到必要的锻炼，知识的烙印就不深刻。在课堂流程设置上，要尽可能地让学生"动"起来，凡是学生能读的就让学生读，凡是学生能说的就让学生说，凡是学生能想的就让学生想，凡是学生能讨论的就让学生讨论，凡是学生能写的就让学生写，凡是学生能动手的就让学生动手，给学生充分的自学时间、思考时间、读书时间和练习时间。学生学习活动的方式是多种多样的，所以，教师也有着广阔的创造天地。

山东省莱芜十七中的李丽老师为了有效提高教学的课堂效率，充分发挥教

师为主导、学生为主体的作用，留给学生充足的自主、合作的时间和空间。在让学生自查自纠、讨论交流的基础上，李老师再作精要点评，拓展提升，从而使每个层次的学生都得到充分发展。

李老师在实际调查中发现，学习较好的学生多出现非知识性错误，部分知识性错误他们一般能自行订正；中等学生非知识性错误也占一定比例，多是某处思维存在障碍导致，对于大多数错题，他们经过个人思考和互相讨论，一般都能顺利解决，需要老师分析讲解的只占少数；学困生一般知识漏洞较多，没有形成一般的解题方法与策略。他们希望老师能给他们指点迷津，也非常渴望通过自己的思考或和同学一起讨论交流得到解题方法。鉴于以上学情分析，李老师在讲评课上创设了民主、宽松、和谐的氛围，充分发挥学生的主体作用，留给学生充足的自主、合作学习和构建知识体系的时间和空间，让学生在课堂上真正"动"起来，使思维活起来，从而使不同层次的学生都能得到应有的发展。

李老师具体在课堂中设计了五个环节实施教学。第一步，教师评价学生做的情况，表扬优秀生、鼓励后进生，点明本节课的知识与能力目标，激发学生学习动机。第二步，让学生先自查自纠，再在小组内讨论各自的疑难问题，培养学生自主、合作的学习能力。第三步，分发参考答案，学生对改正的结果作自我评价。第四步，教师根据学生的反馈情况精讲，与学生共同分析错因，归纳共性，前挂后联，提炼升华。

教学过程是一个信息交流的动态过程，只有通过反馈信息及时地调节教学行为，教学才能达到预期目的。对于非共性问题，力求让学生自己解决。对于共性难题，教师帮助学生找出题干中的关键词，引导学生寻求解决问题的策略，探索解题思路和方法，让学生明白思维障碍到底在哪里。同时，为拓宽学生思维的深度和广度，教师可对相应的题目进行变式训练，培养学生发散性思维；还可将试题涉猎到的同类知识点的题目集中在一起，分析解题思路，找出共性，建立解题模式，培养学生归纳的思维能力。这样，在前面讨论的基础上，学生很容易产生"顿悟"，对知识进行内化。

比如，在"离子浓度大小比较"的专题讲评中，在学生提出问题的基础上，为帮助学生澄清模糊认识，明确其中的主次矛盾问题，李老师特意给出了以下题目：室温下，向一定量的稀氨水中逐滴加入浓度相同的稀盐酸，直至盐酸过量。分析上述实验过程：①发生的反应；②溶液的成分；③溶液中 NH_4^-、

OH^-、Cl^-、H^+四种离子浓度的大小关系；④溶液 pH 值的变化，然后列表填写（表略）。通过分析题目中随着酸的加入的溶质成分、溶液中微粒大小变化的顺序关系，让同学们感知微粒浓度大小顺序不仅与成分有关还与各自的量有关，从中体会这一动态变化过程中电离平衡和水解平衡主要矛盾的转移，在潜移默化中解决学生思维盲点。此后再进行变式训练，一是检查学生掌握的情况，二是确立解决此类问题的基本思路。

教师要根据学生的认知水平，精选教学内容，抓住重点，突破难点，使学生每节课都有实实在在的认知收获和情感的快乐体验。教师精讲，学生多练比以前教师的"一言堂""满堂灌"更有效果。在这种模式的教学中，学生能更清楚自己的错因、对症下药，学生在课堂中动脑、动口、动手的机会多，印象也就深刻，能有效地避免"一听就会、一做就错"的现象出现，提高了课堂教学效率。

"精"是相对于"杂"或"粗"而言的。所谓精讲，就是教师在集体备课的基础上，在充分把握教材、课标和学情的基础上，抓住实质和关键，讲在点子上。因而"精讲"不在于量上，更重要的在于质上。反之，如果不能有效调动学生积极思维，抓不住要害，讲不到关键之处，即使讲得再少也不能算是精。教学过程中，如果一味地追求少讲，完全采取以学生学代替教师教的做法，是对精讲的曲解。当然，时间的限制并不是绝对的。难道讲 5 分钟是精讲，讲 30 分钟就不是精讲？更不是以花时间的多少来衡量的。关键要看当讲不当讲。有些内容很简单的课，讲 5 分钟不为少；而内容较难的重点章节，讲 30 分钟不为多。

在一堂课中，精心用好前 25 分钟左右的"黄金"教学时间，用于探索新知、突破重点难点内容，不用黄金时间"去炒隔天的夹生饭"，保证学生有充分的时间去自主探索、练习巩固新知，确保学生的主体地位。

所谓精导，重要的一环就是教师如何恰当地提出问题和巧妙地引导学生思考、交流和评价。一个个启发学生深思的提问直接影响着学生的思维方式和教学效果。课堂提问的设计反映着教师的教学经验、教学水平、教育思想和创造性。在一堂课中，教师关注的是学生的学习状态好不好，问题能不能得到解决。因此，教师的课堂提问要关注的是质量而不是形式和数量，只有注重提出问题的诱导启发性、层次的渐进性和时机的选择性，才能激励学生参与课堂教学活动，给学生提供显示自身才能的机会，增强学生的自主意识。精导，还要精心设计学生活动的方案。让学生自主探究，不是任凭学生自由探究，不是放羊式的学生自由活动，而是在教师的精心指导下的学生活动，是带着明确的目的性的。

三、教师提高指导力的有效途径

福建省福州市树德学校的黄乐永老师从政治老师的视角所提出的，在高中新课改背景下提升教师指导力的做法，对我们很有借鉴意义。

（一）转变教育观念

观念是行动的灵魂，教育观念对教学起着指导和统率的作用，一切先进的教学改革都是从新的观念中生发出来的；一切教学改革的困难都来自旧的教育观念的束缚。一切教学改革的尝试都是新旧教育观念斗争的结果。确立新的教育观念，是教学改革的首要任务。教育观念不转变，教学改革无从谈起；教育观念一转变，许多困难便迎刃而解。新课程的教学改革要求我们，首先确立起与新课程相适应的体现素质教育精神的教育观念。诸如重视学生的全面发展，重视师生的交往互动，重视课堂的开放生成等。只有这样，才能有效提高学生的素质。新课程标准要求学生变成真正意义上的学习主体，教师则重在发挥引导者或指导者的作用。但目前奋斗在我国各级各类教育战线上的数千万教育工作者都是在"传道、授业、解惑"的传统教育观念下成长起来的，这对新课改的实施无疑是一个巨大的挑战。

黑格尔曾说过，"一切改革，归根结底是观念的更新。"因此，我们必须从根本上转变教育观念，变小学的"听话教育"、中学的"分数教育"为"素质教育""创新教育"，把着眼点放在提高全体学生的政治觉悟、思想品质、心理素质、能力素质上，在教育教学中力争实现知识性与趣味性统一，理论性与实践性统一，思想性与科学性统一，真实性与操作性统一。为此，贯彻新课程标准，落实到高中政治课上就是实现知识、能力、情感的"三维"教学目标，培养学生的创新能力。"先有创新的教师，才有创新的学生。"因此，政治教师必须摒弃传统教育观念，以前瞻的眼光，突破传统，打破条条框框，以独立人格和批判精神，不断研究新问题，探索新方法，真正树立创新教育的思想。创新的教育观念主要包含以下三个方面：一是正确的人才观。要相信每个学生都蕴藏着创造潜能，每个学生都能学好，都能成才。二是正确的学生观。学生既是认识的主体，也是发展的主体。教师在课堂教学中，要区别对待，因材施教，要使每个学生都在原有的基础上有所进步、有所发展。三是正确的教学观。教学过程是教师主导下的学生个体的认识过程和发展过程。对于学生，我们不应将其视为知识的被动接收器，而是把他们作为学习的主体来对待；学生的任务，不仅是接受科学文化知识，更重要的是在接受知识的同时发挥自己的潜能。作为一名高中政治教师，必须解放思想，善于打破常规，树立师生平等，尊重个性的教育观，引导学生形成独立思考，大胆质疑的自信的心理品质。只有尊重和发展学生的个性才能让学生思考的批判性、思维的独特性得到充分发挥，才会有真正的创造性思维可言。有位老师提出的"三不迷信，三欢迎，三允许"，就是创造性思维培养的一个表现。"三不迷信"即不迷信古人，不迷信名家，不迷信教师；"三欢迎"即欢迎上课质疑，欢迎发表对教材的不同见解，欢迎发表与教师不同的意见；"三允许"即允许学生说错做错，允许学生改正错误，允许学生保留意见。

（二）转变教育方法、内容

1. 从教学型转变为教育型

按时代的要求规范人的言行，而且还应把它放在教育内容的首位。培养学生健康的情感、正确的态度和科学的价值观，提高学生的思想政治道德素质是中学政治教学的最终目标和根本目的。政治课首先是一门德育性课程，然后又是一门学科性课程。实践告诉我们：以单纯应试为目的去进行政治课教学，也许学生的考试成绩会不错，但政治教学的任务是不能全面地完成的，甚至还会培养出不少高分缺"德"的学生。政治课教学效果好的教师，用科学的理论武装学生，用高尚的人格感染学生，用良好的行为规范学生，用远大的理想鼓舞学生。这样的政治教学，往往得心应手，事半功倍，我们可以把这些教师称之为教育型教师。

要成为教育型教师，必须具备良好的政治素质和过硬的品格素质，必须坚持社会主义政治方向，树立科学的世界观、人生观和价值观，必须遵循社会主义道德，全心全意为学生服务，具有强烈的事业心和高度的社会责任感，特别是具有献身我国教育事业的精神。在具体的学习、生活、工作及处理同事之间，上下级之间，师生之间的关系中应表现出志存高远、胸怀宽广、无私谦逊、真诚正直、勤奋进取、探索创新、奋发向上等优良品格。如果教师具备了以上素质，那么他在学校的一切工作活动中，就能以一种良好的心态对待，就会严于律己、宽以待人，而不会成天"怨天尤人"，这样才有利于学校和个人的发展。

2. 从主动包办型转变为倾听指导型

传统的教学模式中，教师讲，学生听，课堂气氛死气沉沉。新课程改革强调一种互动的师生关系。所以，这里的"倾听"既注重"学生倾听教师"，更注重"教师倾听学生"。在学生交流他们探究结果的过程中，通过倾听学生，教师常常能轻易地辨别出哪些学生具有更高的悟性和理解力，也能发现学生理解上的偏差、学生的疑惑，从而判断学生理解的深度，并决定需要讲解哪些内容。同时，通过倾听学生、关注学生的即时表现、学生的观点和发言，教师对自己何时参与、如何参与作出恰当地选择。新课程改革强调发现学习、研究性学习、探究学习，这些学习方式充分体现了学生学习的自主性。教师的作用主要体现在发掘学生的潜在智能，指导他们运用最合适的学习方法有效地进行学习，培养学生自身发展的能力，不断学习新知识的能力，让学生真正掌握终生受益的学习本领。然而，实践证明，尽管"尊重学生主体地位、发挥学生主体作用、实现主体发展教育"已经提了很多年了，教师口头上也接受，但一到课堂上还是教师滔滔不绝地讲，学生死气沉沉地听；教师接二连三地问，学生断断续续地答。学生的"主体"成了"客体"，教师的"主导"成了"包办"。所以，新课程改革特别要求在探究学习时的学生自主与教师指导的关系要处理好。教师指导要由以往的"全方位指导"转变为"适时指导"，要做到适时、谨慎、有效，以实现学生真正从探究中有所收获的目标。

江苏洋思中学的做法给我们的教学提供了很好的借鉴。具体说来，一是教师在指导过程中要控制讲话时间，一般不要超过10分钟，这样可给学生30分钟自主学习、自主探究的时间。这样的探究式课堂教学才算真正摆正了学生在课堂教学中的主体地位。二是教师还要掌握介入指导的时间。如果介入过早（学生还没有充分地自主探究）就会阻碍学生本可以自主发现的机会（"差一点我们就要找到答案了"），如果介入过晚就会让学生过久地处于无助状态。

3. 从讲解型转变为启发思维型

改变传统的课堂教学模式，无疑是推行新课改，实施素质教育的重要环节。过去，在教学中推行的问题教学法、纲要教学法、比较教学法、程序教学法等，都各有优点。但实践证明，所有的教学方法似乎都不能放之四海而皆准。特别是地区之间、学校之间，情况差异甚大，不能用同一种教学模式加以统一。不过有一点是完全可以肯定的，即已故教育家叶圣陶所说，"教的目的，在于不教"。意思是说，通过教学活动，我们要达到：①激发学生学习的激情，并把这种激情转化为自觉学习的动力；②教给学生学习方法，使之逐步具备自学能力，并在教师的引导下，主动去掌握知识。

4. 从单纯课堂型转变为课内外结合型

高中政治，是一门综合性大、社会性强、开放度高的学科，从古代到现代、从国内到国际、从经济到政治、从文化到哲学，涵盖面非常广。不把政治课教学从课堂、教材延伸到课外，政治课教学就没有生命力，就不能充分发挥其实施素质教育的功能。引进"源头活水"，才能使得"渠清如许"，我们要树立"大课堂"观念，努力开辟政治第二课堂活动的新天地。

（三）转变自我提高的方式

1. 从辛苦教学型转变为教育教学科研型

教育教学质量的提高不能一味地靠教师苦干，更重要的是靠巧干，靠科学理论的指导，靠"科研兴教"。随着时代的进步，为时代、社会所需要的教育和教学，迫切需要大批有识之士不断加以研究。目前，对高中新课改，在理论和实践两方面都作出了贡献的教师逐渐在增多，并写出了不少优秀论文，这是可喜的现象。如今，越来越多的教师能根据自己的情况，拟订教育和教学的科研题目，脚踏实地地前进。

2. 从应试教育型转变为知识理论普及型

高中政治教学，在很大程度上也是在普及思想政治知识和理论。突出政治课的教育性，并不否定政治课的学科性、知识性。后者正是政治课区别于班级、团队工作等其他德育途径之所在。高中政治教师应理直气壮地充当思想政治理论、知识的"播火者"，努力向未来的建设者普及伦理、心理、法制知识，普及经济生活、政治生活、文化生活以及哲学思维知识，让更多的人了解和掌握马列主义、毛泽东思想、邓小平理论和"三个代表"重要思想等人类最优秀的精神文明成果。要把学生应该知道的知识讲得既深入浅出又生动有趣，要引导学生阅读邓小平理论普及读本等方面的书籍和文章，并适当组织学生参观调查、进行时政评论、撰写政治小论文等活动。要做好这些，政治教师自身先得有扎实的业务知识储备和过硬的教学基本功。思想政治课的时政性强，因而政治教师需及时学习和吸收最新的知识和理论，还要掌握现代教育技术，提高自身信息素质。

2. 科研探索，提高水平

——由经验型教师向研究型教师转变

　　新课程改革对教师是一种全新的挑战。接受性学习以对已有的知识的理解和掌握为教学目标，强调知识的系统化，而新课改则强调学习探究的过程，重在培养学生的探究兴趣、实践能力和创新能力。这就要求教师打破一桶水的理论，成为资源的整合者、利用者。接受性学习中的学习内容是固定的，以书本为载体。而新课程则要求学习内容具有开放性，学生可以从日常生活中选择感兴趣的课题加以研究，并以此来作为学习内容，这就要求教师从教材中走出来，不拘泥于课堂，将教学融入生活。接受性学习中的学生只需将所学知识加以内化，学生常处于一种消极和被动的状态，而新课程则要求学生通过主动地参与类似于科研的学习活动，获得亲身体验。这就要求教师成为一名教学研究者，使自身处于一种积极的探索状态，并随时去激发学生发现和创新的欲望。

一、开发课程资源，提高教育水平

　　新课程改革方案已在全国推行，其中很重要的一个理念就是强调教师对课程资源的开发和利用。可以说，新课程能否顺利实施，很大程度上取决于教师对课程资源的开发利用水平。新课程标准要求"教师要具备开发课程资源的能力"，也就是说教师作为教育改革的主力军必须参与课程改革，参与课程开发，并在参与的过程中不断提高课程意识，提高自身课程开发的能力。这是新课程标准对教师提出的要求，也是时代发展对教师提出的新的挑战。但是，据了解，现在很多教师仍然缺乏革新意识，还在沿袭端着课本从头讲到尾的做法。

那么，教师应如何在课程资源开发中发挥作用呢？下面是山东省平阴县第一中学的王道静老师在学习与实践中的一些体会。

（一）以课标为纲，树立正确的课程资源观

教师要树立正确的课程资源观，首先应该认真解读新课标，明确改革的目标和任务，重建自己对课程资源的认识。什么是课程资源？广义的课程资源指有利于实现课程目标的各种因素。按其功能特点，可以分为素材性资源和条件性资源两大类。素材性资源作用于课程并成为课程的素材和直接来源；条件性资源包括作用于课程的人力、物力、财力、时间、设备和环境等，它不是课程本身的直接来源，但是在很大程度上决定着课程的实施范围和水平。按照空间分布的不同，可以把课程资源分为校内课程资源、校外课程资源和网络课程资源。

树立正确的课程资源观，教师要改变课程资源即教科书的观念。新课程不再是文本课程，而应该是体验课程。以前教师对课程资源开发利用的价值认识不够，认为教科书就是课程资源的全部，而忽略了课程资源的多样性。从本次课程改革的目标来看，要改变过去学生"死读书，读死书"的学习方式，加强课程内容与现代社会、科技发展以及学生生活的联系。倡导学生主动参与、探究发现、交流合作，就必须开发利用校内外一切课程资源，为实施新课程提供条件。事实上，课程资源是丰富的、大量的、具有开放性的，它以其具体形象、生动活泼和学生能够亲自参与等特点，给学生多方面的信息刺激，调动学生多种感官参与，激发学生兴趣，使学生身临其境，在愉悦中增长知识，提高能力，陶冶情操，这是传统教科书所无法代替的。如果说以前"教科书是学生的世界"，那么现在教师在课程建设过程中，要努力做到"世界是学生的教科书"。

正确的课程资源观还包括教师自身角色的转变。教师应该成为学生利用课程资源的引导者，而不仅仅是知识的传授者。教师应该围绕学生的学习，引导帮助学生走出教科书，走出课堂和学校，充分利用校内外各种资源，在社会的大环境里学习和探索。同时，教师还应当成为课程资源的开发者和利用者，充分挖掘各种资源的潜力和深层次价值，提高资源利用率。教师必须具有创新地运用教育教学资源的能力，必须发挥主动精神和自身潜力，才能适应新时代教

育的需要，才能实现新课程所设的教育目标。

（二）以效率为先，优化资源配置

高中课程资源开发和利用的基本原则是：高效、协调与共享。为了最大限度地合理使用课程资源，教师首先要优化课程资源结构，追求最优化的多元化资源配置。除了教材资源以外，教师还可以充分利用图书馆、实验室、音像等基本的设备和广播、电视电影、录像、直观教具和实物、多媒体光盘资料、各种形式的网络资源、报纸杂志等。还要重视开发和利用社会其他有助于教育的社会资源，如社区资源、家庭资源等，以教育活动丰富的形式和内容，推进课程的多样性和开放性，拓宽教育视野，形成正规教育和非正规教育的有机结合，使学生增强学习兴趣。

在获得多元化课程资源后，教育的艺术就重在如何整合各类资源，使其优势互补，达到最佳教育效果。因为教师可以对课程资源进行鉴别、开发、积累和使用，所以教师对于哪些教育资源可以成为课程资源、哪些课程资源可以进入课堂转化为现实的课程要素起着决定性作用。教师要始终瞄准学生的能力培养目标，在实施过程中对各类资源进行再加工、研制和开发，以一种整合的眼光重新看待课程和教学。既要做到不浪费一切可利用资源，又要注意不要流于形式、缺乏层次性和实效性。

要造就资源配置的良好绩效，还要加强学校全体教师间的合作和校际间的资源共享。教师本身就是一种课程资源。高中课程的多样化和选择性尤其需要根据每个教师的个性特长，充分发挥教师团队的整体优势。因此，教师之间要相互学习、相互帮助，发扬团队合作精神。教师还要有不断进取的事业心，努力提升自身素质，加强研究和交流，提高资源使用率。

（三）以教材为主，纵深课堂教学

课程资源能否在课堂层面发挥作用，是课程资源开发和利用的关键。课程资源只有进入课堂，与学习者发生互动，才能最终体现课程资源的价值。所以，作为课程实施主要途径的课堂教学活动，无疑在课程资源开发和利用过程中起着不可忽视的作用。教材不是唯一的课程资源，但是教材仍然是最主要的课程资源，是课堂教学的核心材料。教师对教材的使用如何将直接影响教学效果。

按照新课改和新课标倡导的"用教材教，而不是教教材"的教材观，教师在使用教材时应当依据学情、教情和校情，对教材资源进行合理的调整。因为新一轮课改后虽然一标多本政策落实，但是一个区域内的统一教材仍然与各学校学生实际存在一定差距。缩小这一差距的方法就是对教材进行再加工。如果学生基础较好，教材内容偏易，学生吃不饱，应该进行补充；如果学生基础较差，教材过重，应该删减；如果教材内容、活动或练习题不太合适，教师可以根据实际教学需要进行替换；如果教材中有一部分内容与现实生活中正在发生的事情相联或为了便于讲授目前部分，在延续性和难度等方面没有太大问题的情况下，教师还可以对教材内容的顺序进行适当的调整，以便有利于提高教学效果。另外，由于客观条件的差异、学生现有水平的差异以及具体教学实际情况的差异，有时教材推荐或建议的教学方法不一定适合实际教学的需要，在这种情况下教师还可以调整教学方法。

教师对教材的这种再加工、再创造正是因材施教原则的体现，是根据学生身心发展水平、认知特点而确定的。所以教师应根据课程的要求，对学生的需求和水平进行深入了解，对教材进行分析，挖掘教学内容的内在联系，并遵循教学规律，结合自己的教学条件和教学环境，对教材进行整合，从而创造性地完成课程标准中提出的教学目标与任务。

（四）以人为本，关注学生的终身发展

现代教育使教师不得不考虑这样的问题：教学是以知识为本还是以学生为本？我们究竟要培养什么样的人？新课程理念回答了这个问题，即教育要面向全体学生，注重素质教育；突出学生主体，尊重个体差异；注重过程评价，促进学生发展。基于此，教师在选择课程资源时，要始终关注学生的能力基础和实际，尊重学生的情感体验和个性倾向，其内容和活动形式要有利于学生的全面发展和长远发展。学生应该能够通过学习和使用教育资源获得独立学习和自主学习的能力，从而为终身学习创造条件。

学生的学习是逐步掌握知识和技能的过程，也是培养创造能力和健全人格的过程。由于学生的学习需求存在差异，他们的学习风格、学习策略也各不相

同。教师在教学过程中应当面向全体学生，多渠道开拓课程资源，整体设计课程目标，通过采取诸如感知、体验、实践、参与、探究和合作等方式，在教学中引导学生积极主动构建知识体系，提高综合能力，展现学生个性和拓展学生视野。根据学生的需求和教育规律，为学生提供丰富多彩的学习资源和学习渠道，允许学生选择最适合自己的学习方式。

新课程标准并不是教育的终结性文件，随着我国教学实践的发展，它还会不断完善。课程资源的范畴也会随着科技的发展和社会的进步不断外延。而教师将始终担负着开发和利用课程资源的主要责任，所以教师也应该与时俱进，不断提高开发和驾驭课程资源的能力。

二、研究型教师的成长之路

什么是研究型教师？研究型教师就是具有较强的研究意识和研究能力的教师。新课程要求学生在教师的指导下自主完成探索性实验、独立进行科技制作、研究一些新科技问题并完成相关的科研学习报告、进行社会调查以及扩展性研究等多项课题研究工作。学生开展课题研究工作成败的关键取决于教师对研究课题的内容、过程、方法以及相关综合信息的熟悉和掌握程度。因此，要想有效地指导学生开展课题研究工作，高中教师必须转变角色，由"教书匠"转变为"教育家"——教育教学问题的研究者，即研究型教师。

（一）如何做研究型教师

宋善军，湖南省石门一中的政治教师。1992 年毕业于湖南师范大学，参加工作 14 年，任教高三 11 年。从 1998 年起，兼职于石门一中教科室，负责学校的教研教改工作。2003 年以来，一直是北京伯乐马教育研究所、北京科海教育研究所和英才苑教育研究所、天星教育研究所特聘研究员。2005 年被《中学时光·高中政治》杂志聘请为编委，中学试卷网高中政治学科首席专家。2003—2005年都参加了高考政治科阅卷工作，并参与了湖南省高考文综评分细则的制订。2004—2005 年在各类公开发表的报纸杂志发表文章 30 篇，有 4 个国家级和省级课题获奖。以下是宋老师就"如何当研究型教师"所谈的个人感受。

1. 我们离研究型教师到底有多远

通过对周边学校及自己周围同事的观察和了解，宋老师发现，教育教学经验丰富且教育教学效果良好的教师大有人在，但是，这些教师虽然有丰富的感性认识，却不能将实践经验提升到理论高度，并撰写成文从而指导实践；能通过各种手段获取现代教育教学信息和教育教学改革经验，但不善于结合教育教学实际，创造性地予以运用。究其原因，除中学教学负担重，压力大，学校教研不实外，宋老师觉得教师自身还存在着以下几个问题：

第一，对"教研"认识偏颇。

许多教师把对教育教学研究视为教育科学研究，也就是说视"教研"为"科研"。有人认为教研就是要做课题，要有成果报告，要著书立说，这对教师是个额外负担，会影响正常教学，会影响升学率；还有人认为教研是教研部门和教育理论工作者的事，与中学教师无关，中学教师只管夹着课本上课即可。更有一些人认为教研论文就是为了评职晋级的需要，对教学没有什么大用。这种认识上的偏颇形成了教研行动的障碍。

第二，不能把常规教学中的"困惑"变成问题。

在教学工作中，教师在学科教学、班级管理、师生交往中都有很多"困惑"。如"我反复讲了好几遍他为什么还不会？""为什么学习不好的学生学习习惯都差？""如何既提高优秀学生的成绩又照顾学生的差异？"等。面对这些"困惑"，教师们只是说说议议，很少去深入探究这些困惑背后的真实原因，也就是说教师当中许多人缺少问题意识。

第三，不会把"问题"变成"课题"。

其实，教学中有很多问题都是值得研究的。如平时总是赞叹某位教师教学口语具有艺术性：一段深刻精辟的阐述，让学生终身难忘；一个生动形象的比喻，让学生茅塞顿开；一句恰如其分的赞扬，让学生信心倍增。那么，这样有魅力的教学口语是否值得我们去研究？在不同的学科中它又有什么不同的特点？能否总结出来让大家学习？等一些问题，对于教师来说，除了感叹之外很少有人去认真钻研。

第四，知识储备不够。

宋老师在学习中发现，当自己遇到一些对教育教学发展有重要作用的问题时，想通过研究加以突破，可在研究中不是被某一专业知识卡住了，就是因缺少一定的理论知识或研究方法不当而中途流产。

第五，不会很好地利用身边的资源。

搞教研离不开学生、教材、课堂和同学科的教师伙伴，还有图书馆、互联网、学生家长、社会机构、名人专家等，他们都是教研过程中可能获得帮助的来源，可是对这些教学研究的"资源"，教师们利用得怎么样呢？有的教师甚至没去过图书馆，不会用互联网，不了解学科内的专家名人，不了解最新科研成果，把身边的资源在不经意间白白浪费掉。

第六，与同事合作意识差。

嘴里哼着"众人拾柴火焰高"，行动上却履行"一个和尚挑水吃，两个和尚抬水吃，三个和尚没水吃"，都习惯了"自己的事情自己做"。在教学上有困惑时，与"同辈"辩论怕丢面子，与"小辈"辩论怕损权威，与"长辈"辩论怕违师道尊严。在教学上有经验时，狭隘的意识使自己保守自己那点可怜的经验，不去推广更不去总结，怕别人笑话也怕别人"偷艺"。如果现在还没有认识到缺乏合作精神的严重性，我们将要因此贻误我们的下一代而成为历史的罪人。

2. 在中学如何进行教育科学研究

对于科研要打破它的神秘感、神圣感，也不要把它看得有多难。其实，研究并不是学者们的"专利"，而最贴近教育实际、最贴近学生生活的，无疑是天天泡在课堂上、天天与学生们打交道的教师。丰富的教育生活经历和经验，正是教育科学研究的源头活水。古今中外许多著名的教育家，大多亲自办过学或做过教师，有自己的"教育实验场"。如夸美纽斯长期担任拉丁学校校长，赫尔巴特创办过实验中学，苏霍姆林斯基在帕甫雷什中学教了20多年书，中国古代的孔子也从20多岁便开始从事教育活动。

很多事实都说明作为教师的教育科学研究与作为学者的教育科学研究有一个最重要的区别，就是教师的直接参与性和教育目的的功利性——教师的研究往往针对自己在教育实践中遇到的问题。在这个意义上，教师的研究活动又将作为教书匠的教师和作为教育家的教师区别开来。有人曾经说过：同样有30年的教龄，对于教育家和那些平庸的教书匠而言，含义是大不相同的。因为教育家教30年同样的课本，他年年在备新课，年年在出新教案，他每天每月每年都在根据学生的新变化创造性地安排自己的教学活动。他名副其实地"教"了30年，创造了30年。而教书匠的讲义常常是30年一贯制，他年年用老方法，年年讲老内容，每天每月每年都在重复自己。所以，他虽然有30年的教龄，但充其量只能说，他"教"了1年而重复了29年。因此，有意识地进行教育科学研究，对于提高教育活动的创造性具有重要的意义。

很多成功的教育家都告诉我们一个最简单的做教育科研的方法，就是"教育反思"。养成对自己的教学与教育活动进行评价与反思的习惯，是教师进行教育科研的基点，通过教学日记与教育笔记，可以较好地记录下"教育反思"的成果。"教育反思"的许多成果，本身就可以以笔记、小品、日记、问题探讨的形式正式发表。

而在"教育反思"的过程中或基础上，系统阅读教育科学的理论著作，系统学习教育科学的研究方法，用新的视角去审视教育问题，把个别经验上升到一般理论，就能使自己更上一层楼。所以，对于教师而言，及时、系统地学习教育理论尤为必要。

3. 怎样提出研究课题

在具有了一定的研究动机之后，确定研究课题就显得十分重要。从某种意义上讲，这是研究的真正起点。"因为解决一个问题也许仅是一个数学上的或者试验上的技能而已。而提出新的问题、新的可能性，从新的角度去看待旧的问题，却需要有创造性的想象力，而且标志着科学的真正进步。"

那么，究竟怎样提出问题呢？基本途径不外乎以下五个方面：一是从社会发展需要提出问题，二是从学科建设需要提出问题，三是从教育实践中提出问题，四是从当前国内外教育的比较、分析、总结中提出问题，五是从不同学科的交接点中提出问题。

对于刚刚从事教育研究的教师来说，最便捷最有效的途径，是从自己的教育实践中提出问题。而在确定课题时还要注意以下几点：第一，研究课题不应大而无当。研究课题愈大，所需要的知识背景与研究功底也愈深，许多大的问题要耗费一个人甚至几代人的心血。王国维先生曾经用"狮子搏兔用全力"来比喻研究工作要"小题大做"是很有道理的。做课题"角度要小，挖掘要深"（鲁迅语）。第二，研究课题的制订要注意收集资料与信息，避免重复劳动。有时课题的内容很好，是大家非常关心的"热点"问题，但你的视角与方法并无新意，别人也已发表过类似的成果，如果你对此不予关心，很可能就要做无用功。第三，研究课题的选定要注意主观与客观两方面条件。所谓主观条件，是指研究者本人的知识与经验积累以及对问题的兴趣，如果选择自己长期思考并积累了大量素材的问题，选择自己在实践中经常碰到的问题，往往容易激发信心与责任感，易于提出创造性的见解。所谓客观条件，是指必要的资料、设备、时间、技术、能力等。第四，要注意别人容易忽视的问题，才能早出成果，使成果具有新颖性。第五，要注意学习与思考相结合，学会在学习中超越，在学习中发现。学习与教研是相辅相成的关系，在阅读书刊的过程本身就可以发现问题，尤其是如果发现权威者的问题，写成商榷性的文章，本身就是教学研究的成果。

（二）丰富并提升专业品质：研究的追求与境界

2001年魏书生老师到广东湛江的一所学校作讲座，还借班做了一节示范课。广东省湛江第一中学的钟和军老师组织学校老师前去听课。课后有的老师说，想不到魏老师如此盛名，课也不怎么精彩，这样的课我也能上。真的是这样吗？魏老师给初一孩子上的是高三的一篇课文《人生的境界》（作者：著名哲学家冯友兰），面对新组建的、互不熟悉的20多位学生，他把学生的心凝聚到了一起，他带领少不更事的孩子触摸了人生的命题和真谛，他给孩子们留下了深刻和丰富的思想，也给很多老师以很多的启示……虽然我们绝不能用一节课来衡量一名老师的水平，但名师的知识底蕴、专业智慧、教育思想和高超技艺，还有他对教育的理解和研究，无不在他的课堂中显露一二。

很多事实已经表明，任何成功都是继承和创新的适度结合。在实践中继承与创新，真实持久的教育研究将会逐步丰富并提升自己的专业品质，使得自己的工作更有内涵和品味，精神生活会更加丰满和有趣。下面是钟和军老师以亲身经历向我们述说的他是如何提升专业品质，追求研究境界的。

1. 独立思考，自由研究

平日里每个人都有具体的工作，很多人都会不自觉地身陷其中，被大大小小的事情所淹没，似乎总有事情永远也做不完。久而久之，也就没有了独立思考的习惯，甚至没有了思想上的自由。慢慢地，很多人只顾眼前的事情，而很少可以抽出身来冷静思考或旁观片刻，更无法高瞻远瞩、远见卓识地指导自己的实践和研究了。

钟老师针对自己的实际条件和学生情况，在不断学习、研究课标、教材的过程中，进行了基于自己理解基础上的课标实践。课堂上，钟老师认真细致地实施着自己的教学，引导学生学习新技能，使他们对技术及其运用力求有更深入的理解。在课堂教学、教学内容、教学设计与实施、学习评价与考试等方面，钟老师作了许多努力，保持着高度的自主自强的研究和实验状态。在《信息技术教育》杂志连载发表了自己的教学实践，在全国、省市区各种研讨会上也做过经验介绍。钟老师觉得，不管工作多累多重，总要让自己在实践当中用心思考，及时反思和总结，使自己的所作所为更有成效，也好让自己不至于在忙碌中虚度光阴，一事无成。其实，无论多么高深的教育理论或教学技能，只有经过自己的实践之后才能领悟内化，这一过程需要自己主动地总结反思和概括提炼。唯有实践过、理解了的知识，才有可能转化为真正的教育生产力，自己的教育行动才真正有力量、有价值。

从本学科教学到其他学科的整合教学、从课堂教学到课内外的学科活动、从教学方法到理论模式、从学科应用到学校信息化建设、从学生的技术学习到教师的技术应用等领域，钟老师都有所涉猎。在日常工作和教学中，钟老师更多时候是把解决实际问题作为出发点，用研究的眼光和方法推进并审视自己的实践——这是"常态下"的研究工作；此外，在较长一段时期内钟老师会给自己确定一个研究方向和主要内容，有时也会让自己的研究工作融入某个课题研究当中，以便使得自己的研究工作走上科学化、规范化的道路。

2. 超越自我，实现理想

做工作既要关注效益，又要做到精益求精。要做得更好，更要做到最好。坚持自己的信念，做最好的教师，这是钟老师的一贯主张和努力方向。作为一个现代教师，不仅需要宽阔的专业知识，而且需要与时俱进地学习，还要有开放共享、合作共赢的心态和胸怀。

①开放教学

何为"开放教学"？所谓"开放教学"就是教师在教育教学活动中能开放思想，坚持"以资源赢得资源"的发展观，充分利用网络环境开放自己的教学资源，开展协同工作或研究，达到合作各方共赢的效果。从1999年起，钟老师就建立了自己的教学网站。2002年初，钟老师又有意识地把自己所有的教学资料都发布在网站上——共享资源，开放思路。钟老师认为，教师网站就是教师个人的课堂与思想的真实记录与表达。高中新课标实验以来，钟老师以网站开发应用的方式推进了课标实验，一是开放自己的教学资源与有需要的教师共享共用；二是利用学习网站支持并优化自己的课堂教学。钟老师通过网站同步发布了自己的教学设计、积累的各种课程资源，通过各种面对面的研讨活动与广大教师同行作思路上和经验上的交流，借助杂志媒体发布自己在新课程实验

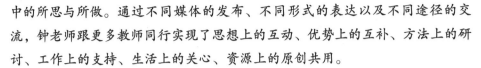

中的所思与所做。通过不同媒体的发布、不同形式的表达以及不同途径的交流，钟老师跟更多教师同行实现了思想上的互动、优势上的互补、方法上的研讨、工作上的支持、生活上的关心、资源上的原创共用。

②网上研究

从1999年11月起，钟老师担任了著名的K12教育教学网的教育论坛第一任版主，此后四年里钟老师还担任过信息技术教育论坛版主，和全国各地的不同学科的老师、校长、学者、大学教授进行了广泛的网上交流和研讨，发表数千篇文章帖子，组织了上百次大大小小的网上教师活动。数年后，一些大学教授、学者戏称钟老师为国内十大教育版主之首。钟老师还在自己的网站上凝聚了一支300多人的各学科教师联盟队伍。2000年，钟老师应邀参加中国教育技术协会在湖南长沙举行的学术研讨会，面对来自内地、香港等地高等院校、研究机构、中小学校、职业教育学校的一千多名教授、学校领导和老师们，作了自己平生第一次专题报告，切身体会到做研究的乐趣和成就感。2004年，钟老师在网站上开辟了"我的教学故事"栏目，从当初只有自己撰写故事到形成如今数人的写作团队。在网站上，钟老师他们通过叙述自己的教学故事，达到了分享、思考、行动、积累、进步的目的。这些教学故事还被专家们推荐发表在杂志上，在一线信息技术教师群体中产生了一定规模的影响。

③合作研究

2003年在深圳，钟老师跟一位语文老师合作了一节语文课例《民间中国——俗世奇人》，教材是一篇用天津方言写成的文章。在教学环节中，钟老师建议增加一个学习片段：让深圳的孩子们用不同方言朗读课本文段，感受语言的乐趣并增强对地方语言文化的理解，甚至探讨和辨识地方语言之间的渊源关系。结果，这一环节让孩子们喜爱不已，兴味盎然。后来这节课被选送参加当年的全国整合课例大赛，评委们对这节课赞叹不已：深圳孩子来自五湖四海，该课例巧妙地挖掘了当地丰富的语言资源，让孩子在课堂上亲身体验了地方方言的内在魅力，实在难得。最后，这个课例被破格评为全国一等奖。在钟老师和其他学科老师合作相处的那段日子里，钟老师不断参加听课、评课、修改教案和制作课件等活动，在别人的课堂上发现很多有价值的东西。钟老师一边工作，一边学习别人的经验，在自己的课堂上反复尝试和实践。钟老师的这些经历对于很多教师在教学、科研、成果提炼以及对教育问题的理解等方面都提供了非常有益的帮助。

三、成为研究型教师的注意点

（一）整合"活"知识

步入信息时代，面对着新名词、新知识的急速增加，旧知识大量被淘汰。教师要摆脱过去死读书、读死书的角色，通过各种渠道不断汲取新的知识，扬长避短，发挥优势，根据自己的专业理论整合旧知识，建立起新旧知识转化的桥梁，将旧知识活化为新知识，不断推陈出新。同时，教师要根据自身情况选择适合自己的教学方法，将自己的新知识不断教授给学生，形成自己独特的教学风格。

（二）利用"活"资源

传统的教学场所只局限于课堂，教科书成为唯一的课程资源。课程改革倡导研究性学习与合作学习等教学模式，这就打破了课堂教学环境仅在教室的局限，将教学引向了更为广阔的领域或天地。而教师应成为课程资源开发的重要力量，主动地、创造性地利用一切可用资源，包括图书馆、实验室、校园网、实践基地等校内课程资源和工厂、农村、部队等社会资源及丰富的自然资源，引导学生走出教科书、走出课堂与学校，利用校内外各种资源，在社会的大环境里学习与探索。

（三）重建"教研室"

实施新课程，教师需要与更多的人、在更大的空间、用更平等的方式从事合作，教师之间、师生之间、教师与社会之间将更加紧密地合作。因此，教师要改变以往相对封闭、孤立的工作方式，在教学生学会合作之前，首先自己要学会合作，向他人学习，形成团结合作的工作方式。学校建立教研室可以更有效地促进教师间的合作。为解决新教师上岗难的问题，教研室应建立"师傅带徒弟"的制度。首先，与老教师相比，年轻的新教师在教学的很多方面还缺乏实践经验，这就需要由学校指派老教师为新教师"保驾护航"，指导新教师熟悉教学环境，规范新教师的教学行为，逐步使新教师的教学工作走上"正轨"。其次，老教师可以将自己的优秀教学经验传授给新教师，从而使优秀的教学传统得到继承和发扬，同时也为新教师节约了大量时间去摸索一些教学规律和原则，使新教师能向更深层次的教学领域探究。教研室应打破学科界限，因为现代社会的知识更具有复合性的特点，一个教师往往不一定能够解决好一个综合性的问题。例如，数据的分析需要有数学教师参与，涉及生态与环境问题，需要有地、生、化老师共同指导。这就要求教师具有团结协作的精神，擅于与同行教师之间进行沟通、交流，并虚心接受其他教师的建议，共同学习，共同进步。

（四）终身学习

新课程的实施提倡建立终身学习体制，使教师成为研究者。这是因为教育过程本身就是一种创造性的劳动，而教育研究是将教师的教育素养转化为教育效果的中介和桥梁。通过教育研究活动，教师可以反思自己的教育实践，并产生理性的思考，生成教育智慧。教师的劳动价值不仅仅体现在学生的成绩上，还要体现在自身的专业成果中，持续的研究学习可以使教师总结出优秀的教育教学经验，结合自己的教学实践开创新的教学理念，从而有效地指导教学。教师只有很好地扮演好"研究者"的角色，"活到老，学到老"才能巩固其专业地位，并完成新的教育任务。

（五）从课堂的主宰者转变为学生学习的合作者和参与者

在研究性学习中，教师的一个重要职责是为学生创造良好的、开放的、宽松的学习环境和为他们提供充足的学习资源；帮助他们激发学习兴趣、培养和维持学习动机。教师对学生要经常给予恰当的鼓励，对他们的成绩及时给予积极的评价和肯定。这对学生的学习探索都会起到极大的促进作用。研究性学习要求教师由课堂教学的主宰者转变为与学生一起学习、研究、交流的合作者和参与者。研究性学习强调的是合作，学生之间合作、师生之间合作、学校与社会合作，强调的是全员参与，全过程参与。在学习过程中，教师应始终参与课题研究的全过程，参加小组讨论，共同设计方案，一起走出课堂，深入工矿企业、科研机构、政府部门开展调查，一起收集资料，一起探究答案。在合作与共同参与的过程中，教师要注重引导学生加强人际间的合作，提高与他人交往的能力。教师要指导学生及时发现问题，探讨解决问题的方法与途径。教师要不断总结经验，激励学生，帮助他们树立信心，使学生感受成功的喜悦，从而推动学习的不断深入。

3. 丰富知识，全面发展

——由单一型教师向复合型教师转变

一位老师在自己的演讲词中这样写道：

多年来，为了做好班主任工作和教学工作，提高自己的专业素质，为学生提供优质服务，我利用假日和平时工作间隙，如饥似渴地学习新知识、新方法，广泛阅读苏霍姆林斯基和我国著名小学特级教师的著作。我积极参加了专科进修，现已取得了大学专科文凭；我还积极参加继续教育公共课和选修课的进修；长期的进修自学，使我比较系统地学习了教育学、心理学、教材教法、教育科研等知识。在多年的学习过程中，我写了几十万字的笔记。学习使我树立了以学生发展为本的新理念，懂得了尊重学生、信任学生、欣赏学生、激励学生、包容学生的新思想。这使我能够更好地为学生提供服务。在我的教育和潜移默化地影响下，我班学生已经学会了自学，学会了自主管理。

一、响应时代的呼唤，做全面发展的教师

新课程改革呼唤综合型教师。因此，教师必须拥有跨学科的知识和技能，具备广博的知识背景。传统课程以分科教学为基础，注重追求课程体系的学术化、专门化，专注于抽象知识符号的呈现和传递，而忽略了非学术性知识，如生活环境、经验阅历等具有人格发展价值的要素。这不仅使教师的知识体系呈现单一化，而且影响了教师的人格整体发展。

随着交叉学科的普遍兴起，教师需要了解不同领域有关本学科的相关知识，进行跨学科、跨专业的学习。而后通过自己的再加工，形成完整的知识体

系，建构自己的知识结构，使自己不仅能够熟练运用知识理论，更能旁征博引，将理论与教学实践相结合。为更好地将教育教学理论运用于教学实践，教师还要熟知教育学、心理学、伦理学的相关知识，这样才能深入了解学生的差异性特征，更好地把握学生认知发展水平。这将有利于教师因材施教，培养全面发展的学生。同时，在现代社会，教科书已经不是唯一的教学资源，教师要走出教材、走出课堂、融入社会、体验生活，从社会这个大课堂中汲取不同的知识，从现实生活中寻找更加丰富的教育资源，而不是坐井观天，将自己局限在本学科的领域之内。只有这样，教师才能以广博的知识征服学生，让学生觉得，老师在知识储备、智慧程度上确实胜他们一筹，是一位睿智的引导者，从而赢得他们的信赖。

在传统的课程下，教师一定程度上被窄化为教书工具，教师的情感世界被忽略，精神力量受到压抑，人格的完整性遭到割裂。因此，课程改革必须要注重教师人格整体性发展，这同时也是培养学生个性健全发展的基础。关注教师人格的整体性，首先，要注重教师的主体性发展，通过教师培训，开展丰富的教师活动，使教师具有成熟的自我意识，能够了解自我、体验自我和调控自我，让教师体验到高成就感以及自身的价值。这样的教师才具有投身教育事业的激情。德国教育家第斯多惠指出，"我以为教学的艺术，不在于传授的本领，而在于激励、唤醒，没有兴奋的情绪怎么激励人，没有主动性怎么能唤醒沉睡的人。"其次，在教学过程中，应强调教学人性化、情感化、生活化，以突出个体与自然和社会之间的和谐性。只有德才兼备的教师才能培养出德才兼备的学生。

下午2点20分，我身着休闲衫、牛仔裤，脚蹬运动鞋，肩背大挎包，悠闲地向教室走去。"我觉得自己挺'另类'，年龄小，打扮得不像老师。我原来是什么样，现在还是什么样，我不会改变。我的职业是教师，但我首先是'人'，如果教师都是一个模样，就没有特色了。"追星、上网、打游戏、吃零食……我与学生的爱好很一致，我常常认为自己无权指责学生。"我不是以师者的身份，而是以自己的方式要求他们，以自己的思想影响他们。给一个理想，希望他们达到；给一个模式，希望他们塑造；给一个平台，希望他们创造。"有段时间班上纪律很乱，我没有大声批评，而是一声不响地在黑板上用粉笔给学生们写了一封信，此后每周的纪律检查该班都稳居第一。在班会上讲"向父母感恩"，我不是给学生们放感人的视频，而是跟学生们一起计算"父母把我们养大要花多少钱，我们过多久、该如何来还钱"。结果那个周末，十多个家长深受感动，"孩子第一次给我夹菜，还问我辛苦吗"。班上有学生谈恋爱，我不是"严打"，而是说了一段话，"你们要有眼光，要耐得住孤单。我原来的男朋友很优秀，但是远没有我的先生优秀。你们俩如果想在一起，那就好好学习，考上大学"。结果每个学生都学会了用阳光的心态看待青春期的爱情。

广东东莞中学松山湖学校刘秋燕老师正是拥有了这种独特的教学风格以及鲜活的个性特征，不仅解决了棘手的教学问题，还赢得了学生的尊重和信任，成为了学生效仿的榜样。

课程改革要注重发展教师独特性，这是培养学生个性健全发展的前提。教师除了要具有职业要求的敬业、责任感等共性外，还要具有独特性，呈现出千差万别的形态。教师的独特性主要表现在鲜明的教学风格和大胆的批判精神方面。鲜明的教学风格是教师独立性的集中表现，是教师长期在教学活动中表现出的稳定性倾向，是一个教师根据自身的个性结合千变万化的教学实际，经过无数次思考、探索、实践创造出来的。大胆的批判精神要求教师用批判的眼光、发展的视角看待既定知识、经验，不唯书、不唯权、只唯实，敢于怀疑、反驳、验证，这样才会形成自己独特的人格，成为学生效仿的榜样，培养学生建立正确地对待知识的态度。但在过去很长的时间里，我国教育大一统的课程体系与教学模式扼杀了教师的独特性。一种教材、一种教法、一种思维、一种评价形成"千人一面"的教育现状，极大地泯灭了教师人格的独特性。因此，课程改革应该为每一个教师独特个性的充分发展开辟广阔的平台和空间，发挥每一个教师的独特个性。

二、不断学习，不断发展

随着新一轮的课改大潮和社会经济文化水平的不断发展，社会对教师成长提出了新的理论思考。教师不再只是技术理性主义观点中的教育教学活动者或思想的执行者和技术人员，而是以一种主人翁的方式来应对和反应教育教学活动。为成为这样的新型教师，就需要教师自身不断"充电"，不断学习。大量的研究和实践证明，教师的成长与发展直接决定着教育的质量。但是，如何促进教师发展、提升教师素质呢？

浙江省舟山市定海二中在坚持"追求师生个性特长和谐发展"思路的前提

下，在教师团队中不断构建学习型组织，以加强教师队伍建设，促进教师主动发展和素质提升。他们主要是从以下五方面着手的。

（一）建立民主、开放、和谐的团队氛围

一方面，淡化管理者单向管理的角色和地位，强调建立平等、民主的对话模式。在每星期教师会议上鼓励教师"自由发言"，并经常组织全体教师就某一专题开展"即兴论谈"或"深度会谈"；同时，公开校长的手机、设"校长信箱"，为教师提供各种机会，畅所欲言。另一方面，非常重视团队建设，鼓励教师之间互助、合作和共享，形成相互激励、相互帮助和共同提高的积极依赖的团队关系。学校强调团队整体的和谐和工作的最佳绩效，从制度上鼓励教师之间建立这种积极依赖的团队关系。

（二）将学校的办学理念转化为全校教职员工的共识

一个学校的办学理念不应仅仅停留在校长个人头脑中，必须将它转化为全体教职员工的共识。这既是构建学习型组织的基础，也是学习型组织的重要特征。

学校"追求师生个性特长和谐发展"的办学思路从最初的提出到最后达成全员共识，主要经历了三个逐渐发展的阶段。

首先，通过各种学习、研讨，鼓励教师尽可能把校长提出的理念转变为自己的认识。学校多次组织了关于什么是"师生个性特长和谐发展"的讨论，以及"以爱育爱"、"以学论教"等各项相关主题的专题论坛。为了帮助大家领悟这一办学思路，学校还请教研室等专家机构对教师进行多次理论培训。观念的转变不是一个一蹴而就的过程，需要时间和反复磨合，要允许教师有一个逐步认识和接纳的过程。在最初的学习研讨中，教师们习惯开口说的第一句话是：校长说……现在，在各种场合下，教师们的发言无不都是：我认为……

其次，以行动研究的方法，引导教师将学校的理念转化并落实到自己的教育教学等工作实践中。学校鼓励教师用自己所学和领悟到的理念大胆实践，不断积淀，并逐步改进自己的教育教学行为。

最后，在前两个阶段实现的基础上，学校明确提出教师拥有修改和完善学

校办学思路和各种理念的权利，从而最大限度地激发教师在工作中的创造潜能。

目前，学校的教职员工不仅能将"以爱育爱"、"以学论教"等"追求师生个性特长和谐发展"思路中的具体理念脱口而出，而且能在自己的工作中加以自觉地创造性地体现。

（三）指导团队学习，构建学习网络

学校在调研中发现，学习在许多教师看来是工作之外的一种负担，学习与教师日常工作相分离的现象非常严重。为此，学校提倡"在工作中学习，在学习中工作"，引导教师结合教育教学中的实际问题开展有效的学习。学校在指导教师如何开展学习时，提倡要做到"五个坚持"，即坚持结合改革过程学习；坚持结合教师的热点话题学习；坚持结合教育教学实践案例学习；坚持结合出现的问题学习；坚持同事间相互交流学习。

与此同时，学校将学习网络的构建作为学校建设的头等大事。学校学习网络的构成主要包括"学校——年级段——教研组——个人"四级，在这一网络的建设中，年级段长和教研组长是关键人物。

在构建学习网络的过程中，学校十分重视抓好组长队伍的建设，加强对组长的培养。当学校任务下达时，组长们不是简单地复述或者简单地分派任务，而是把任务变成本组工作的再思考。组长要像校长一样全面负责，组织全组教师共同协商、决定，形成本组的行动计划，并带领全组教师自觉学习相关理论。同时，对于组里教师的各种反馈意见，组长不是简单地以群众代言人的身份上传到学校领导那里，而是能够如同校级领导那样，先了解情况，进行分析、思考和判断后，按照学校的教育理念先与教师进行对话交流并加以引导。

每学年学校都会召开多次"年级段长和教研组长工作研讨会"，旨在帮助组长不断提高认识水平和管理能力。在日常工作中，校长随时保持与组长们的密切沟通，以便为组长的工作提供必要的支持。而对于出现的纰漏或者问题，校长则和组长共同承担责任，旨在解除组长拍板作决定时的后顾之忧，使得组长可以放开手脚、大胆工作。现在，在全校在岗教师中，学校已经培养出了拥有相当能力的管理者队伍。这批中坚力量的形成和作用的发挥，无疑为学校建设学习型教师队伍打下了坚实的基础。

（四）构建发展性培训机制，鼓励自我超越

和很多学校一样，二中每学期都有传统的教师基本功大赛。其最初的目的是对教师课堂教学的督促与检查。现在，随着新课改的推进，教育和管理理念的更新，该项大赛已由简单的优劣评判或例行检查，巧妙地转化成为本校教师培训、学习和提高的良好机会。

此外，随着社会的发展、教育改革的深入和教师发展进程的需要，大赛每年的主题、内容和方式都会发生变化，以不断促进教师实现自我超越。如大赛从最初的主要集中在教师的板书设计、硬笔书法，逐渐转变为对学校办学理念的认识；从对学校办学理念的文本背诵，到结合教育教学实例谈论，继而到根据实践和思考提出修改意见；从常规理论学习，到新课程标准分析与研讨；从事先准备，到现场随机抽签；从谈理论观点或者认识，到现场案例分析的临场应用等。就在这种开放、动态的比赛设计中，大赛全力体现了最新社会发展对教师培训的要求。

学习型组织的建设离不开四大要素：改善心智模式、形成共同目标、构建团队学习组织和引领自我超越。团队氛围的营造、全员共识的达成、学习网络和培训机制的形成正是二中结合自己的工作实际和发展需要对这四大要素的实现。

（五）关注教师的生命价值和职业价值的内在统一

教师是有差异的。学校管理的重心不是对教师的优劣进行甄别和选拔，而是在承认差异的基础上帮助各成员认识自己，找准位置，最优化地实现自己的人生价值。这是学习型组织建设的根本追求。为此，学校积极引导教师重建职业内涵，重塑职业形象，挖掘"教师"这项职业内在无法替代的尊严、快乐和价值，帮助教师实现生命价值与职业价值的内在统一。在引导教师"快乐地工作、快乐地生活"，体验实现生命价值和职业价值乐趣的过程中，以事实和实例同步使教师体悟到：成功属于那些比他人更快更有效地学习、思考和付出行动的人；自己是否成功，完全取决于怎样去学，怎样去做，能掌握多少知识，是否能与人合作。

定海二中在创建学习型组织的过程中，始终坚持从学校实情出发，从教育的现状出发，促进了教师素质的全面提高。

三、同伴研修——教师专业成长的新途径

现行在职教师的专业发展活动大都以专家或名师为主体，以教师为对象，因循专家大会报告、名师课堂展示、师徒结对、信息提供等形式的知识经验"传授—接受"范式。授—受双方之间的平等交流与互动建构鲜而有之，缺乏教师之间的经验分享及同行之间的深入讨论。此外，借助上述方式所传递的理念与展示的教学方法，由于缺乏及时的后续专业指导与服务，往往难以内化为教师自身的专业素养。

北京教育科学研究院副院长张铁道认为，之所以会出现上述状况，关键在于培训方忽视了"教师是具有专业知识、教学经验和学习能力的需求群体"这样一个基本事实。他们虽然有在职学习的需求，但他们自己也在实践中积累了经验，这些经验对他人也具有资源价值。因此，他们也需要交流。现在，组织者如何通过有意义的研修过程，整合来自教师的个体经验并引导教师们在相互学习的基础上建构新的专业资源就成为关键。为此，张院长就"同伴研修"的理念和实践策略开展了探索。

（一）同伴研修是一种目标明确的群体建构性学习方式

研究教师教育离不开对教师职业特点及其学习方式的认识。教师是一种经过系统和专业培训获得任职资格并需要终身学习才能胜任的专门职业。教师承担着十分繁重的教学任务，参与教学研究与培训的机会不多，平时可以自主支配的时间有限而零碎。因此，他们参加教研或培训活动都具有明确的目的性和实效性期待。同时，作为具有知识经验的成人学习者，教师的专业学习往往表现为具有问题解决过程的"体验式学习"。在学习过程中，教师希望自己的经验能够得到尊重和认可，同时也期望自己能够在与同伴交流和互动的过程中获得新的经验。张院长将这种有取有予的在职教师互助学习称之为"同伴研修"。学校教育情境中的同伴研修是教师群体围绕大家共同关心的问题，根据自身已有的知识与经验，在组织者的引导下，开展的个人反思、平等交流与后续实践

的建构性学习过程。

同伴研修崇尚一种新的"资源观"，坚信每个教师都具有知识、能力、经验等方面的资源价值，因而主张建立相互平等、资源互补的人际关系。开展有效的同伴研修有助于教师群体在围绕特定主题、相互分享资源、相互启发的过程中，生成新的专业资源，从而实现教师个体实践经验的策略化和知识化。因此，同伴研修过程有助于培养参与者的资源共享意识和团队学习能力。同伴研修强调教师群体应结合教育教学实践中的真实问题展开学习过程。对于教师而言，无论何种形式的教育与学习，其最终目的都在于增强参与者的执教能力。事实表明，提供真实的问题情境有助于参与者从研修主题及其结果和过程中获得深刻体验，促进他们自身能力的发展，建立同伴学习的信心。同伴研修主张研修活动的组织者要具有多种专业角色。他（她）不仅是教师经验的有效学习者，也是教师群体学习过程的设计者、促进者和学习成果的加工者。其中，主持人在研修过程中发挥着决定性的引导和促进作用。第一，要依据对象群体的实际需求，确定研修主题和可用资源；第二，要设计互动交流的建构过程；第三，创设宽松和谐的人际关系、富有激励性的学习氛围，引导参与者相互欣赏、分享学习成果；第四，熟练应用个人反思、小组集中、大会交流和专题归纳等多层互动建构机制，生成有意义的研修成果。在多年的实践探索中，张院长他们逐步积累了同伴研修的实践策略，即"贵在理念"——珍视教师已有的实践经验以及由此形成的互为资源的潜在价值；"巧在设计"——创设全员参与的问题解决式学习情境；"重在实施"——借助精心组织的互动建构过程生成有价值的研修成果；"成在后续"——通过连续性的行动干预和强化过程，达到增强教师专业能力的目的。

（二）同伴研修活动的设计与实施

张院长认为，开展教师同伴研修，实质上是以教师的特定需求为起点，以教师群体专业发展和能力建设为主线的课程设计与实施过程。

第一，要通过需求调查确定实际、可行的目标。这就需要深入对象群体所处的现场开展需求调查。

多年前，张院长曾承担过一次甘肃省的农村小学校长培训项目。张院长首先组织 80 位校长分组讨论"当前校长工作中最困难的问题是什么？"然后将普遍困扰与会人员的"校长的人际关系"确定为主题，并按照大家提出的校长与教师、与领导班子、与社区领导、与学生家长、与教育行政部门等关系类别，分别就存在的问题、内在成因、改进措施等进行细化研修。然后，在汇集各组研修成果的基础上，形成了《关于改进甘肃省农村小学校长人际关系的研修报告》，受到校长们的好评。前一段时间，北京市一所高中学校邀请张院长去作报告。但学校对于讲什么题目也没有明确要求。通过与校长反复沟通，张院长了解到该校正在申办示范性高中，但受生源和师资条件限制，教学水平的提高成为重中之重。而作为一所生源相对薄弱的学校，改进教学又必须从源头抓起。为此，张院长与校方共同确定以"我们怎样走过高一"为主题的学生和教师的互动研修活动。先请刚结束高一学年的四个班级的学生代表回顾他们高一阶段最为难忘的学习经历，然后组织者根据大家的感受概括出困惑高一新入学学生在学习上存在的主要问题是：缺乏有效的学习方法、不善人际交往、缺乏恰当的自我评价。随后，又组织教师依据学生的需求和建议设计了新学年高一年级的教学改进计划。后来，根据计划，这所学校的教学有了很大的进步，取得了很好的效果。由此可见，需求调查是保障研修活动针对性和实效性的首要步骤。

第二，应根据教师的特定需求，选择有价值的研修资源。受"名人效应"影响，许多教研活动都少不了要安排"名师做客"、"专家报告"，以此作为参与者的专业资源。在许多地方，此类活动常常是高规格、大场面地高调进行，动辄数百人，甚至数千人的规模。诚然，从高效率传递信息、开阔眼界而论，这十分必要。然而，由于没有教师的亲身参与和互动交流，也缺乏后续讨论环节，专家的讲授或名师的示范往往成为自问自答，难以回应现场教师的自身经验和实际需求。鉴于此，张院长认为在研修活动中应坚持教师参与研修过程的原则。

张院长曾依据实施女童教育的需要，设计实施了一个为期9天的农村教师流动培训项目。张院长花了5天时间先后深入5所学校听课、座谈，了解当地教师的实际需求，集中一天时间修订事先准备的培训内容，然后面向5所学校的全体教师开展了为期3天的以"示范课——专题讲座——项目报告"为主要内容的专题培训。再如，广受基层教师欢迎的特级教师吴正宪，特别善于创设学生喜欢的数学课堂情境。张院长在她的示范课之后，组织听课的学生进行现场评课，交流他们的听课感受。结果发现，同学们除了全面掌握所教知识之外，最为珍视的却是吴老师在与学生互动交流中所展现出来的人格魅力。随后，张院长又组织教师结合课堂教学和学生体验两类资源，反思吴老师的教学方法、教师专业素养及其所体现的教育理念，使教师们从中获得了深刻的启迪。

当然，在研修活动中，教师们更多的是要面对"并不完美的资源"——当地教师的经验。张院长在实践中发现：充分利用当地真实的教师经验作为研修资源，对于教师更有针对性和激励性。

张院长曾与北京市大兴区教师进修学校合作，组织当地教师、学生、家长和教研员共同以语文教师李淑环多年践行的教学理念为对象，深入研究她注重学生学习方法的教学、关怀有特殊需求学生的经验。此次主题研修活动一反以往"聚焦名师"的常规，取得了意想不到的强烈反响。"平常教师也有不平常的业绩""人人都可以成为研修资源"这些理念，成为每一位参加研修活动者的深刻体验。

第三，创设全员参与的同伴互动学习过程。组织者根据研修主题设计由浅入深、参与者有话可说的问题链，是互动学习得以展开的关键所在。

为了研究北京市特级教师王能智的专业发展特点，张院长设计了"同伴研修方式建构王能智教育故事"活动，引导参与者依次讨论"王能智是一个什么样的人""他的教学和教师培训有哪些特点""哪些因素造就了王能智的成功"等，由此线索生成的讨论结果全面而深刻地揭示出王能智的人格与教学特点及其教育生涯的发展轨迹，使得每一位参与者都受到启迪。再例如，在评价学校教学工作绩效时，张院长以学生为对象设计了"你们最喜欢上的一门课是什么""比较困难的一门课是什么""你们最难忘的一次课外活动是什么""你最希望学校在哪一个方面作出改进"，由此得到的不同年级学生的反馈，就成为学校管理者改进教学服务、教师开展专题研修的基本素材。

张院长认为组织者应当创设便于参与者充分交流分享的氛围。小组互动讨论是一种行之有效的方法。在小组内每个人都有机会自主表达个人的想法，通过汇总，又能在短时间内形成有价值的集体意见。一般情况下以每组6-8人，总人数不超过50人为宜。研修现场的条件设施应当便于参与、便于记录研讨成果。要为每个组提供记录和交流用的大白纸、粗笔、黑板、投影设施等。每个问题给予小组讨论的时间一般不宜超过10分钟，而将主要时间放在生成初步小组意见后的集体交流、平等分享，以此创造一种互补建构的学习气氛。不鼓励少数人主导讨论进程，形成"话语霸权"。此外，组织者应有意识地创设一种平等、相互尊重、轻松活跃、富有建设性的研讨气氛，吸引全员参与研修过程。

要唤起和保持对象群体的全程参与，组织者除了精心设计巧妙的问题之外，还应善于将研修的进程作为一种对专业资源进行加工提炼的过程。研修活动可以以大家感兴趣的一堂课、一个案例故事、一场报告或者一个问题作为开头；研讨问题提出后，组织者请每人独自思考一分钟形成自己的答案；小组交流汇集大家意见，达成共识按主次排序后，由一人抄写到大白纸上；各组代表依次向全体人员报告本组讨论形成的主要观点；每个人发言之后，主持人都应及时进行评论或进行必要补充，并将其中有价值的观点按照一定主题整理到黑板上；所有问题讨论之后，主持人对于大家讨论形成的结果进行概括。经过个体、小组、大会、主持人四重加工过程，逐步形成全体人员对于研修主题的共同认识。

第四，规划同伴研修的预期成果。凡事预则立。设计同伴研修活动之初，就应对研修的成果有所预设。张院长的实践经验表明，有意义的研修不仅能够帮助参与者获得特定主题的深刻学习体验，还可以获得对于同伴研修理念和方法的体认。研修成果一般包括：全程活动实录（声像和文字）、参与人员的心得体会以及在总结活动的基础上所形成的研修案例报告。需要指出的是，在活动和成果之间发生的文本化（或视频化）过程，对于所有参与人员而言也是深刻学习的延续，是同伴研修促进资源开发的必要环节，教师参与完成多重成果有助于增强他们对学习的深刻体验和成就感。事实表明，将研讨生成的鲜活"话本"，修订成为具有一定逻辑的"文本"又是一次深层次的资源开发。

第五，同伴研修作为对教师行为的积极干预不可能毕其功于一役。知识获得、观念更新和行为转变等发展目标，都必须依赖学习者主动持续地实践方能奏效。因此，组织者必须为教师们提供后续专业支持。在设计研修活动的过程时，应当明确相关人员、机构的后续任务，要求其制订可操作的计划，并且根据进展的需要提供评价、指导和推广。在这方面，当地教育行政部门的政策导向和财力支持，特别是当地教研和教师培训机构人员的跟进服务尤为重要。采用"夹心面包式"的研修模式，即围绕"研修——实践——再研修——再实践……"的过程来保持同伴研修活动组织者和教师之间的互动发展机制是有效的。同时，应当采用多种方式激励参与者开展后续实践。这包括：结合同伴研修的深刻体验写出参与活动的心得体会；结合自身所学制订自主探索的行动计划并付诸实践；借助网络博客、简报或现场会等方式，交流个体开展的后续活动进展及其结果；时机成熟时，可以召开专题会议或出版研修成果。所谓后续实践，就其本质而言，仍然属于通过研修获得的外在知识、他人经验的内化过程。因而，也就成为教师专业能力建设的必要环节。由此可见，同伴研修不仅在于构建教师学习共同体，还必须形成学习连续体，方能达到干预其理念和行为，促进其专业发展的目的。

第六，成功的同伴研修有助于生成具有特色的教师个体学习与团队研修的专业资源。张院长的实践表明，凭借同伴研修及其后续实践形成的研修成果经过加工整理形成的案例资源，往往具有更强的实用性、针对性，因而更加受到一线教师的欢迎。因此，同伴研修的一项重要任务还在于资源开发。

教师作为具有专业知识和教学经验的成人学习者，既具有一定的资源价值，也需要用他人的资源来丰富自己。他们最为深刻的学习来自真实问题情境中的亲身体验、同伴交流及其反思建构过程。如果能够顺应教师学习的需求特点，组织教师群体以同伴研修方式进行资源建构，就可以有效地促进教师群体分享教学经验和智慧，将个体的教学经验升华为群体的专业知识资源，从而有效地增强教师团队的教学专业能力。

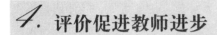

4. 评价促进教师进步

——互评共进，共同发展

　　教师是教育改革与发展的直接实施者，对教师的评价考核，直接指导着教师的工作方向，影响着教师的工作积极性，决定着教师与学生的关系，以及教师实施的教育教学方式。可以说对教师的考核评价是教育教学的指挥棒，是学校管理制度的核心。因此，学校必须根据自己的办学实际，结合本校师资队伍状况，立足现实，树立"以人为本，以教师发展为本"的评价理念，构建新一轮高中课程改革所倡导的发展性教师评价体系。

一、全员参与，多方互动，促进教师发展

　　新课程理念下的学校教育以促进学生的发展为根本目的。那么如何来评价作为学生引导者、合作者和参与者的教师是学校教育中的一项重要工作。

　　广东省广州市培英中学邱程歆老师在语文阅读教学中提倡：为了更好地给学生一个评价教师课堂活动的平台，以便教师能更及时地收集学生对教师课堂活动的反馈，教师可以针对阅读课堂教学的特点来制作调查表，通过收集相关的调查信息来获取学生对课堂教学的评价。

　　下面是程老师制订的关于语文阅读课堂上的教师评价表（学生用）。

　　具体内容如下：

　　教师评价内容结果（能、不能、基本能）

　　1.充分调动学生阅读的积极性。

　　2.有效指导学生进行阅读。

3. 针对教学内容，合理有效地设计课堂阅读环境。

4. 针对阅读教学重点和难点，采用辅助手段呈现教学情景。

5. 针对学生的阅读理解和感受组织学生的情景活动。

6. 教学有感染力、启发性，能激发学生积极学习的欲望。

7. 在阅读课堂教学需要的时候，自然而有意识地展示自我阅读的过程，教导学生掌握阅读方法。

8. 教学语言丰富，富有文化含量，具有独特的风格，具有较强的逻辑性和形象性。

9. 联系实际，引导学生形成探究精神。

10. 以学生为主体，发挥学生学习主体性。

11. 学生对教师课堂教学提出的建议。

让学生对教师课堂教学进行评价，教师可以依据学生的评价意见及时反馈，因势利导，有效地把课堂上"不懂"、"不会"的问题逐一解决，提高教学效果。同时，教师结合学生的评价，及时调整教学方式，扬长避短，提高课堂教学的质量。除了借助评价表来获取课堂教学信息，教师还可以在课后找个别的学生来进行交谈，通过有目的的访谈，来达到获取学生对课堂教学的意见与评价。

烟台二十二中根据本校的实际情况，为保障对教师评价的公正、合理、全面，特制订了一系列的教师评价细则，保证教师评价的顺利进行。

（一）家长对教师的评价细则

教师与学生家长的联系与沟通，可以不断地完善学校各项工作，提高教育质量。为进一步引导家长了解、参与、监督学校的教育教学活动，进一步评价教师的各项工作，本校特制订家长对教师的评价细则如下：

1. 教师衣着整洁大方，不穿奇装异服，举止文明，为人师表。

2. 授课认真，教学成绩优异，寓教于乐。

3. 能够经常与学生沟通，了解学生思想动向，能引导学生健康向上发展。

4. 关心学生学习生活，关爱学生身心发展，不体罚或变相体罚学生。

5. 对学生一视同仁，处理问题公平、公正，不偏袒学生。

6. 深入家访，经常与家长座谈、沟通。

以上几条在家长了解学生的基础上，公平、公正地给教师评价，结果将纳入师德考核。

家长参与对教师进行评价是落实新课程标准的一个组成部分，有助于家长和教师形成合力、创设良好教育环境，更好地促进学生的全面发展。学校需要加强对家长的培训，让家长明确：家长有权了解子女在学校受教育情况；家长参与对教师的评价是为了促进教师的专业发展，学生是直接的受益者；家长对教师的评价要实事求是，客观公正。通过让家长进课堂听课、小型交流会和调查问卷等形式，对教师进行评价，教师可以多渠道获得信息，不断提高教学水平。

（二）学生对教师的评价细则

为提高教师的职业道德，督查每位教师的课堂教学及日常工作中的表现，使每位学生能公正、公平、准确地评价每一位教师，本校特制订学生对教师的评价细则（100分）：

1. 以身作则，教书育人（10分）

（1）衣着整齐进入课堂。

（2）不穿奇装异服，不留怪异发型，说话不带脏字，不做有损教师形象的行为。

（3）上课不迟到、不早退，不中途无故离开课堂。

2. 尊重学生，关爱学生（30分）

（1）课内外不讽刺、挖苦学生，尊重学生自尊。

（2）教育学生过程中不带刺激性、侮辱性语言。

（3）热心帮助解决学生日常学习生活中遇到的困难。

（4）不体罚或变相体罚学生。

3. 平等待人，公平理事（20分）

（1）平等、公正地对待每一位学生，不偏袒学习成绩好的学生。

（2）作业的批改、课外辅导做到一视同仁，不歧视差生。

（3）对学生的评价公平、公正。

4．教书育人，精心施教（30分）

（1）备课充分，教学环节齐全，课堂思路清晰。

（2）因材施教，分类指导，进行异步教学、异步作业。

（3）作业适量，及时批改，认真总结。

5．关心集体，团结协作（10分）

（1）积极参与班集体活动，参与班级管理。

（2）具有独立解决问题的能力，对本课堂发生的问题能及时解决，不推诿。

（3）经常参加班会，为班级工作出谋划策。

（4）与全体任课教师团结协作，不争课、抢课。

以上5条17款，由学生根据教师平时的工作情况，公平、合理地给予教师评价。

教师要指导学生参与评价，听取学生提出的正确评价意见并纳入改进计划，面对学生评价不当的地方也要和学生一起分析，并进行解释，澄清误解。只有这样，才能增进师生之间彼此的相互了解与理解，从而积极促进双方的协调与合作，并为共同目标的实现而努力。

（三）教师对教师的评价细则

教师是人类灵魂的工程师，教师的职业道德水平直接关系到亿万青少年的健康成长，关系到素质教育的深入发展，关系到教育的社会形象。为了提高教师的自身修养，加强教师职业道德建设，增强对教师评价的透明度，本校特制订"教师对教师的评价细则"，内容如下：

1．遵纪守法，依法执教

（1）不说有损学校声誉的话，不做有损教师声誉的事。

（2）自觉遵守学校规章制度，按时作息，无迟到、早退、旷工、误课现象。

（3）办公期间不干私活，不搞娱乐活动。

（4）认真完成学校布置的各项任务，认真履行值日职责。

2. 爱岗敬业，严谨治学

(1) 认真备课、上课，认真批改作业，积极教研。

(2) 注重培养学生能力，因材施教，耐心辅导。

(3) 改进教育教学方法，提高课堂效率。

(4) 注重自身素质的提高，自觉学习新的教育理念。

(5) 在教育教学过程中渗透德育，做到先育人后育才。

3. 热爱学生，尊重学生人格

(1) 对学生严格要求，耐心辅导，不讽刺、挖苦学生。

(2) 耐心做学生的思想转化工作，不歧视差生。

(3) 无体罚和变相体罚现象，不赶学生出教室。

(4) 尊重学生人格，平等、公正地对待学生。

(5) 切实做好控辍保学工作，深入家访，保证学生顺利完成九年义务教育。

4. 服从领导，团结协作

(1) 服从学校工作安排，不顶撞领导。

(2) 同事间真诚团结，相互尊重，相互学习，相互帮助。

(3) 维护其他教师威信，不诽谤他人，不在背后议论他人。

(4) 关心集体，不侵占、偷盗、损坏学校公共财物。

5. 举止文明，为人师表

(1) 衣着整洁得体，不穿奇装异服，不留怪异发型。

(2) 语言规范健康，举止文明礼貌，不出口成脏。

(3) 衣着整洁进入课堂，不坐着讲课。

(4) 注重言传身教，事事以身作则，率先垂范。

以上5大条，每条20分，教师根据每位被评价人的实际情况和工作表现公平、公正地给出得分，统计结果将参与教师师德考核。

同事评价也是非常重要的，由于在教育教学目标、方法和过程以及教学对象、教学环境等方面的相似性，同事对于教师的工作有着更深刻的共鸣和更准确的理解。所以同事评价是重要的学习和交流的机会，教师可以从同事的评价中获取大量有价值的信息和经验，对于改进教育教学和自身发展都是非常有益的。

（四）学校对教师的评价细则

根据区局《关于开展"师德建设年"活动的实施意见》的要求，学校对教师主要从师德、教学能力及业绩、教学工作创新精神和创新能力三个主要方面进行考核，具体细则如下：

1. 教师能力、绩效的考核

（1）业务理论

①自觉学习、研究教育教学理论，并留有各类笔记。

②积极参加业务理论学习及教研、教改活动，并留有笔记。

③认真参加校内外听评课活动，并留有书面记录。

④积极参加电化教学、实验教学观摩和计算机学习。

（2）业务能力

①认真备课，在备课中体现两主和异步教学思想。

②授课环节齐全，传授知识准确，因材施教，分类指导。

③作业数量足，认真批改，有评语，有等级。

④教学成绩优异。

⑤在区级以上考试、竞赛中获奖，发表区级以上论文。

⑥能圆满完成学校布置的各项突出性教学任务。

⑦教研能力强，教学工作和班主任工作具有创新精神和创新能力。

2. 师德考核

（1）严于律己

①注重仪表，讲究文明，没有损坏教师形象的言行。

②办公期间不干私活，不搞娱乐性活动。

③认真完成学校布置的各项任务，认真履行值日职责。

④注重自身素质的提高，自觉学习新的教育理念。

（2）关心学生

①关心学生学习、生活，帮助学生解决实际困难。

②不擅自赶学生出教室，不长时间罚站学生。

③不讽刺挖苦、辱骂学生。

④经常找学生谈心，尊重学生人格，公平、公正地对待每一位学生。

⑤无体罚学生或变相体罚学生现象。

（3）服从领导，团结协作

①不顶撞领导，服从学校的工作安排。

②维护教师威信，不诽谤他人，不在背后议论他人。

③教职工间不打架斗殴，不侮辱、辱骂同事。

④同事间相互学习，团结协作，不钩心斗角。

3.遵守考勤制度，维护办公秩序

（1）不迟到、不早退、不误课、不旷工，有事少请假，无事不请假。

（2）中途不擅自离开课堂，不提前、拖后下课。

（3）不乱窜办公室聚众聊天。

（4）不在办公室内大声喧哗，以免影响办公秩序。

（5）冬天不围炉而坐，不在办公室内做饭、饮酒。

（6）不将孩子带到教室、办公室，不在办公室内长时间会客。

以上内容，学校将根据政、教两处的考核结果，结合平时的观察及教师的平时表现，公平地对每位教师给予评价。

学校对教师的教学和日常行为等的评价，不仅对教师的教学起到督促和管理的作用，也对教师自身的师德素养、教学能力等方面进行全面考核，从而有利于帮助教师更好地进行教学，树立良好的教师形象。

二、放眼未来，促进教师的自身专业发展

改变评价标准和模式，让评价机制引导教师科学、自主、可持续发展，是促进教师专业提升的重要途径。为此，新课改下的教师评价体系强调教师对自己教学行为的分析与反思，与其他教师一起分析自己工作中的成就、不足，并提出改进计划，促进自身的成长和发展。

吉林省珲春市板石中学校长崔允锡几年来，大力加强教师评价工作，促进教师的主动发展。崔校长在教师评价工作中，立足于教师和学校的发展，对教师的评价材料进行认真审核，写出评语和评价报告，为教师和学校及时提供反馈信息引导教师不断成长与发展。

（一）及时反馈

崔校长注重综合处理评价材料，做到及时反馈评价信息。主要通过以下几个过程进行评价信息反馈：

1. 及时审核

对教师评价材料及时进行审核，对不合格的材料及时退还，并重新组织相应的评价活动。在教师自评当中，个别教师对评价不够理解，把发展性素质评价误认为奖惩性工作评价，表现为评价偏高，没有严格按照评估标准认真自评。针对这种情况，评价领导小组边组织"教师评价意义、方法"的讲座，边给个别教师进行耐心地指导，使教师提高认识，正确地评价自己（在其他评价中，也出现过类似的情况）。

2. 及时整理

对教师评价材料及时进行归类整理，将各位教师的评价信息汇集在一起。根据这些评价材料，写出对教师个人的评价报告及对教师综合性的评价报告。评价报告中不仅对教师的素质和工作进行评价，而且还提出指导性建议，为教师指明提高素质的方向。如在有位教师的评价材料中，学生、同行、领导共同的看法是这位教师辅导竞赛成绩出色，但班级整体学习情况不理想，崔校长对这位教师的评语是这样写的："学校的教学有了你，领导的心格外踏实，不过要记住，你是所有孩子的教师，如果能够'点上突破'与'面上推进'同时进行，学生将更喜欢你！"

3. 及时反馈

对教师的评价材料审核和整理以后，及时地反馈评价信息十分重要，拖的时间越长，评价结果的重要性越被削弱，对教师进一步改进工作的动力也不大。因此，要把各层次的评价信息尽快地传递到被评教师手中，让被评教师自己详细阅读，全面了解他人对自己的评价，明确自己的不足，并从他人的建议中获得改进各项工作的帮助。

（二）突出评价的功能性

充分利用评价结果，突出诊断、改进和激励功能。

1. 依据评价，制订计划

教师评价的目的在于引导教师发展，促进教师不断提高各种素质，进而提高学生的各种素质，最终提高整个学校的教育教学质量。因此，教师评价活动的结果，恰恰意味着教师和学校拟定发展计划的开始。有了评价信息，教师就有了自己明确的发展目标。如学历未达标的拟订在职进修计划，专业素质差的拟订专业理论学习和实践计划，师德修养差的拟订师德改进计划，教学业务素质差的和教育能力差的拟订提高业务水平的计划，教科研能力差的拟订提高创新意识计划等。学校也根据评价信息制订出相应的发展计划，为教师的发展提供机会。

2. 依据计划，努力整改

过去，过分强调评价的区别功能，因为每次评价工作结束后，学校都根据考评结果，对教师进行排序，对得分高的教师进行物质或精神奖励，如发放奖金、口头表彰、评先进；对得分低的教师则予以批评、限期整改、甚至解聘等。使教师考评与教师的根本利益发生冲突，引起不少教师的抵触情绪，不利于促进教师素质的提高。针对这个弊端，学校重视了评价的诊断、改进和激励功能，在评价结果的处理上也有了新的起色。教师评价后不简单排序，原则上不与奖惩、得失挂钩，主要让教师了解自己的长处和不足，帮助教师有针对性地改进，从而促进教师素质和能力的提高。这和教师的根本利益是一致的，因此，得到了全体教师的响应，调动了教师的积极性。

根据评价信息，将教师存在的问题分为立即改进的、短期改进的和长期改进的三类，有计划分阶段解决。如在师德评价中，部分男教师酒后上班和部分女教师衣着打扮问题就属立即改进。短期改进要求在半年或一年内完成，如一些具体的工作方法。长期改进则放宽到几年，如学历层次和专业素质的提高、课堂教学的创新等。

（三）为教师提供发展空间

学校还尽可能利用现有条件使每位教师都有发展的空间。

如通过评价发现有特殊专长的教师，就树立了单项典型。学校将爱生、有突出贡献的教师树立为"师德师表星"，将开展活动、特色突出的教师树立为

"班级管理星"，将教育教学改革和研究方面突出的教师树立为"教科研星"，将在课外活动尖子生培养上突出的树立为"活动辅导星"。通过评价发现有专长的教师给予大胆起用，如有一位新老师虽然文化专业素质与教学能力一般，但在教育和管理学生方面有专长，学校新学期就安排这位教师当了班主任，果然，这位教师把班级管理得井然有序，学生、家长和学校领导都非常满意。在评价结果处理上，采用好的发扬、差的改进的方法，取得了很好的效果。

可见，与传统的教师评价工作相比，当前的教师评价侧重于提高教师综合素质，不仅注重教师个人的工作表现，而且更加注重教师和学校未来的发展。在教师评价中，教师能充分了解学校对他们的期望，这有助于激发教师自身发展的内部动力。根据教师评价的结果，学校可以确定教师个人的发展需求，向教师提供一定的指导、培训或自我发展的机会，从而促进教师各项水平的稳步提高，加强教育教学工作，推动学校的发展。

总之，客观、公正地对教师工作进行评价，是优化教师管理的有效手段。科学合理的评价，能激发教师工作的积极性、不断进取的上进心，形成正确的价值取向，建设优良的教师群体，提升学校的办学水平。

三、如何有效地进行教师评价

（一）重视新课程改革背景下教师教育观念的转变

在进行教师教学质量评价时，重视和加强对教师教育观念的评价，鼓励教师更新观念，改革教学方法，是实施新课程改革的基本保证。长期以来，由于受传统教育思想的束缚，学校教学工作没有完全摆脱以知识传授为中心、以知识灌输为基本方式、以知识再现能力为终极目标的教学体系。教师、书本、课堂构成的轴心始终控制着学校整体机制的运行，这种以教师为中心的教学模式，制约了学生德、智、体的全面发展。

在实施素质教育、全面推进新课程改革的今天，教师的角色应该从只注重传授知识向既传授知识又培养学生能力的方向转变。教师要在教学目标设定、教学内容组织和学习水平评价等方面，鼓励、引导学生主动参与、独立思考，培养学生的自主、合作、探究精神，指导学生构建适合本人特点和社会需要的知识结构、能力结构，使其传授的知识得以"内化"为学生的综合能力和内在素质。在相当程度上，学校的教学目标是否实现，学生能否成为社会真正需要的高素质人才，与教师是否能够有效地组织教学过程有着密切的关系；与教师是否采用新的教学方法和手段，不断提高教学质量有着密切的关系。而这一切都取决于教师教育观念的更新和自身素质的提高。

新课改追求人的全面发展，需要一个和谐、平等、民主的教育生态环境，而教师教育观念的转变为教学民主作风的生成奠定了基础。真正的教学民主要求：教师和学生要在人格上实现真正的平等，这样才有可能建立一种正常的教学秩序。教师要善于根据学生的特点和教学需要，以自己的人格、形象和情感努力创造良好的教学情境，形成师生合作的课堂气氛。教师对学生还应一视同仁，师生之间相互尊重，相互关心，通过开展一些活动，形成奋发向上的学习气氛。基于此，对教师进行教学评价还要考虑到教师的教学民主作风，这也是影响学生全面发展的一个因素。

（二）建立科学的便于操作的教师教学评价标准

客观地评价一个教师的教学质量，应当是多角度、全方位地进行，才能真正起到引导、促进新课改深入进行的作用，如对教师教学内容、教学方法、教学效果等的评价。评价标准要经过充分地调查研究，按照新课程实施的要求，建立一套科学的便于操作的教师教学评价体系。同时，参与评价的人员应有相关专家、同行及感受其教学全过程的学生。对评价指标的设计，如学生调查问卷、应届毕业生调查问卷、教师调查问卷、专家及管理者听课意见表等，将直接影响评价的效果。因此，在设计这些调查问卷时，要做到科学、合理，力图反映出当代合格教师的基本要求和优秀教师的提高要求，特别是培养学生的创造精神，要求教师在引导学生主动学习、激发学生的思维等方面有明确的导向性，并做到定量分析和定性分析相结合，以"评"促建，以"评"促改，主动适应新课改的要求，以达到真正提高教学质量的目的。

同时，要改变教学质量评价指标不分学科、不分年级的"一刀切"现象，走出把教学质量评价单作为对教师年终考核标准的误区，发挥教学质量评价促进和改善教学的真正用途。充分利用学校网络资源，开发用于评价的计算机支持系统，建设一套多学科、相对完备的评价"指标"库，使教师可根据自己的教学实际情况，在学期中间自拟问卷在网上进行调查，及时获得反馈信息改进教学，并逐步开展网上评估，使管理工作更加科学化、现代化、信息化。

另外，在对各种评教结果数据的认真统计分析基础上，不要绝对地迷信于这些"科学数据"，还要通过开展学生座谈会等形式，深入学生中间，进行多方面了解。由于各种原因，学生有时给教师的评价偏高或偏低，不能在促教促学上发挥真正的评价作用。通过多种形式的教学评价，教师和学生都可以获得反馈信息，从而对教与学的活动进行有效调节，使教学活动的价值达到最大化从而不断优化教学效果。

（三）构建发展性的教师评价制度

教师评价应该是一种评价与教师发展的整合，我们应从多维度考核教师，既要有管理的"硬件"指标，又要有教师发展的"软件"规划。考评的指标和方法一定要切实可行，尽量做到科学性、客观性和全面性，把主观估算的因素降到最低。在评价内容上，注重全面性，既考评教师的教育教学效果，又考评教师的教育教学思想、教学行为以及教学方法；既考评教师的教学内容，也考评教师的职业道德；既考评教师已有的业务水平，也考评教师的业务进修。从评价主体来看，不仅有学校管理者的评价，也有教师本人和学生的评价，变"过去自上而下的单向性评价"为"双向性评价"，注重教师对评价的积极参与。教师不仅参与评价过程，而且在教师评价或指标方面也拥有发言权。评价者不再是"法官"，而是合作的"伙伴"。通过评价，重在唤醒被评价者的主体意识，使教师正确认识自我，认识和把握自己今后发展的方向和规律，明确自己的优点，增强信心，发现不足，努力改进。从评价方式来看，注重把教师的终结性评价和形成性评价有机结合起来，正确看待量化计分，因为教育教学工作中不可量化的因素太多，考评时应尽量做到定性与定量相结合。

综上所述，实施新课程改革是对传统教育的一次变革，就教师教学评价方面来看，也需要从内容和方式上进行相应的改革，从而为全面推进素质教育、全力实施新课程改革提供更多的必要条件，收到良好的变革效果。

5. 发掘智力，有效促进

★★★★★★★★★★★★★★★★★★★★★★★★

——由接受型教师向开发型教师转变

一、教师与新课程同行

新课程的重要任务是转变学生的学习方式，为学生构建起一个自主、体验、探究、合作、交往的学习平台。学习方式的转变期待教学模式的转变，而教学模式的转变则始于教师角色的转变。面对新课程，教师首先要转变角色，确认自己新的教学身份。教师对于学生的学习来说，要由知识的传授者变为学生学习活动的参与者，由学生学习活动的主导者变为引导者，由仲裁者变为促进者；对课程及教师自身的发展来说，教师要由实施者变为开发者，由执行者变为决策者。

（一）教师——发掘智力资源的向导与学习的有效促进者

随着信息渠道的开放，人的学力不再被一纸文凭所完全证明，教师不再是知识的供应者，教师的角色权威也不能再依靠知识的占有量，而应是对知识的组织与所掌握的学习方法。所以，教师要自觉改变传统教学中那种"我讲你听"的教学模式，帮助学生打破传统的知识权威，树立"怀疑"与"批判"的观念，善于倾听和理解学生不同的观点。

（人教版）普通高中《音乐》（全一册）第三单元民族器乐曲欣赏中选取了

我国著名二胡演奏家"瞎子阿炳"的传世之作《二泉映月》。海口一中高一年级（10）班的刘森老师是这样对这节课进行教学的：

放映电视剧《瞎子阿炳》片断后，引出课题《二泉映月》。

……

请学生聆听全曲（二胡与乐队）《二泉映月》。二胡那苍劲的声音，带着一种历史的厚重，回荡在教室中。时而陈述，时而喧嚣，时而委婉，时而激越，一位半个多世纪前的民间艺人向同学们诉说着他的情感。一曲终了，同学们沉思在音乐之中。

在创设出以上教学情境之后，刘老师按预先教学设计引出讨论的话题：同学们，《二泉映月》是一首世界闻名的乐曲，从20世纪的60年代到90年代，世界乐坛曾掀起三次"二泉热"，世界各大乐团纷纷演奏这首乐曲。现在，请同学们谈谈自己的欣赏感受，《二泉映月》在你的脑海中展现了怎样的情境？

学生甲："月冷泉清，一个盲艺人在回忆自己坎坷的一生……"

学生乙："凄风残雨，一个盲人步履蹒跚地走在江南小镇的路上……拉着二胡，路有多长，曲有多长……"

学生丙："明亮的月光辉映着清澈的泉水，作者满怀希望地向往着、憧憬着未来。"

（静场）

师："哪位同学还有不同的想法？"

（无人应答）

刘老师以为学生理解的情境也不过如此了，这也是意料之中的。正当刘老师准备按部就班继续后面教学活动的时候，思路被另一种声音打断了。

学生丁："上个星期天，我带着几个从内地来的亲戚参观五公祠，恰好，园中正播放《二泉映月》，我觉得这首乐曲是对五位历史名臣的极好写照。乐曲时而表现得孤独而失落，时而又昂扬激越，不屈不挠，在乐曲中我看到了历史贤人万里投荒，不易其志，刚正不阿的人格形象。"

这位学生对《二泉映月》的全新理解，赢得了同学们热烈的掌声。但就在这时，又听到了另一种相反的声音：

学生戊："老师，我以为这样理解《二泉映月》是错误的，阿炳生活在20

世纪30-40年代，欣赏音乐不能脱离当时的时代背景。《二泉映月》来自于作者当时的情感体验，怎么可以表现一千多年前的古代人物呢？"

这时教室里议论纷纷，刘老师没有判定孰是孰非，而是建议分为各自不同意见的两个小组进行讨论。五分钟后，双方代表陈述自己的观点：

甲组："欣赏音乐不能脱离当时的时代背景。比如，贝多芬的第九交响乐第四乐章正是反映了贝多芬那个时代人们所幻想的'四海之内皆兄弟''亿万人民拥抱起来'的乌托邦思想。贝多芬第五交响乐正是贝多芬战胜命运的真实写照，音乐作为一种媒体，在传递着作者从生活中得到的情感体验，只有了解作者和当时的时代背景，才能正确地理解、欣赏音乐。"（热烈的掌声）

乙组："音乐是抽象的、模糊的、不确定的，为我们提供了想象的广阔空间，它不受任何时空的限制，任凭情感和思想自由地飞翔。在欣赏音乐时，所接受到的音乐形象会产生各种联想和启示，在时间上由现在联想到过去所经历的情景，以至悠远的人类历史，联想到将来，产生对未来的向往。在空间上，也可以从眼前扩展到遥远的地方，从故乡想到地球上各个角落，以至茫茫宇宙。"（热烈的掌声）

学生作为一个鲜活的生命个体，有着强烈的"发现"、"探究"的心理需要，教师必须充分注意到并尊重学生的这一心理需要，鼓励他们在课堂上去发现、去探索、去争论。当学生的探索已经超越原有的教学内容的时候，当学生在超越中已从被动的知识接受者转变为知识的共同构建者的时候，教师应学会倾听的艺术，鼓励并肯定学生发出的不同声音，做学生学习的有效促进者。

（二）教师——课程设计的开发者和决策者

新课程实行三级课程管理体制，增加了地方课程和校本课程。在这种背景下，新课程要求教师不仅要做课程的实施者，更要做课程的开发者。作为一个合格的教师，首先要考虑"教什么"和"为什么教"的问题。随着三级管理课程政策的确立，教师在获得课程开发权利的同时，也承担了课程开发的责任和义务：不仅要与学生一起对教学文本进行加工和建构，还要承担起开发学校选修课程的责任。在新课程环境下，课程的不确定性使教师有了课程开发的权利，有了创造新形式、新内容的空间，同时也就有了决策的责任。新课程实施的多样性、变动性，要求教师必须成为决策者，而不再仅仅是一个被动的执行者。

北京市京源学校的副校长曹彦彦老师在承担地理课教学中，与王能智老师设计了一个课题《今年春游去哪里》，希望吸收数学、语文、外语、历史、生物、计算机、政治、地理，共8个科的老师参加。曹老师试图通过这样的活动打破学科之间的壁垒，在高中学生中开展"多学科融合的探究性学习"。

"第一次开完这个会的那个黄昏，老师们都走了，我和王老师坐在黑暗中。能说老师们固守在自己原有的心智模式上吗？他们说教学要循序渐进，难道没有道理？我不知道下一步该怎么走了。王老师说，先干起来吧，把题目告诉学生。理论上还说不清的事，实践会告诉你。"曹彦彦这样回顾。

于是她告诉学生，自由组合小组提出方案，最后大家投票，得票最多的入选。学生们听明白后立刻兴奋起来。

王力小组7个同学选择了沿着北京城中轴线考察的旅游方案，这条线从最南端到最北端，承载着北京城历史上最重要的各大建筑，他们去论证虽然皇帝没有用标语表明皇权至高无上，但却用建筑体现了皇权至上的问题。在这些建筑中凝聚着怎样的历史内涵和建筑知识？他们知识不够，就去请教历史老师、政治老师。要用数学方法分析故宫的客流量趋势，不会的就去请教数学老师。他们还在电脑上做出网状的图来表达线路选择的优势，试图用定量的方法来说明他们的观点，起初，这也不会，就去请教计算机老师。

"老师，求求您，教我们吧！"各科的老师都突然遭遇同学们空前的求学热情。老师们感动了，被学生的热情所融化，固有的心志模式开始动摇。奇景出现了，老师被学生发动起来。语文老师开始辅导学生说服别人的技巧，生物老师开始教学生如何制作植物标本，有的同学则要求英语老师帮助他们添加英文解说，以增添吸引力……有些知识，有些方法，老师自己还未必懂，那就赶紧学，学了好教给学生。所有组的同学都学会了在电脑上制作软件，认为这是将来发表方案时最基本的竞争平台，否则你就"免谈"。如此一来，计算机老师"会不会累死"？不会。王力小组学会在电脑上作图了，其他组的同学都去向他们学，大家就都会了。

孙宁霄问："两人一组行吗？"老师说行吧。孙宁霄就与郭钟铃两人一组。

他们选择去密云县看司马台长城，认为司马台长城是"奇、险、峻之最"，此行还包括考察密云水库，参观"京都第一瀑"，时间两天一夜。他们在软件里插入了动画，设计出几点从学校出发，电脑里就出现了小汽车，走到哪儿是第一站，标示出路途多长，需多少时间，几点几分到达……动画的引入立刻在班上引起轰动。

很快，别的组也学会了，大家都插入了动画。一天，美辛同学给软件加进了声音，大家又去向她学，都加进了声音。

大家都学会了合作，不仅是小组内部的合作，小组之间也有无穷的交叉联系。

"同学们并不像我们想象的会由于竞争的原因而保密，而是乐意告诉别人，同学也乐意向同学学习。"为这次春游，他们准备了一个多月，学到了过去几个学期都未必能学到的知识，比如学生再看手里那本计算机课本，说是"小儿科"了。

曹老师说："我除了给他们一个题目，就只做了两件事，一是给他们钥匙，我办公室的电脑、电话，让他们随便用。二是不断告诉他们某个组的新创造，你就不用管了，他自己会去找那个同学。整个过程中，老师只是组织者、促进者、帮助者。"董琦提出了一个去延庆考察"天漠"的方案，她说那地方周围都是绿地，中间出现一块沙漠，那是从天上飞来的？她说他们想去探究那片"天漠"的成因，并把出游设计得充满神话般的迷离色彩。

全班51位同学分成7个小组，提出7个方案，每一个方案都饱满地凝聚着同学们的心血，也包含着家长的智慧，每一个方案都很有吸引力，如何决断还真是个难题。

投票的时刻终于到来了。教室里静得就像考场，只有笔和纸接触的声音。最后，只有两个人的孙宁霄、郭钟铃组获胜。两位同学蹦起来，跳着、叫着，快乐得无法形容。"接下来我只做一件事，就是给他们一张某个旅行社的名片。"曹老师说。

此后，孙宁霄先从网上查出密云县所有宾馆、招待所和旅游景点，逐个打电话，了解设施条件和价钱……做完了这些，才使用老师交给他的那张名片，给旅行社打电话。后来旅行社的人告诉老师，你这个学生太厉害了，宾馆里要能洗澡，大巴上要有电视，该有的都有了，哪里哪里什么价格，他比我们还清楚。我们拉你们这一回，几乎就没有钱赚。出游之日到来了。过去，老师会担心学生是否安全，吃得好不好，会不会守纪律。这次，到哪要注意什么安全，孙宁霄都嘱咐了。看上去，他好像比大人更怕出事。

京源学校的这次春游活动是一种"大综合"课，在"游玩"中综合了8个学科的知识，并进行综合运用。在此过程中，主持课题的曹彦彦老师并不是在"教"，而是在"导"。教给学生知识的也远不只曹彦彦一人，而是8个学科的老师，还有家长和旅行社、宾馆的人员。

二、坚持自我更新，促进自我发展，与新课程改革一起成长

教育是一个使教育者和受教育者都变得更完善的职业。只有当教育者自觉促进自己的专业发展和完善自己的时候，才更有利于学生的完善和发展。长期以来，谈到教师，我们关注的焦点一直是怎样"育人"，然而，对"育人"质量乃至教师的生命质量具有决定意义的是教师的"育己"。以往常说，"要给学生一杯水，教师要有一桶水"。然而在今天看来，如果教师只有一桶死水的话，必然要被时代所淘汰。教师必须是一条小河，一条常流常新，敢于不断地否定自己、更新自己的小河。新的世纪是一个充满竞争和选择的世纪，新的课程体系已经将这种"竞争和选择"摆在了每一位教师的面前。要适应新课程的需要，教师一定要不断增强自我专业发展意识，自觉承担专业发展的主要责任，激励自我更新，成为一条不断自我反思、常流常新的小河。

教师专业化水平的提高是一个学校发展的关键。促进教师的专业化发展既是提高教师社会地位的内在需要，也是促进教师素质提高的重要措施之一，更是一个学校发展的必然要求。教师专业化的基本含义是：教师专业既包括学科专业性，也包括教育专业性，国家对教师任职既有规定的学历标准，也有必要的教育知识、教育能力和职业道德的要求，并随着时代的发展不断丰富其内涵。

实现教师专业化发展的途径主要有三种：一是在职培训，二是组成研讨共同体，三是自我发展。第一种途径主要由教育行政部门、教科研部门、学校共同组织实施；第二种途径主要由学校以校本教研的方式来完成，包括集体备课

研讨、分学科教研活动、校本课程开发、各种教学展示活动、教学比武活动等；第三种途径指教师个体具有内在的发展意识和动力，通过自我反思、自我设计，以实现自我专业发展和达到更新的目标。为此，福建省长乐二中决定积极创设促进教师专业化自我发展的平台，制订"长乐二中教师自我发展目标与计划"，以有力促进教师的专业化发展。

1. 制订"长乐二中教师自我发展目标与计划"的意义

制订教师自我发展的目标与计划的意义主要有两点：第一在于教师的专业发展需要发展规划的指引，第二在于目标与计划可以促进教师的反思与行动。倘若缺乏计划的概念和意识，教师对自己要达到什么目标，通过几个阶段达到自己的目标，现在自己处于什么阶段等问题就是模糊的，有的甚至从来没有考虑过这样的问题，表现在工作和行为上，就可能是单纯听从领导的安排，以完成任务为目标，没有多少自己的追求，发展就比较被动。老师们通过学习"长乐二中教师自我发展目标与计划"，就会自觉地把自己的职业生涯置于理性的思考之中，并能对照"长乐二中教师自我发展目标与计划"促进自身的反思与行动，促使自己认真进行自我分析，增强自我专业发展的紧迫感；促使自己不断寻找自己在本校、本地区应有的位置，不断进行自我激励。"长乐二中教师自我发展目标与计划"对教师自己的发展起到了具体指导和监督作用，读什么书，参加什么样的活动，做什么研究，达到什么样的目标，规划中都有设计，这样减少了教师自己行动的盲目性、随意性。

2. 关于"长乐二中教师自我发展目标与计划"的内容

主要包括：个人专业基础（现有专业基础，发展的优势和不足）；今后的专业发展目标（短、中、长期目标）；达到目标的相关措施；在达到目标的过程中需要学校提供哪些帮助。在总体目标中，可以是合格教师、骨干教师、学科带头人（校、市、省）、特级教师、学校管理者（教研员、教研组长、年段长、处室主任、校长）等，发展方式包括自我研修、培训进修或继续教育等方式。具体措施主要包括：教育教学理论学习、课标教材研读、教科研能力、信息技术应用水平、班主任工作研究等。达成的预期成果主要包括能驾驭课堂、教学效果深受师生认同、形成具有个人特色的教育教学理念和教育教学方式等。

3. 制订"长乐二中教师自我发展目标与计划"的基本格式（附表）

长乐二中教师自我发展目标与计划

姓名		性别		出生日期		政治面貌	
学历		身体状况		任职资格		现任职务	
请简述您个人的专业基础（优势与不足）							
总体目标，目标可以是合格教师、骨干教师、学科带头人（校、市、省）、特级教师、学校管理者（教研员、教研组长、年段长、处室主任、校长等）	短期目标（1 年内）						
	中期目标（1－3 年内）						
	长期目标（3－5 年内）						
发展方式与具体措施（包括自我研修、培训进修或继续教育等方式。具体措施主要包括：教育教学理论学习、课标教材研读、教科研能力、信息技术应用水平、班主任工作研究等）。							
为实现您的发展目标，您需要学校提供的帮助							
预期成果							

第四章 新课程下的教学智慧提升：做智慧型教师

　　评价不是目的，评价只是一种管理手段。评价的最终目的是促进教师专业化的发展，促进教师角色的转变。可以说，教师管理中，教师评价是有着独特重要性的，它对于教师的专业发展至关重要。

1. "量"的积累，"质"的升华

——从经验型"教书匠"到智慧型研究者

新课改的实施，对教师提出了前所未有的挑战。由于新课改在价值取向上由知识本位发展为以学生发展为本位，课程内容由预定性、封闭性向开放性、生成性转型，课程评价由单一性、标准化向多元化、个性化转型，这些都要求教师改变过去的经验型"教书匠"的角色，成为课程资源的开发者和教育教学的研究者。教学改革呈现出的艰巨性、复杂性，以及教学活动自身的特异性、多边性、不确定性都对教师洞悉复杂局面、应对复杂挑战提出了要求。因此，提高教师的教育智慧水平，就成为课堂教学焕发生机和活力的必然要求。

一、转变角色，让课堂成为艺术

学生觉得学习苦，教师觉得教学累，本是生机勃勃的中学校园里到处充满着哀怨声。学生出现了"开学恐惧症"，教师有了"教师职业病"，我们的课堂何时变得"面目可憎"？教育本是快乐的，它源于生活，为生活服务，为何我们不能"享受"教育，享受生活。教师已经习惯传统角色，课堂只是一间教室，一群学生，一本教案，教师的任务就是用45分钟的时间将课本上的知识移植到学生的头脑中；学生则希望自己拥有过目不忘的本领将老师所讲授的内容复制在自己的头脑中。老师与学生的共同目标就是考试成绩，除此之外，老师与学生再无任何瓜葛。

教育源于生活，新课程呼唤"生命课堂"。教学过程本是生命与生命的对话，灵魂对灵魂的唤醒，课堂，本是一种生活。既然如此，教师为何不换种思维走进课堂呢？课堂是可以体验的，只要教师留心学生的一言一行，课堂上同样可以充满欢声笑语。教师们，换种思维，走进课堂，享受生活吧！

（一）教师须一半是诗人，一半是匠人

随着新课程政策的出台，教师的"教书匠"这一角色成了众矢之的。提起教书匠，人们会联想到"因循守旧、缺乏创造，日日所斯"的老夫子形象。于是，人们强烈呼吁教师彻底摆脱教书匠的角色。朱光潜先生曾经说：凡艺术家，都须有一半是诗人，一半是匠人。他需要有诗人的妙悟，需要有匠人的手腕；只有匠人的手腕而没有诗人的妙悟，故不能创作；只有诗人的妙悟而没有匠人的手腕，其创作亦难尽善尽美……教育如诗！一个好教师正是一半诗人，一半匠人。教师需要有诗人般的才华，才可以与学生谈天论地；教师需要拥有诗人般的梦想和激情，才能为教育带来无限的生机。但教师同样需要匠人般的耐心与细心，面对着犯错的学生，要用耐心去引导；同时也要用细心去洞悉每一个学生的性格。

黄骅市黄骅中学的李福荣老师让学生"爱上课前十分钟"的做法，给了我们很大的启示：

已经打上课预备铃了，王红和张岚还在你追我赶；李明两耳戴着随身听，陶醉其中，口中念念有词；吴建则抱着一本小说，聚精会神地看着……他们的口头禅是："老师没来以前是我们自由的天空！"这就是刚分文、理班时六班的课前状况。这种状况让李老师很生气，也令李老师思考。生气的是都高中生了，还不知珍惜时间；思考的是如何改变这种状况。李老师心想：用什么办法让学生重视每天的课前 10 分钟呢？

经过一段时间的酝酿，一个想法成熟了。李老师把自己的想法与班干部们商量，他们也非常支持。于是，一个"珍惜时间，做时间的主人"的活动在班里展开了。

早课前 10 分钟，让读书声成为最激昂的音符

活动规定：早课时间为预备铃前 10 分钟，进班后放声朗读美文美句、英文章节，由班干部组织并监督。起初效果还不错。两天过后，读书声小了，个别学生不愿读了。于是在第一次晨读总结会上，李老师对全班学生说："一日之计在于晨。把握住别人不在意的时间，就等于抓住了先人一步的契机。让我

们的晨读成为校园里最激昂的音符！"洪亮的读书声再一次响起。为激发学生的读书热情，李老师组织学生举行朗读比赛，每周评选一位"最激昂的朗读者"，走上讲台，引领读书热潮。同时，为激励离学校较远的走读生参加活动，还定期在走读生中评选一名"持之以恒的模范朗读者"。一段时间过后，良好的晨读氛围在班内形成。更可喜的是其他班级也加入了晨读行列，校园里晨读蔚然成风。

午课前 10 分钟，我是睿智的讲师

为了调动学生的学习激情和主动性，一个新的班级活动在下午课预备铃前 10 分钟拉开了序幕。一尺讲台不再是老师的阵地。学生们积极准备、轮番上台，精彩不断：娓娓道来的感人事件、绘声绘色的寓言故事、慷慨激昂的励志诗篇……小娟对学科知识的解析清晰透彻，小川对同学们的全天饮食提出科学合理的建议，小强在演示如何对付失眠时的幽默表情让人忍俊不禁，小伟用"四圈"的谐音教同学们轻而易举地记住了一个复杂的化学反应式，小文的《国王和工匠》的故事引发了同学们对忘名、忘利、忘我精神的深思，小赫的一曲《相信自己》则让全班同学热血沸腾……在短短的 10 分钟时间里，学生们挖掘潜能，展现自我。这方平台逐渐成为学生们每天学习生活的一大亮点。

晚自习前 10 分钟，同学们的交流。

在每天的晚自习预备铃前 10 分钟，班干部组织分组进行交流活动。每人都要准备交流内容，重点是一天学习中的疑难问题、心得感悟，也可以是学习小窍门、考试技巧、励志名言、美文片段等。然后，组长负责整理好，每周五下午第四节课在班里进行交流，从中评选"最佳组合"，并将交流材料分门别类地张贴在班里的学习专栏上。这一活动激发了学生们的团队精神，各组都不甘落后，争当"最佳"，不仅融洽了同学关系，而且实现了同学之间经验心得共享、问题教训共鉴、取长补短、合作共赢的局面。

在高考后的班级庆功会上，班长高举"可乐"，大声对全体师生说："我们的成功离不开老师们的辛勤付出，离不开全班同学的共同努力，更离不开我们的'一天三个 10 分钟'。"

李老师没算过一生有多少个 10 分钟，但作为一名教师，李老师希望能用心教会学生如何把握住身边每一个宝贵而又不起眼的 10 分钟，爱上生命中的每一个 10 分钟！

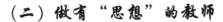

（二）做有"思想"的教师

"一个有思想的人，才真是一个力量无边的人（巴尔扎克）"，这句话应是一名教师的座右铭。同时，"要做就做有思想的教师"应是我们每一位教师终身努力的目标。要做有思想的教师就要学会为师之道、育生之道、教学之道、带班之道。

天津市武清区杨村一中的特级教师赵学斌向我们详细讲述了如何做一名有"思想"的教师。

1. 为师之道

当教师就要当让学生心服口服的教师，当教师就要当学生爱戴、家长信赖的教师。一个好的教师不是靠严厉也不是靠权威，更不是靠一时的蒙骗和一事的表现，而是靠自身的品格、品位和品牌，影响着学生的一生一世。

（1）教师要塑造品格

塑造品格就是要教师塑造师魂、师德和师表，加强自身思想道德建设。教师要认真学习《教育法》和《教师法》、认真遵守《中小学教师职业道德规范》、模范遵守《公民道德建设实施纲要》，高标准规范自身言行，不断提高自身修养。

（2）教师要提高品位

作为一名教师要具有丰富的文化专业知识，娴熟的课堂教学方法，深厚的教育理论修养，良好的教育科研意识。在教学工作中，教师要善于从同行的聊天中、从学生的交谈中捕捉到教学中存在的问题，经过分析，然后确立为有针对性的研究，从而在更大程度上提高教学质量。不就事论事，就题论题，而是从解决问题中找出具有普遍性、规律性的东西，这样才可以全面提升自己的教学品位。

（3）教师要打造品牌

教师也要有自己的品牌，而这需要教师十几年甚至几十年的积淀。教师打造自己的品牌需要提升理性思维能力，善于总结实践经验，揭示教学活动规律，构建有效教学模式，形成鲜明教学风格。

2. 育生之道

教师对学生的教育应从教孩子如何做学生开始。家庭和社会对孩子的教育影响是不可估量的，有调查表明：几乎100%的"问题家庭"造就了"问题学生"，90％以上的"问题学生"源自"问题家庭"。"问题学生"基本上不存在智力障碍，而是思维方式、行为习惯比较偏激，通常表现为以自我为中心、敌视、逆反学校的正面教育等。因此，育生要做两件事：一是教学生如何做学生；二是教学生什么是学习。

（1）使学生明白怎样做学生

现在的中学生受社会和家庭的影响，把"泡吧"、吸烟、谈恋爱以及玩手机、染头发等当成一种时尚，极大地威胁着学校的风气，影响着学生的身心健康，特别需要教师的正面引导和教育。这些所谓的时尚都存在于"问题学生"身上，而且属于易上瘾、易传染、难去根的顽症。要解决这些问题，教师就要对学生明确提出：合格的中学生应文明礼貌、朝气蓬勃、积极向上，具有积极的竞争意识，具有饱满的学习热情，具有充沛的精神状态，具有良好的生活习惯。时尚是青年人的个性表现，追求时尚是青年人应具备的特征。但是，时尚应当是高雅的，每个人追求的时尚都应当符合自身的身份和特点。"时尚"有很强的吸引力，也充满了诱惑力，这更需要学生有坚定的自制力。

（2）使学生明白什么是学习，怎样学习

调查表明：教师抱怨最多的是学生缺乏良好的学习习惯和主动学习的意识。因此，解决学生不正确的学习行为和学习方法是教师的首要任务。教师首先要使学生明白什么是学习，怎样学习。

使学生认识到知识是自己学会的，不是老师教会的。在学习的征程中，老师只能扶着送你一程，路还是要靠自己去走。告诉学生常规学习需要做到：上课听讲有目的性（后面要讲什么）、课上笔记有科学性（应当记什么）、课下作业有实效性（本课学习的漏洞是什么）、课下复习有计划性（自己的时间干什么）。

3. 教学之道

教学法一旦触及学生的情绪和意志领域，触及学生的精神需要，就能发挥高度有效的作用。教师在课堂教学时应该做到，大脑中没有知识只有学生，知识的传授过程基本上处于下意识状态，关注更多的应该是全班同学听讲的情绪和激情，这样的教师才是名师。在课堂上若只有知识没有学生，自我陶醉自我欣赏的教师，充其量只是一名教书匠。

学生在学习过程中，总会出现存在热情或激情的时候。教学的关键是把学生的热情或激情把持住并长久地保持下去，直到形成稳定的学习意识、良好的学习习惯。调动学生产生一时一刻的热情或激情是很容易的，困难的是将他们一时一刻的热情或激情转化成习惯。这是一个系统工程，需要教师的培养、保护、鼓励、激励、表率和榜样等的共同且长期的作用。

激发学生自主学习，一要注意示范作用：教师严谨的治学思想、严谨的工作态度是潜移默化的影响。二要引导体验学习：教师的教学是使学生体验认识——记忆——理解——加工——同化——应用知识的递进式的思维过程，这个过程实际就是体验成功的过程。

课堂教学中，教师还要注重目标教学。教学中，教师是先知，学生是未知，教师是在自己设计好的已经知道结果的前提下进行讲授，目的性、积极性较高；而学生听课常常是被动地摸索着跟教师走，往往没有或不清楚目的性和主动性，需要教师积极引导。在实现目标的过程中，教师要将科学的学习方法潜移默化地融入知识点中，使学生逐渐地将教师的方法内化为自己的方法，逐渐脱离教师的引导并创造出新的方法，达到青出于蓝而胜于蓝的境界。

4. 带班之道

"有思想的教师"一定是会带班、带好班的教师。那么，班主任如何带好班呢？

首先，班主任工作是一项非常辛苦的工作，也是一项非常重要的工作，更是一项研究性的工作。教师在工作中要体现长期性、连续性、系统性，对学生要不断地鼓励、激励和监督。班主任工作，不是开几个班会、搞几个活动、表几句决心、喊几句口号就能实现教育效果的。

其次，"真正的好心，必须顾及效果，总结经验，研究方法。"（毛泽东：在延安文艺座谈会上的讲话）。好心没有得到好报（我们不是非要得到好报），不能埋怨对方，而要反思我们实施好心的方法问题。否则，就不是真正的好心，甚至是坏心。

第三，常规管理要经常（思想教育），严格管理要从严（违纪行为）。形散则心散，心散则神散，神散则智散，所以，秩序是提高教学质量的保证。防止"劣币驱逐良币"，一旦出现这种情况将会导致恶性循环。

二、写下充溢反思精神与时代特色的教育诗篇

孔子曾经说过，"吾日三省吾身"。新时代的教师每天需要思考什么？如今有人这样要求教师：要给学生一杯水，自己应是一个源源不断的小溪。小溪源自何处？随着教师地位的提高和独生子女家长对高质量教育的需求越来越大，学校对教师的管理就必须有时代特色。这个特色该如何体现呢？

吉林省长春市 103 中学从反思教育起步，找到了提升教师整体水平的新方法。

（一）个人成长计划让教师在反思中起步

"反思，是学校在创建教师专业发展型学校工程中理出来的头绪。"长春市 103 中学党委书记吕靖说，"随着社会的发展，教师职业专业化是大势所趋。我们学校树立了以教师发展为本的培训思想，提出了走名师强校之路、谱人才兴国华章的战略。"

103 中学有近 300 名教师，他们大多是面向全国招聘来的优秀教师。怎样让他们再发展？学校认为，这些教师年轻、学历层次高、教学能力强，但是由于日常教学任务繁重，许多教师被淹没在具体繁杂的教学工作中，很少能有时间主动、从容地对自我的发展进行理性的思考。而这样对他们的发展是不利的。

开学伊始，每位老师都接到了通知——制订个人成长计划："你要给学生什么，你能给学生什么？"

"第一稿交上来后，我们发现这个计划不仅空洞，而且千人一面，都是要做好本职工作、要热爱学生。至于怎么做，没有。"吕靖说，"我们没让老师重写，而是提出了先写个人自传，再写个人计划的思路。"

张老师在"自传"中这样写道："在学校学习、工作十几年，习惯了被培训、被检查。自主学习、自主发展从没想过，曾经有过的一些想法也被忙忙碌碌的工作所取代，蒙上了灰尘，是这次'长谈'把这些尘土打扫干净，把内心深处对教育的理解清晰地呈现出来。"还有一位年轻教师在"教师自传"中写下了这样一句话："今天的我不再重复昨天的故事……"

一篇篇感人的教育自传唤醒了教师的自我意识。教师们从回顾中审视自己，在自传中反思自己，并从自我评价、自我反思中获得了自我教育意识，确定了个人成长愿望。

同时，学校还以"孩子心目中的老师"为主题，举办了大型画展，设计了调查问卷，引导教师从学生的答案里反思自己。观察—体验—感悟，学校精心设计组织的相关活动让教师在反思中寻找自我、在活动中升华自我。

学校由此把校本研修的主题确定为"反思、成长、升华"。

（二）教学哲思笔记变被动发展为主动追求

新学年一开始，103中学的每位教师都接到了学校发的笔记本，扉页上写着"学然后知不足"。吕靖介绍说，这是学校激励教师成为反思型教师的具体举措，即要求教师写教学后记、教学片段赏析、育人实例、事件感悟等教学哲思笔记，从笔记里反思教学行为。

张宁老师在哲思笔记里记录了这样一件事——下午自习课，我到班里转转，看见两个学生正在玩纸飞机，我让他们把纸飞机交上来。小平低着头走上来把飞机放在讲桌上，小海却用力一扔，"给你个教师节礼物"。明天就是教师节了，可我心里有些不舒服，小海为什么会这样？晚上，我查阅了"家教通工程网"。原来，小海是个离异家庭的孩子。看来，对他的教育需要从心理入手，从更细致地关心他开始。现在，张宁老师已经和小海成为了好朋友。

哲思笔记成了教师说心里话的地方。一些不善于言谈的教师在这里善于说话了，一些本来只存在于教育论著里的教育理论也平白地显现在了教师的教育笔记里。

（三）教师叙事研究建学校特色文化

学校适时地将哲思笔记活动上升为教师叙事研究、团队叙事研究。

教师叙事研究最早是在20世纪80年代由加拿大几位学者倡导的。103中学的教师叙事研究从关注教育细节入手，以叙事的形式记述所经历的事件，通过描述和分析，揭示其背后的教育意义，促进教师教育观念的更新和教育行为的转变，实现对教育问题的探究。

"经过一段时间的个人叙事研究，我们感觉有些教育教学中的困惑和难点单凭个人的实践是不能解决的或只能停留在低水平的经验重复上，发挥团队合力势在必行"——这样的认识，使103中学随之提出了团队叙事研究。

周咏梅、许云乔、梁萃萃、李莹是同一个班的任课教师，在一次交谈中她们共同谈到了这个班学生小东学习习惯不好的问题。于是，她们合作进行了"帮助小东纠正不良习惯"的叙事研究。从背景研究、事件回眸、原因分析、对策找寻、实践摸索到阶段反思，仅用了一个学期的时间，就帮助东东成为了一个积极向上的优等生。

长春市教育局副局长周国韬说，教师叙事研究可以涵盖教育的全部。德育叙事、教学叙事、管理叙事和反映影响教师职业观念与行为的生活事件与经历的生活叙事都是教师叙事研究的一部分，它使教师成为自己工作的观察者和研究者。103中学的团队叙事研究由教师个体反思走向团体反思、群体反思，将叙事研究上升到了一个新高度。

《中小学作文教学应由自然表现向理性反映生活过渡》、《学生自理能力的培养》、《让实践进入数学课堂》……如今，103中学的《团队叙事研究集》已经汇编成册。

从反思到积累智慧，从教育的实践者到研究者，从合作学习、同伴互助到共同成长，学校和教师不仅要把这作为一项工作、一个工程来做，而且要从建立学校特色文化的角度来经营。

三、高中教师如何笑迎新课改

高中新课改势不可挡。新课改下的高中教师观念要改变，知识要更新，方法要创新，能力要提高，这一切仅仅依靠上级教育主管部门的几天集中培训是很难达到的，必须通过教师自身艰苦的学习，才能不断充实和完善自己。

安徽省铁四局中学教务处主任彭江龙老师，根据自己在实践中获得的经验，给我们提了以下几点建议：

（一）在学习中找准定位

高中课程标准是国家意志的体现，是教材编写、教学开展、考试命题和教学评价的依据。普通高中课程改革实验是一标多本，教材也不是统一的，未来的高考命题只能依据课标，不会拘泥于哪一本教材。因此，高中教师首先要认真学习、研究《课程标准》。通过学习，把握新课程的性质，了解新课程的特点，明确课程改革的目的，树立科学的理念。

仔细研读教科书。教科书是依据课程标准编制的教学用书，是课程标准的具体化，是各科教学的重要载体，是师生教学内容的主要来源。新的教科书无论是体例、内容都发生了巨大的变化，老师们要沉下心来反复深入地研究。

学习教育教学理论，提升自己的教学功底。如建构主义理论和多元智能理论是支撑新课改的两大支柱理论。建构主义强调以学生为中心，在整个教学过程中教师起组织者、指导者、帮助者和促进者的作用，利用情境、协作、会话等学习环境要素充分发挥学生的主动性、积极性和首创精神，最终达到使学生有效地实现对当前所学知识的意义建构的目的。多元智能理论树立这样一种信念：每个学生都具有八种以上的智能，每个人的智能都存在着差异，每个人在某一方面或几方面都具有发展潜力。教育工作者应该做到的是平等地看待每个学生的智能发展，正确对待他们的智能差异，给每个学生创造发展的机会，把他们培养成为具有自身特点的人才。理论的学习速度慢，抽象难懂，但"磨刀不误砍柴工"，今天的付出是为了明天的所得，春天的耕耘是为了秋天的收获。掌握了现代教学理论，就会使你在每节课的教学中得心应手"屡战屡胜"。

研究高考命题，了解高考与新课改之间的关系。近几年高考试卷及其走向处处渗透着新课改的基本理念，如开放性情境设计、多元化评价标准；考试紧密联系教学过程，贴近学生生活，以现实问题为设计框架，以学生整体发展为命题导向；强调主干知识及其相互联系，发掘学科理论的应用价值；考试涉及了新的三维，即知识与能力、过程与方法、情感态度价值观等。因此，未来的高考命题一定会切实贯彻新课改的理念。

学习永无止境，"要给学生一碗水自己就要有一桶水"。在知识爆炸的当今社会，在高中新课改大力推行的今天，教师不要只满足于一桶水，要不断学习，终身学习，使自己成为一条永不停息的长河。因为只有源头活水，才有生命和活力。

（二）在借鉴中感悟提炼

高中新课改是一项全新的事业，借鉴他人经验是迅速适应新课改、提高教师教学能力的重要途径。学习别人的经验要克服两种倾向：一是听了一堂好课之后，从头到尾地模仿，甚至连细节都追求一样。"依葫芦画瓢"，全盘照搬，犹如鹦鹉学舌，只模仿其外露的特点而不研究其精神内涵的做法，终究取不到"真经"。这样的学习，最终只能踩着别人的脚印走路，既不能创新，更不会超越，甚至在林林总总的教法面前迷失自我。另一种是不以为然，百般挑剔，没有虚心学习的态度，听课时看不到别人的长处和优点，总是拿别人的短处来比自己的长处。最终坐井观天，盲目自大，无法进步。

教学经验是教者教学思想和创造性劳动的结晶。它不仅有其共性构成的可迁移性，还有其个性形成的特殊性，这就决定了学习教学经验有其特殊过程，不同于科研单位的科技成果转让，也不同于小学生习字的"临帖"，它只能因人因地制宜，从实际出发进行再创造。因此，教师对别人的教学经验既不能一概排斥，也不能盲目吸收，贵在认真思索筛选，取其精华，进行思维加工，找到规律性的东西，灵活运用。听一节好课，就能得到一点收获，甚至从别人的失误中找到值得借鉴的教训，日积月累，就能逐步完善自己，就像蜜蜂一样，采得百花来酿蜜，吸取别人的经验变成自己的东西。

新学期开学之初，科大附中的李茂华老师开设了一堂成功的市级历史公开课。他那悠扬深情的歌声给所有听课老师留下了深刻的印象，有美声唱法，有民族唱法，有原创，有改编，整节课在歌声中度过，可以说是本节课的一个亮点。作为一位听课学习者，如果我们也单纯模仿他的歌声，那就是"照葫芦画瓢"，学到的只是"标"而不是"本"。我们真正要学习的是他那深厚的学科功底、幽默诙谐的语言艺术、辅助教学的多种手段、多方面开发课程资源的方法和开发学生智能的活动设计，这才是这节成功的公开课给我们的有益借鉴。

（三）在实践中探索新路

学习也好，借鉴也罢，最终都要应用于实践。借鉴是"他山之石"，实践是"自我发现"。教师要提高自己的教学能力就应当勇于探索，不断创新，努

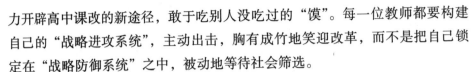

力开辟高中课改的新途径，敢于吃别人没吃过的"馍"。每一位教师都要构建自己的"战略进攻系统"，主动出击，胸有成竹地笑迎改革，而不是把自己锁定在"战略防御系统"之中，被动地等待社会筛选。

彭老师他们在调查中发现，高一教师普遍反映，新课程容量大、体系新，专题学习难度大，课时明显不够。如何解决这一问题？彭老师的看法是：一要充分利用现代教育技术包括多媒体、音像等手段，设法增大学习信息量。二是充分调动学生的学习积极性，激发学生学习兴趣。如人教版新课程历史教材中，有许多新鲜的东西，如"想一想"、"议一议"、"读一读"、"自我测评"、"材料阅读与思考"、"知识链接"、"收获与存疑"、"学习评价"、"学习活动记录"、"学思之窗"、"历史纵横"、"本课测评"、"学习延伸"等，教师要以此开拓学生的视野，激发学生探究问题的求知欲，引导学生自主学习。三是突出学生的主体性，把时间还给学生，把课堂变成真正的"学堂"。比如李继荣校长提出课堂教学时间的三分法，即教师讲解不超过三分之一，学生活动不少于三分之一，师生互动要达到三分之一。四是大胆取舍教材内容。过去是教教材，现在是用教材教，表面看起来是文字游戏，其实是理念在发生变化。在新课程改革中，教材只是课程资源之一，合理取舍理所应该。如何取舍教材的内容？彭老师认为，关键是要认真学习《课程标准》，《课程标准》规定的内容要讲解清楚，让学生理解透彻，《课程标准》以外的内容可以让学生自主学习或课外阅读。五是教师要有选择地讲，学生看懂的教师就不要讲，否则就是浪费时间，学生能发现的，教师就不要点明，否则就是限制了学生的发展，学生看不懂的，教师就要精讲。六是在培养学生能力、新的学习观和学习习惯上下工夫，让学生尽快适应新课程教学。如引导学生阅读课外书籍、上网、复习初中知识，以便理解高中知识，建立专题模块学习的基础，引导学生养成自主、合作、探究学习的习惯等。七是教师要认真研究新教材，科学处理新教材，构建既符合课标要求，又适应学生实际的知识网络体系。

高中课程改革需要教师们大胆创新。比如，作业形式也可丰富多彩，可以有传统的作业包括课后习题和配套练习等，还可以有学科小论文、学科制作（学科课件、学科漫画、学科网页、学科 flash 等）、学科调查等多种形式。研究性学习是高中新课改的亮点，如何开展研究性学习？高中教师首先要认真研究如何合理选择课题、如何撰写开题报告、如何选择研究方法、如何呈现研究成果等，然后才能对学生正确引导。高中新课改的探索是无止境的，高中教师要对改革的未来充满坚定的信心。因为只有坚信成功才能大胆实践，只有大胆实践才能海阔天空。

（四）在反思中总结升华

新课标非常强调教师的教学反思。思之则活，思活则深，思深则透，思透则新，思新则进。教师要反思自己的教学行为，总结教学的得失与成败，对整个教学过程进行回顾、分析和审视，才能形成自我反思的意识和自我监控的能力，才能不断丰富自我素养，提升自我发展能力。教学反思主要体现在以下几方面：一要反思教学内容是否符合《课程标准》，二要反思教学行为是否达到三维目标，三要反思教学活动有无"沟通"和"合作"，四要反思是否创造性地使用了教材，五要反思教学过程是否迸发出"智慧的火花"，六要反思教学方式是否尊重了学生的个性差异。

经验＋反思＝成长。因此，教师要对自己的教学进行经常性地反思，在反思中总结，在总结中升华，在升华中实现成长。

2. 评价激励学生发展

——立足过程，促进发展

新课改下的学生评价，以多元的评价尺度，及时地给学生积极向上的评价，强调以发展的眼光看待学生，关注学生个性的差异，激励学生主动、健康、全面、和谐地发展。不但培养学生成为合格的公民和人才，还培养他们成为有能力追求幸福生活的个体，真正展现新时代的教育观、质量观、人才观。

一、多元性评价——评价学生的"尺"

每个人都拥有不同的智力，它在每个人身上都是以不同的方式、不同的程度组合存在，从而使得每个人都各具特色。因此，世界上并不存在谁聪明谁不聪明的问题，而是存在谁在哪一方面聪明以及怎样聪明的问题。即学校里没有所谓"差生"的存在，每个学生都是独特的，也是出色的。这样的学生观一旦形成，就使得教师乐于对每一位学生抱以积极、热切的期望，并乐于从多个角度来评价学生。这正是新课程学生评价所倡导的改革方向，关注学生个体间发展的差异性和个体内发展的不均衡性，评价内容多元、评价标准分层，重视评价对学生个体发展的建构作用。

浙江省杭州市夏衍中学杨群老师在高中历史教学中，对学生的评价方式进行了一些探究和实践，初步形成了学生多元性评价的模式。

在具体实施多元性评价方式的过程中，教师的评价方式主要是按照下面的程序实行的。（学生自评和教师评结合进行）

过程性评价开卷考查（互评，方式自选）25分；开卷（自评、师评。评价一学期的学习情况）10分；闭卷（单元）10分；闭卷（单元）5分；终结性评价5分；期中考试（闭卷）20分；期末考试（闭卷）25分。在考查的评价方式中，让学生在较长的时间跨度上根据个性特点自主定题，选择完成方式完成相关任务。自选方式可以采取以下几种：

1．历史调查报告

时间：暑假期间

内容：在十六大召开之际，调查一位老党员，结合历史反映党在建国和社会发展上所作出的伟大贡献。

方法：以调查人物反映历史

要求：写一篇800字左右的调查报告。立意要新颖，并要结合自己的感受。

（1）成绩评定的方式：占学习总成绩的15%，并体现鼓励性原则。鼓励有自己独特调查角度的同学，鼓励有深刻感受、分析问题深刻、文笔流畅优美的同学，特别鼓励闭卷考试成绩不理想的同学。

（2）把大部分同学的成绩控制在10－14分之间。

（3）对其中特别优秀的同学除给予高分外，还要把他们的作品放在学校的橱窗里进行交流展览。

2．布置推理式作业

在讲完第二次世界大战后，让学生根据有关教材，结合以前所学的战争知识，让学生思考战争发生的规律。然后，教师提问："第三次世界大战有没有可能发生，为什么？"让学生在目前尚无定论的环境下，充分表达自己的见解。并通过查阅资料，充实论据，写成一份推理式的作业作为考查的依据，分值占学习总成绩的15%。

3．编写历史小报

时间：五一放假期间完成。

由4－5人组成一个编报小组。

要求用电脑进行排版，文章要结合历史知识自己动手撰写。

成绩占学习总成绩的15%。编排优秀的小报将被放在学校橱窗中进行展出。

4. 撰写历史小论文

题目自拟

要求结合你所知道的历史事件或历史人物，用简洁的文字进行描绘、解释、分析、总结，并结合自己的观点进行评论。除原则问题如台湾问题等外，其他的问题只要言之成理即可。

每人写一篇。成绩占学习总成绩的15%，照搬照抄的不给分。

字数在800字以上。

通过自主选题，学生可以拥有更多的自主选择的空间，这样能较大限度地提高他们学习的主动性，有利于调动学生学习历史的兴趣。教师根据学生完成的状况，对学生作出不同的评价，使每个学生（尤其是后进生）的学习成果都能受到严格保护和客观公正的评价，尽量使每个学生的闪光点都能表现出来，多途径、多渠道地挖掘学生的潜能。这些多元化的评价方式，有利于充分调动全体学生的学习积极性、主动性和创造性，有利于学生个性的发展。

实施多元性评价的结果，以两名成绩较差的同学为例进行说明：这两名同学在以前的闭卷考试中成绩一直是50分左右，鲜有及格的情况，实施了多元性评价以后，两人的成绩有明显的提高。

	开卷 （互评）	开卷 （自评）	开卷 （师评）	闭卷 （单元）	闭卷 （单元）	闭卷 （期中）	闭卷 （期末）	总评
张××	90×0.25 $=22.5$	85×0.1 $=8.5$	90×0.1 $=9$	60×0.05 $=3$	50×0.05 $=2.5$	52×0.2 $=10.4$	56×0.25 $=14$	70
黄××	80×0.25 $=20$	80×0.1 $=8$	90×0.1 $=9$	50×0.05 $=2.5$	46×0.25 $=11.5$	60×0.2 $=12$	54×0.25 $=13.5$	76.5

以上这两个同学的例子告诉我们：多元性评价对激发学生的学习兴趣，提高后进生的学习成绩不失为一个有效的途径。总之，通过对学生实施多元性评价，改变了单一考试的评价方式，建立了学生自评、互评、师评的多渠道、多途径的评价方式，使用了如撰写历史小论文、调查报告、编写历史小报、布置推理式作业等灵活机动的开卷评价的方式。这些评价方式主要有以下几个特征：

（1）灵活性。给学生思维活动以更多的思维和推论空间，不拿现成的结论去框和套。同时，让学生应用所学知识去处理问题，体验解决问题的快乐。

（2）实践性。撰写历史小论文、调查报告、编写历史小报、布置推理式作业，既体现了历史教学的现实功能，又锻炼了学生的实践能力。

（3）主动性。给学生的主体活动赋予更多的动机激励、实践机会和作答空间，让学生有兴趣、主动地去完成。

（4）创新性。注重培养学生的创新精神，让学生用自己的大脑思考，敢于质疑，富于联想，提出自己的观点。如撰写历史小短文，就要求用自己的观点进行评论。

实践后，杨群老师进行了多元性评价方式的相关调查，以高一（3）班为例进行问卷调查。部分内容统计如下：高一（3）班总人数为43人

调查内容	人数	占总人数的百分比
1. 喜欢多元性评价的	36	
原因：		83.73%
（1）可以提高分数	5	11.03%
（2）生动有趣	15	34.88%
（3）可以增长见闻	11	25.58%
（4）可以提高自己各方面的能力	5	11.03%
2. 不喜欢多元性评价的	7	16.28%
原因：		4.65%
（1）太麻烦	2	2.33%
（2）浪费时间，影响其他课学习	1	4.65%
（3）原有的考试评价方式很好，不用改	2	4.65%
（4）其他	2	

以上统计数据表明，绝大部分同学对多元性评价有较高的认同感。可见，多元的评价方式可以调动学生学习的积极性，增加学生学习的兴趣，最大限度地为学生的发展提供空间。

二、发展性评价

发展性学生评价——是以促进学生的全面发展为根本目的的学生评价理念和评价体系。其核心是通过评价来实现"为了每位学生的发展"的基本精神，

它符合现代教育理念，是新课程改革的必然要求。

（一）新型的学习评价是对学生综合素质的考查

学习评价是学生生活中最重要的评价，也是课程改革最核心的内容。根据新课程标准，学生"情感、态度、价值观"及"学习过程与方法"也应该成为评价的内容。纸和笔的测验，偏重于考查对知识的记忆，却无法考查学生在真实的、动态的情景中对知识的掌握和应用。那么，如何在实际生活及广泛的背景中，通过多方面的观察、记录、分析，对学生的理解能力、操作能力、应用及创造能力进行评价呢？

宁夏教育厅教研室武琪老师依据《普通高中课程方案（实验）》、《教育部关于积极推进中小学评价和考试制度改革的通知》、《宁夏普通高中新课程学校教育质量监测方案》，确定了对学生进行综合素质评价的内容与要求，对我们确立综合素质评价模式有着重要的借鉴意义。

评价的内容主要包括模块修习情况评价、基本素质发展状况评价、综合实践活动评价、高中阶段综合素质终结性评价四个部分。

1. 模块修习情况评价

（1）评价内容：主要涉及"语言与文学、数学、人文与社会、科学、技术、艺术、体育与健康"七个学习领域。通过模块修习情况反映学生在学年内模块学习的内容、数量、学时、学分等阶段性学习的知识结构状况和学习水平。

（2）评价方法：由教务处组织，以学年为单位，主要采取定量评价的办法。不管是必修课程还是选修课程，每一个模块教学结束，根据学校学分管理及认定办法认定学分后，任课教师将学分填写到学生的评价表。评价表的其余内容在学年结束后由班主任填写。

2. 基本素质发展状况评价

（1）评价内容：主要涉及"道德品质与公民素养、学习能力、交流与合作能力、运动与健康、审美与表现"等五个方面。

（2）评价方法：以学年为单位，采取定性与定量相结合的综合评价的办法。在学生自评的基础上，学生小组再对其进行评价。在自评和学生小组评价的基础上进行教师评价，确定最终评价结果。"学生小组评价"由班主任组织，以班级为单位进行，各班成立由学生代表组成的评定小组，对本班每个学生进行评价。

评价最终结果分为 A、B、C、D 四个等级，分别代表优秀、良好、合格、不合格。学生基本素质发展状况评价的五个方面，满分均为 10 分。具体赋分办法由学校结合"基本素质发展状况评价表"及各校的实际情况自行确定。

评价最终结果依据学生自评、学生小组评价和教师评价确定，其中学生自评成绩权重为 20%，学生小组评价成绩权重为 30%，教师评价成绩权重为 50%。

3. 综合实践活动评价

(1) 评价内容：包括研究性学习、社会实践和社区服务三个方面。反映学生参加研究性学习、社会实践、社区服务活动的内容、学时、学分；参与活动的愿望、行为、方法、能力、结果以及学生在综合实践活动中的体验与收获、教师对学生在活动中表现的评价等情况。

(2) 评价办法：以学年为单位，采取定性与定量相结合的综合评价的办法。以学生自评为主，在自评的基础上，学习小组或同伴进行评价、辅导教师评价或家长、服务对象评价，然后确定最终评价结果。评价最终结果分为 A、B、C、D 四个等级，分别代表优秀、良好、合格、不合格。

综合实践活动各方面，每次活动满分均为 10 分。具体赋分办法由学校结合"综合实践活动评价表"及各校的实际情况自行确定。

4. 高中阶段综合素质终结性评价

(1) 评价内容：按照教育部对高中新课程四个实验省（区）的统一要求，高中阶段学生综合素质终结性评价包括选修课程修习情况、学业水平测试、综合实践活动、基本素质评价、突出表现特长与奖励情况五部分内容。

(2) 评价办法："高中阶段综合素质评价汇总表"是对学生高中阶段综合素质发展状况的终结性评价，由教务处组织，班主任填写。评价内容与结果由高中各学年模块修习情况评价、基本素质发展状况评价、综合实践活动评价以及学业水平测试成绩等汇总而成，不再另行组织。

进行综合素质评价实际上就是建立发展性的评价体系，促进学生全面而有个性地发展。改变学生评价过分强调甄别与选拔的功能，改革学生评价的内容、主体和方法，建立以促进学生发展为目标的评价体系，不仅关注学生的学业成绩，而且要发现和发展学生多方面的潜能和能力。评价内容与方法的简便、易于操作有效地保障了对学生综合素质评价的完整性。因此，为了促进学生发展，必须注重评价内容的有效性、评价手段与方法的科学性、评价结果的可信、可用性等，加强评价程序与环节的管理，建立并逐步完善学生综合素质评价的保障制度。通过形成性评价与终结性评价相结合的综合评价方式，使学生高中阶段的终结性评价建立在真实、有效的基础之上，并使之成为高校选拔优秀学生的依据。

通过对学生在学业、综合实践活动等诸方面的评价，反映学生在不同学习领域中表现出的知识与技能、过程与方法、情感态度与价值观的状况，了解学生发展中的需求，帮助学生认识自我，树立自信，充分发挥评价激励、诊断和促进学生全面发展的教育功能，促进学生综合素质的提高和身心健康发展。

总之，对学生的评价，包括行为习惯、学习习惯、心理品质、沟通交流、合作学习、动手操作、观察能力、组织能力等各方面的内容。由此我们不难看出，如今的评价，关注的不仅是知识和技能，而且包括过程和方法，尤其是解决问题的能力以及情感态度和价值观，注重培养学生的综合素质。

（二） 成长记录袋

随着新课改的到来，原来那种只凭一张"考试卷"对学生进行期中、期末评价的方法的弊端也日益突出。这种评价方法忽视了学生丰富多彩的学习过程，忽视了过程的综合与创新，忽视了对实践和探究能力的考查，不利于学生的发展。所以，新课标提倡如行为观察、学习日记、情景测验及成长记录袋等一些质性评价方式。于是，成长记录袋作为一种新的重要的评价方式，在教学中体现出它独特的优势。

浙江省温州市第51中学英语老师徐育芬，在英语教学实践过程中利用成长记录袋来评价学生的学习过程，给我们提供了一定的思路。

徐老师为了保障评价的可靠性和有效性，对成长记录袋的创建要求很严格：

1. 明确应用目的

所有的评价活动都要从明确目的开始，成长记录袋的评价也一样。

2. 确定主题

根据英语课程标准中的教学目标以及所用的教材，界定出一个清楚且具体的目标，并结合学生学习的现状，来确定成长记录袋的主题。

3. 确定要收集的内容与数量

需要动手制作和收集的有关学生英语学习的内容如下：

（1）情况调查表；（2）个性化的封面设计；（3）"自我对话"：学生对自己的学习目标、态度、方法与效果的反思评语；（4）"课余轨迹"：课外阅读卡、课后听力卡；（5）"花开的声音"：自己制作的英语之声磁盘、自己录制的英语磁带；（6）"得意之作"：英语手抄报、满意的英语作文、英语歌曲；（7）"愉快合作"：与同学合作的项目；（8）"我的资料"：英语考试成绩（口语测试、期中、期末、单元测试、听写）、成绩分析表、作业、竞赛获奖证书、参赛纪录及照片；（9）"金色话筒"：自我评价、集体评价、教师评价、家长评价等多方共同参与的综合评价记录等。

4. 明确参与者

教师、学生、同伴与家长都是成长记录袋的参与者。一般情况下，学生是实施的主体：学生决定着收集什么样的作品，并对自己的作品进行评价与反思。教师是重要的参与者，在制订档案袋的目的、主题、作品和数量等方面，教师起着主导的作用。但在此后的实施过程中，教师要转变成为指导者与激励者。同伴作为参与者，通过对他人作品的评价，不仅能够从中吸收好的东西，还可不断提高自身的鉴赏能力与批判性思维能力。家长的参与也能有效地促进活动的顺利、有效进行。

通过以上对成长记录袋创建的分析，我们了解到在档案评价的实施过程中要做到以下几点：

第一，教师要注意对学生评价技能的训练，让学生自觉反思。在小组评价的过程中，教师要给予有效的指导，使学生克服不良的心理影响，给伙伴和自己以客观恰当的评价。

第二，指导学生反思或评价自己和他人的作品。重视学生的自我评价和反思是当前评价改革的主要方向之一。成长记录袋评价的一个重要用途就是让学生评价自己的作品，反思自己的学习过程，由此发现自己的优势与不足。学生评价他人作品，能够从他人作品中吸收好的东西、提高自身的鉴赏力和批判性思维能力。

第三，组织作品的展示与交流。在实施的过程中，为了保持学生的兴趣与积极性，教师必须在创建时就制订一个交流与激励性展示的计划。一个经过准备的在全班同学面前介绍、展示自己劳动成果的机会，有利于让学生体会到成功的喜悦，激发其进一步收集和制作的动机与积极性。

三、激励的评价方式

高中生刚进校时，都有想表现好的心理需求。但随着年龄的增长，年级的升迁，功课的繁重，越到后阶段高中生越把班级管理方面的考核看淡了。如果班主任再不重视学生行为规范的考核，包括班级学生中好的方面也不及时表扬鼓励，久而久之学生也就无所谓了。因此，为了调动学生学习的积极性，教师必须做到随时关注学生的情感、行为等发面的发展，及时有效地促进学生的身心发展。

浙江省临安市天目高级中学方乐安老师对学生的激励评价方式有助于我们认识这一问题。

方老师所教的思想政治教育班有个叫王璐的女生，任课教师只要一提起她就摇头。可以这么说，其他学生有的缺点她都有，其他学生没有的缺点她也有。当她犯了错，老师找她苦口婆心地谈话，她都习以为常了，也基本上没什么效果。但在一次谈话中，她的一句话打动了方老师："方老师，老是批评我，可我也有优点的啊。"原来，在一次周一下午的课外活动时间，方老师看到她在擦教室走廊边的玻璃窗，因以前难得看到她参与搞卫生，方老师就特地走到她身边鼓励她。一个常受老师批评而内心非常渴望得到表扬的学生突然受到了表扬，这时她的激动完全写在脸上了。第二天，在德育课上，方老师又在全班同学面前表扬了她，并鼓励她、相信她能改正缺点。后来，在卫生大扫除中，就再也不用担心她负责的那扇窗户了。

方老师采取对学生行为进行及时的思想激励的方法，使学生及时看到自我形象，起到激励作用。这种方法能使学生迅速产生积极的心理反应，对受表扬的行为记忆深刻，从而使良好行为成为习惯，并发扬光大。这种方法还有利于调动学生的积极性，使周围人学有目标、赶有方向、比有距离，容易形成你追我赶的竞赛局面，对形成良好的班集体起到积极作用。

　　班上有一名叫蒋伟的同学，从高一到高二的六门省会考科目一门也没有通过，每次期中、期末大考的总分总是全年级的倒数第一二名。他除了基础差，学习习惯不好外，一个重要原因就是没有信心，有点放纵自己。因此，大多数老师认为剩下的高三时的语文、数学、外语会考，蒋伟也将通不过。平时上课时，他不是打瞌睡，就是显得百无聊赖，对政治理论也不感兴趣。但方乐安老师发现每当他举些有趣的事例尤其是社会热门现象的话题时，蒋伟的劲头儿就来了，嗓门也响了，积极参与到课堂教学中来，这时方老师就不失时机地表扬他，并在下课后再把他叫到办公室鼓励一番，与他一起设计好下一堂课的"双簧"。如此几次，他上课时的精神面貌大变。蒋伟的文科综合（政、史、地）测试成绩也不好，但方老师发现他的答卷主观题部分不管答案要点如何，却写得满满的，这比空白要好，也是一个进步，一个优点。于是，方老师在试卷讲评时利用多媒体投影，把他的答卷与有空白的答卷进行比较，表扬他的这种对待考试的态度，鼓励他坚持这样做。然后，再向他指出答题时的不足，告诉他应如何审题、组织答案，尤其是答案要点，他就容易接受了。由此，他在学习上获得了很大的进步。

　　想象一下，如果方老师对蒋伟同学采用相反的做法，把他的没有多少要点的答卷批评得一无是处，甚至说还不如空白好，那么，该学生对待考试的心态将会产生截然相反的变化。因此，教师在对待那些在某一方面缺乏自信的学生时，可以特意地给他们一些锻炼的机会，最好在事情比较容易做成功的时候，鼓励他们参与其中，而一旦事情被很好地完成，就及时地给予他们表扬和鼓励。学生在这种积极强化的作用下，就会对以前感到恐慌的事在不知不觉中产生积极的情绪体验，这就等于克服了畏惧感，对自己就必然会充满信心。

　　班上有个叫夏燕芬的女生，人挺聪明，成绩较好，但比较随便，大大咧咧的。如安静的自习课上会突然传来她哼小曲的声音，令大家侧目而视，而她却若无其事。上体育课，老师说不要穿牛仔裤，她偏偏要穿，动作要求向东，她偏偏向西，气得体育老师经常向方乐安老师告状。而方老师却不急于批评她，因为方老师知道她不接受这种教育方式。找她谈话时，方老师装着什么都不知道，但谈到后面她意识到老师希望她改进什么了。后来她给老师写信道："我承认我很令老师头痛，因为我的性格决定了我的为人。碰上我这样的学生，大概也是你的运气不好吧！老实说，我对方老师你打心底还是尊重的，因为在我犯错时，你不是一味地批评我，更多的是鼓励我改进，而且很有耐心。我也不忍心再专门伤害你的心了。在下个学期中我会尽力克制自己，好好学习，天天向上。"这位女同学因为体育、因为自己的行为方式，连续几年没有被评上三好学生，但方老师说服了其他同学，一直让她担任班级学习委员。由于方老师对她这份情感上的尊重，她对学习委员一职非常在乎，干得也很不错。

现在的高中生渴望独立，追求知识，但遇事又不能很好地控制和监督自己的行为，感情易于冲动。这就要求教师教育学生时，重视情感的感染和陶冶，从而使他们亲其师，信其道。因此，教师要关心、信任、尊重学生，严格地要求学生，使他们愉快地、自觉地、积极主动地学习知识，得到教育。

因此，在对学生进行评价时，我们要转变传统的以批评、挑剔为主的评价方式，采用激励的评价机制，通过对学生多方面的鼓励和关注，让学生体会和感受到教师的关爱，这有利于帮助学生积极、主动地学习，有利于学生身心健康地发展。

四、如何有效地进行学生评价

学生评价是教育过程的一个重要环节，也是新课程改革的重要组成部分。随着新课程改革的不断深入，传统的学生评价的弊端也越来越明显地在改革中体现出来。因此，建立一种新的适应新课程需要的学生评价体系，已经非常迫切、非常必要了。那么在新课程理念下，该如何看待我们的学生？该以什么样的标准来评价我们的学生呢？在新课程理念下，要科学、全面地评价学生，我们应该努力做到以下几个方面。

（一）学生评价要以"新课改标准"为导航

学生评价应基于一定的培养目标，当前，这些目标主要来自于新课程标准。新的课程标准是进行学生评价的依据。有了培养目标，才能有目的地选择评价的内容和方法，才能不断地进行反思，并改善教师的教与学生的学，发挥评价的发展性功能。

（二）学生评价要关注学生的发展

一定的理念影响着一定的行为，教育也不例外。"一切为了学生的发展"是当代教育中不可颠扑的真理。学生评价的根本目的不再是选拔和甄别，而是促进学生的全面发展。在学生评价中，教师要依据基础性发展目标，对学生的道德品质、文明素养、学习能力、创新意识与合作能力、运动与健康、审美与表现等方面给以全面的评价。通过评价，使学生养成良好的行为习惯，形成较强的学习能力，掌握一定的社会交往技能，从而促进学生身心健康的发展，提高学生的综合素养，促进学生的全面发展。教师对学生进行评价应着眼于学生的未来，而不是学生的现在，评价现在不是为了给学生一个结论或等级，而是用于分析学生存在的优势和不足，便于学生有针对性地改进，以取得更大的发展。

（三）学生评价关注学生的个体差异

教育、教学工作的对象是人，评价的主体也是人。因此，"以人为本"的评价观念，是评价学生的价值准则。每个学生都是一个独立的个体，都具有不同于他人的遗传素质和生活环境，因而，学生在生理、心理、兴趣爱好等方面各不相同。这使得每个学生发展的速度和轨迹也各有特色，有的学生"少年老成"，有的学生"大器晚成"。所以，对学生的评价不能一概而论，应依据学生的不同生长背景和特点，为每一个学生提出适合其发展的目标；针对不同层次的评价对象，灵活运用各种评价指标，采用恰当的方式对评价个体进行科学评价。这样才能有效地发挥评价的激励功能，使每个学生都得到进步与提高。

（四）学生评价要做到"结果"与"过程"并重

完美的过程得到一个完美的结果是必然的；不完美的过程得到一个完美的结果，则是偶然的。学生的发展是一个过程，促进学生的发展同样要经历一个过程。学生评价要注重收集并保存记录学生发展状况的资料，对这些资料的分析能够形成对学生发展变化的认识。在收集资料的时候，要提倡"小循环，快反馈"的方式，即一个事件一次评价，并且要及时对学生进行反馈。针对学生的优势和不足给予激励或具体的、有针对性的改进建议。这种评价的方式能使学生对自身的发展及潜力有清醒的认识，有助于他们坚定信心，发挥优势，吸取教训，获得更高、更快的发展。

𝒮. 没有完全一样的学生

——因材施教，分层教学

在青少年的身心发展过程中，由于遗传、环境和教育影响的不同，个人努力和实践的不同，同一年龄阶段的不同个体存在着个别差异。这种差异首先表现在身心发展的速度和水平不同。其次，表现在不同的方面发展的速度和水平也不同。最后，还表现在青少年具有不同的个性心理倾向上。因此，教师在教育教学工作中，要注意深入了解研究学生，掌握学生的个性特点，做到有的放矢，因材施教，充分挖掘每个学生的潜力。

一、分层实施，分层教学

每一个高中生都具有不同的特点，都有其不同的智力发展水平、兴趣爱好和生活经历。因此，每个学生在学习的过程中，总会有所差异。在班级授课的组织形式下，教师倾向于用统一的教学手段和方法，讲授统一的教学内容，期望培养统一规格的学生，而无视学生之间的差异，漠视学生的个性和特征。这种教育思想没有将学生看做是生命个体，而将学生看成教师的劳动对象，强调统一、标准和批量化"生产"。在追求民主和公平的现代社会中，教育乃是实现民主和公平的重要途径。新课程强调教育要在促进学生个性发展的基础上促进学生的全面发展。因此，教师要从学生的特点出发，差别对待，因材施教，最终促进学生成为有个性、全面发展的人。

（一）有的放矢，因"层"施教

厦门华侨中学的庄老师在数学教学中根据分层教学理论，在教学的各个环节中实施"分层教学"，体现了因材施教的教学理念。

庄老师认为实施分层教学主要是因为人的认识，总是由浅入深，由表及里，由具体到抽象，由简单到复杂的。教学活动是学生在教师的引导下对新知识的一种认识活动。数学教学中不同学生的认识水平存在着差异，因而，教师必须遵循人的认识规律进行教学设计。同时，由于学生基础知识状况、兴趣爱好、智力水平、潜在能力、学习动机、学习方法等存在差异，接受教学信息的情况也就有所不同，所以教学必须从实际出发，因材施教，循序渐进，才能使不同层次的学生都能在原有程度上学有所得，逐步提高。

1. 将学生"分层"

首先，教师根据学生发展水平和数学学习的能力将学生进行分层。庄老师总是先开个讨论会，在全班贯彻每个人都有优点，但每个人也有不足的思想。然后，让每位学生自己分析一下数学学科学习中的优势与不足，并增强学生的信心，告诉学生学习数学不在智力而在于毅力，每个人都能提高。并让学生讨论如何提高，不知不觉学生自己就会提出类似"分层教学"的方法。庄老师在此基础上采取成绩和兴趣及学习方法相结合分组的方法，由学生自己报名和老师建议综合起来分组。最后，按2:5:3的比例分为A、B、C三个层次：A层是学习有困难的学生；B层是成绩中等的学生；C层是拔尖的优等生。学生的层次也不是永远不变的，经过一段学习后，由学生自己提出要求，教师再根据学生的变化情况，作必要的调整，最终达到A层逐步解体，B、C层不断壮大的目的。

2. 在教学的各个环节中实施"分层教学"

第一，确定不同层次的教学目标。

分清学生层次后，庄老师以"面向全体，兼顾两头"为原则，合理制订了各层次学生的教学目标，并将层次目标贯穿于教学的各个环节。庄老师将教学目标分为五个层次：①识记。②领会。③简单应用。④简单综合应用。⑤较复杂综合应用。对于不同层次的学生，教学目标要求是不一样的：A组学生达到

①—③；B组学生达到①—④；C组学生达到①—⑤。在高一"含绝对值不等式的解法"这一节中，庄老师讲解具体的例子时，对A、B、C三组同学分别提出了不同的要求。A组的同学必须切实掌握教材中例1和例2的解题思路。对于B、C组的同学，在掌握例1和例2的基础上还要求他们掌握例3的解法。通过对例3的学习，让学生知道，解含绝对值的不等式，可通过分析绝对值符号中的代数式的正、负，根据绝对值的意义将其转化为两个不等式组来解。最后，对C组的同学，再要求其掌握例4的解法。例4将绝对值不等式分解为3个不等式组来解，有一定的难度，可提高优秀学生对含绝对值不等式的综合解题能力。像这样，对不同层次的学生提出不同的教学目标，基础差的学生不会因为听不懂课而丧失信心，同时优秀的学生也不因授课内容简单而失去兴趣。

第二，设置不同层次的课堂提问。

课堂提问是教师了解学生掌握知识情况的重要途径，也是启发学生思维、活跃课堂气氛、调动学生学习兴趣的有效方法。庄老师在提问时分层对待，对A组学生提出基础的、容易理解的问题；对B组学生，提出一些较灵活的问题，以锻炼他们的思维，巩固基础知识。对C组学生提出需综合分析、归纳概括的问题，也就是逻辑性较强，有一定灵活度的问题。

如讲对数函数时，通过引导后，关于对数函数的概念、图像及一般性质（定义域、值域、与X轴的交点、单调性）的问题可让A组学生回答；而关于函数值的变化规律的问题，则让B组或C组学生回答。庄老师将基础问题与拓宽的问题搭配，普遍性与针对性结合，让A、B、C三个不同层次的学生都有答得出的问题。

第三，布置不同层次的练习题。

各层次学生的作业练习量基本一致，但内容有所不同。在达到基本要求的前提下，庄老师分别设置与A、B、C三组学生水平相适应的练习题和作业题，题量与难度均在学生承受范围内，使每位学生的思维都处于"跳一跳，能摘到桃子"的境地，从而充分调动全体学生的学习积极性。

第四，编拟不同层次的单元试题。

单元检测是教师了解教学效果的重要途径，也是学生鉴别自己学习情况的重要参数。因此，庄老师在编拟单元检测题时，既保证实现教学目的，也顾及到A、B、C三个层次学生的实际水平，安排不同层次的单元检测题。在同一份试卷上提出不同的要求，如注明部分题只要求C组同学完成（如附加题），部分题只要求 A 组学生完成。也可以将检测题分成 A、B、C 三套不同的试卷，学生可以根据自己的实际情况选择不同的试卷。每次测验后各个组进步较大的同学可以上升一个小组，而退步的同学则下降一个小组。这样一来，让每一个学生在达到基本要求的前提下，均有尝试成功的机会。基础差的学生感到自己有奔头，对下一章节的学习充满信心；基础好的学生在不甘落后的内驱力的作用下，不敢有丝毫懈怠，勇往直前，从而使整个班集体形成你追我赶的学习氛围。

第五，安排不同层次的课后辅导。

课后辅导是对学生课堂所学知识进行查缺补漏的重要环节，也是巩固学生所学知识、提高班级整体数学成绩的有效途径。然而，由于受时间、精力以及学生个体基础层次差异所限，统一标准、同一要求的辅导往往收效甚微。为此，庄老师在做好学生思想工作、让学生明白"帮助他人提高自己"的前提下，实行学生逐级对口"扶贫"，发挥优生的领头雁作用。即 B 组辅导 A 组，帮助 A 组学生掌握对概念的理解，帮助他们分析课内外作业的错因以及解决习题中的疑点；C 组辅导 B 组，着重帮助他们提高分析、运算、思维能力，完成好课外作业。C 组由教师直接辅导，讲解一些综合性题型的解题方法，引导学生向更高的方向迈进。这样，既打牢了 A、B 组学生的知识基础，提高了 C 组学生的思维能力、表达能力和解题能力，又减轻了教师课外辅导的负担，调动了全班学生的学习积极性，使不同层次的学生得到共同提高。

面对学生"参差不齐"的实际水平，庄老师在普通高中数学教学中尝试地运用"分层教学"，充分尊重学生的人格，关注学生的不同个性。庄老师通过在各个课堂教学环节中渗透分层教学的思想，使学生的学习目的明确，自觉性增强，学习兴趣浓厚，达到了缩小两极分化，大面积提高数学教学质量的目的，从而促进了学生的发展。

（二）弹性要求，分层教学

广东省连南连顺民族高级中学教师骆木友在语文教学中也尝试分层教学的方法，给不同水平的学生制订不同的教学目标，布置不同的任务，使不同层次的学生都能通过努力获得发展。

要搞好语文分层教学研究，骆老师觉得要做好下面几个"分层"：

1. 目标分层

现行教材具备"弹性要求"，"上不封顶，下要保底"的特点。而这又与它的另一特点"明确教学目标要求"相联系，这为分层次教学在把握目标上提供了依据。骆老师为不同层次的学生确立不同的培养目标，提出不同层次的要求：A层：优等生要进一步拓宽视野，发展思维，提高能力，创造性地完成语文教材的学习任务；B层：中等生要能够较好地掌握语文教材的基础知识和基本技能，能够独立思考，具有一定的分析问题和解决问题的能力；C层：学困生能掌握语文教材最基础的知识，基本能完成课堂教学的学习任务。具体操作是这样的：

A层学生目标："放手走"，一步多梯，通过理清基础知识，"交叉"、"综合"求发展，重视知识的系统性、应用性，使他们能举一反三。以这种"转化"求创造性适应、活用知识，培养他们优秀的心理品质、科学的思维能力和创新能力以及顽强的生存能力等，其核心是创新能力。让学生的知识由迁移到创新，提高学生素质。

B层学生目标："中速递进"，一步两梯，引导他们理清基础知识，并形成思维。如知识交叉，能熟练运用知识。重点培养他们的思维能力。在学习过程中，体现分析与综合，抽象与概括，使其达到"举一反三"的水平，完成知识的再次飞跃。

C层学生目标：低起点、小步子、小坡度，缓步前行，一步一梯，解决基本问题。激活他们的思维，让他们获得一般发展。

2. 教学分层

骆老师在语文课堂中实施分层教学是以班级教学为主，小组教学为辅。总的原则是教材、进度、课时数、教学手段及教学活动形式等方面基本统一。一般而言，共性问题采用班级教学解决；反映不同层次个性的问题则采用分组教学。分类指导则指对于中等以上学生，教师要提出明确具体的学习任务，着重培养他们的独立学习能力；对于低层次的学生，教师要多加辅导，并多创设机会让同组中的学生加强学习合作，让优生多帮助学困生解决学习上的困难。分层教学实施具体过程如下：

（1）备课的层次化。在备课时，要突出层次性，注重因材施教。骆老师根据学生的基础和认知能力，围绕主体参与这个中心，确定不同的教学目标和学习目标，尽可能做到使差生"跳起来摘果子"，让中等生吃好，优等生吃饱。备课时，骆老师还充分学习大纲，钻研教材，以落实"三基"为根本，分析学生，精选题目，突出小型综合；注重分层训练，重点突出 A、B 两层的标准，C 层注重技能，提高速度。在语文分层教学中采取相应而又适宜的教学策略：如根据个别差异设立不同教学目标，根据学生实际增删不同教材内容，根据学生的差异允许不同学习进度。总之，在备课时一定要做到内容与学生的协调性，为成功组织实施分层教学做好充分准备。

（2）授课的层次化。骆老师根据备课要求，授课时着眼于 B 层中等学生，实施中速推进，课后辅导兼顾 A、C 优差两头，努力为差生的达标创造条件。上课时合为主，分为辅；课后则分为主，合为辅。做到对 A 层学生少讲多练，让他们独立学习，注重培养其综合运用知识的能力，提高其解题的技能技巧；对 B 层学生，则实行精讲精练，重视双基教学，着重在掌握基础知识和训练基本技能上下工夫；对 C 层学生则要求低，坡度小，放低起点，浅讲多练，查漏补缺，让其掌握必要的基础知识和基本技能。课时进度以 A、B 两层学生的水平为标准，上课以 A、B 两层的要求为公共内容。课堂提问注重层次性，具有启发性，及时点拨，充分发挥学生的非智力因素作用，让学生"不跳得不到，跳一跳抓得到"，只要努力，都能享受到成功的快乐。

课堂教学形式也要灵活多样，教师要积极引发各层学生的学习动机，提高课堂教学的实际效果。

3. 作业、练习、反馈检测分层

分层练习是分层施教的重要环节之一。骆老师为了随时掌握学生的学习活动情况，及时帮助学生克服学习过程中的困难，在授课过程中运用练习对学生的学习进行监督，发现问题，及时矫正。骆老师在设计练习或布置作业时提出"两部三层"的原则，"两部"是指练习或作业分为必做题和选做题两部分；"三层"是指教师在处理时要具有三个层次：第一层次为知识的直接运用和基础练习；第二层次为变式题或简单综合题，以 B 层学生能达到的水平为限，使学生把所学的知识转化为技能，实现知识的内化；第三层次为综合题或探索性问题，主要供学有余力的 A 层学生练习，使学生的学习优化。第二、三两层次的题目为选做题，这样可使 A 层学生有练习的机会，B、C 两层学生也有充分发展的余地，并且都能使他们享受到成功的喜悦，因而提高了学生学习的积极性。实行分层练习和分层检测，有助于教师正确把握学生的学习情况，开展个别教学活动，有助于大面积提高教学质量。

在讲授《项脊轩志》时，骆老师设计了这样的作业：

（1）必做题：①掌握文中的字的读音和通假字；②理解文中的实词的意思；③基本上能串讲课文大意。

（2）选做题：①掌握文中虚词的意义和用法；②掌握文中词的活用情况；③掌握文中的文言文特殊句式；④用现代汉语改写课文；⑤对课文写法试作评析。这样的作业贴近学生的实际水平，具有一定的针对实效性，还能满足学生不同层次的求知欲望，特别为学有余力的 A 层学生创造了发挥潜力的余地。

4. 课外辅导分层

（1）集体辅导与个别辅导相结合。集体辅导主要面对中等生，以巩固其学习目标为目的，针对课堂上大多数同学感到困难的重难点问题，仔细加以解决。个别辅导主要是兼顾优生和差生，分别给他们"吃小灶"。如古代诗歌赏析，要求优生不仅理解内容，而且能赏析诗歌的写作技巧等；对后进生，要求其了解诗歌的内容和诗人的思想感情。

（2）课内辅导与课外辅导相结合。不同层次的学生其学习内容、学习方法的指导都要因人而异。教师在课堂上进行个别点拨、个别启发和个别纠正是必要的，也是应该的。课堂上解决不了的问题，应该在课后及时解决。对差生要面批、面改，而对优生要加强检查、督促。

骆老师在整个教学过程中都一直强调因材施教，在目标的制订、教学的实施、课外辅导等都渗透了分层思想，强调根据学生的不同个性和发展水平提出不同的要求和任务。使有能力的学生不因教师照顾大多数而限制了发展，使发展较慢的学生也不会被忽视，使不同层次的学生都能得到发展，体现了新课程关注所有学生和尊重学生的思想。

二、彰显个性，完善自我

个性是一个人独特的心理特征的综合。在同等条件下，个性越鲜明，创造力就越强。因此，新课改提出了教学的个性化。个性化教学就是要广大教师坚持"以人为本"的发展理念，尊重学生的人格，关注学生的个性发展，促使每一个学生都能找到适合自己的个性才能发展的独特领域。

江苏省泰兴市第三高级中学赵季生老师在政治教学中尝试个性化教学，促进了学生个性的发展。赵老师在高中政治教学中以学生发展为本，重视高中生在心理、智力等发面的发展潜力，在尊重学生个性差异和关心他们生活的同时，恰当采取释疑解惑、循循善诱的方式，帮助他们认同正确的价值标准、把握正确的政治方向，同时，倡导开放互动与合作探究的学习方式。赵老师认为个性化教学的施行主要从以下几个方面着手。

　　首先，尊重学生的个体差异，注重分类指导、坚持分层施教。

　　赵老师在教学中主动分析学生的个性特征、心理需要，通过个性化教学满足他们的个体需求。通过多渠道正确了解、把握每个学生的特点及发展潜力，注重分类指导，为每类学生提出适合其发展的有针对性的建议，让每一类学生在原有的基础上都得到发展。例如，高中女生普遍擅长形象思维，而男生一般善于逻辑推理；城市学生知识面较为宽广，而农村学生知识面狭窄。针对差异，赵老师充分发挥各类学生所长，适当引导，分类要求，同时有意识地去弥补其不足。赵老师坚持分层施教，无论从课堂问题的设计，作业的布置以及课外实践活动的开展，都坚持分层要求。如针对尖子生或具有特殊才能的学生，要给他们创造条件，向他们提出更高的要求，让他们向着更高的目标前进，而对后进生或者学困生则着重对他们进行思想引导，方法指导，知识辅导。只有这样，才能真正达到个性化教学的目的：让每一个学生都能抬得起头来，让每个学生都成为优秀的自我。

　　其次，尊重、信任学生，善于变静态课堂为动态课堂。

　　课堂教学是实施个性化教学的主渠道，学生是课堂活动的主体。个性化教学主张尊重学生的人格，充分信任学生，关注个体，创设能引导学生主动参与、开放式的学习环境。赵老师在教学中利用教材中的"名词点击"、"相关链接"、"专家点评"、"深究"等教学资源，实施由静态课堂向动态课堂转变，把学习中的发现、探究、研究等认识活动凸现出来，为学生的个性自主学习提供拓展、延伸的平台。增强课堂调控艺术，注重师生间、学生间的动态的信息交流，以达到师生间的共识、共享、共进，形成真正的学习共同体。

　　赵老师在教学中运用个性化教学开启封闭学生个体发展的大门，根据不同学生的发展水平和特点，坚持分层施教，引导学生独立思考，主动获取信息，实现知识、能力和人格的协同发展。

　　实施个性化教学，教师也要重新审视与定位自身的角色，展示教师自身的教学个性。

首先，设计独树一帜的个性化教学思路。

教师要不拘一格地设计教学思路，不拘泥于教参，不拘泥于一家之言、之行，不受前人教学模式的束缚，为教学赋予新意。找准如何发展学生的个性这个教学思路的"突破口"，把课堂还给学生，让学生说个性的话，讲真实的事，敢于质疑问难，让课堂充满学生的个性活动。

其次，要寻求与众不同的个性化教学艺术。

与众不同的个性化教学艺术，需要教师运其才智，相机诱导，体悟传神，发展学生个性。善于捕捉学生在生活中感受和关切的东西，充分利用新课程中数字、图表、图片和漫画、体验性目标的设定等教学资源，引导学生在联想、体验之中融入自己个性的理解，将教学的情趣、学生情感引向高潮。

第三，塑造别具一格的个性化教学风格。

教学的个性，体现在教学中，就是将独创性教学方法和与众不同的教学手段相融合，形成切合教师个性实际的教学风格，从而在教学上产生对学生个性教育最大的效果。

三、实施分层教学必须解决的几个问题

分层教学模式虽然有很多的优点，但也绝非万能。因此，教师在实施中应充分估计工作中的问题，并认真研究，找出对策。审视目前分层教学模式实施的情况，教师应注意解决好以下几个问题。

（一）要解决好分层的原则与分层的办法

首先，分层教学的目的是"因材施教"，要确定"材"的素质和水平。目前，我们对学生的分层主要依据对新生摸底的结果，所以测查的内容、难易的程度、考查的结果等是否科学、客观，有没有参考价值，这是个重要的问题。其次，分层要考虑学生的"出口"与"进口"的对接，"低进高出"虽然是努力方向，但不能成为考核学校及教师的依据。分层要使学生的不同水平、不同需求在发展中柔性衔接，使学生从分层开始，学生就有了信心、有了动力、有了希望。

（二）要解决好家长的疑虑和学生的思想负担

分层容易让人联想到过去的分"快班"、"慢班"，容易让学生产生"自卑"心理，家长也觉得"没面子"。所以，做好学生及家长的工作尤为重要，在分层教学的试验之前一定要加强宣传其有利的一面，同时提醒学生和家长，做好顶住压力的思想准备。其实，无论如何分层，学校都将以学生能否进步为判断得失的标尺。

（三）要解决好管理中出现的新问题

分层教学模式对传统的学生管理和教务管理都提出了挑战。学生不是在班主任的监控、"保护"之下，任课教师又不能保证全员性管理，不稳定因素会增大，管理的范围会拓宽，学生将需要一段时间的适应。分层教学给教务管理带来更多的变化，诸如教学计划、大纲、教学内容、实验设备以及课程编排等。这就要求管理者、任课教师，增强服务观和责任感，以适应这一模式的需要。

（四）要提高对教师的要求，也要为教师提供更好的教学条件

分层教学模式对教师提出了更新更高的要求。首先，教师不能高高在上，脱离学生，而应该随时深入学生，了解学生的"最近发展区"、学习兴趣以及学习的目标；其次，教师将结束一个大纲、一个教案、一只粉笔、一张考卷的历史，而要精心地设计课堂教学活动，针对不同层次的学生选择不同的内容和恰当的方法、手段，灵活组织教学，丰富教学手段，充分调动学生的学习主动性，创造良好的课堂教学氛围，形成成功的激励机制，确保每一个学生都有所进步。因此，作为学校，就必须为教师的教学改革提供更多的方便和更好的服务。

（五）要解决好分层后的评价方法

教师分别承担不同基础学生的教学任务，他们所接的班不同，达到的质量目标也应不同。如何判定分层教学的工作质量和教学水平是一个大问题。因此，在这一模式下对教师的评价应考虑其教学难度系数，同时必须由强调结果转变为强调过程。

4. 策略多端

——教师要成为谋略家

新课程提出改变学生的学习方式，倡导合作学习、探究学习以及自主学习等新的学习方式。为此，教师要灵活运用各种教学方法和策略，来适应新课程的要求。在此过程中，教师要转变自身的教学观念，不断地丰富和完善自身的教学艺术与策略，要根据不同的学情和教材，采取不同的策略和方法，以更好地促进学生的学习方式的转变。

一、创设教学情境的策略

学习情境的有效性将直接影响教学效果。在具体教学中，教师应根据课程及教学目标的要求、课程内容的特点，设定具体学习情境，并与选择的方法进行优化组合，形成一个可以产生合力的有机结构。有效的学习情境创设可以调动学生的积极性，激发他们学习和探究的兴趣和欲望，产生积极的学习态度。

浙江余杭高级中学的陈跟图老师在化学教学中，积极创新，细心总结，开发了一些创设有效教学情境的策略，值得我们学习。

（一）创设生活情境

化学与生活密切相关，生活中有很多学生感兴趣的化学问题，如加碘盐、维生素的摄取、食品中的添加剂、废旧电池的收集与处理、水体污染、新能源的开发等。在教学设计时，选择与学生生活联系密切的素材创设学习情境，可有效地培养学生的学习兴趣及应用化学知识的能力，实现知识从实践中来再到实践中去的理念。

陈老师在《卤素》一节的教学中，引入了"加碘盐"，并设计了以下的问题情境：

1. 加碘盐中加入的含有碘元素的物质是什么？

2. 如何证明一袋食盐是加碘盐？

3. 如何正确使用加碘盐？

4. 加碘盐应如何保存？

5. 如何测定加碘盐中碘的含量？

6. 碘与人类健康的关系？

7. 人类补碘的途径有哪些？

这些内容贴近学生的实际生活，在课堂上学生学习的积极性就都很高，他们相互交流，相互合作，取得了很好的教学效果。

（二）创设实验情境

陈老师充分利用改进和补充实验来创设学习情境，取得不错的教学效果。

例如，在《电离平衡》的教学中，可以增设醋酸的导电性实验：向烧杯中加入一定量的冰醋酸，将两个电极插入冰醋酸中并接通电路，此时灯泡不亮，然后通过漏斗向烧杯中加入蒸馏水，随着水量的增加，灯泡由不亮到灯光逐渐增强，直至最亮，再逐渐变暗，最后熄灭。这样的设计，可以让学生直观地感受醋酸溶液的导电性与其电离程度之间的关系，有利于他们理解弱电解质的本质内涵。

在《硝酸》的教学中，陈老师演示了铜与浓硝酸反应的实验，要求学生认真观察反应现象：开始时反应速率较慢，片刻后，反应速率大大加快。针对这一现象，陈老师在课堂教学中，让学生根据反应速率原理提出各种可能的假设，并设计实验加以证明；反应后，所得 $Cu(NO_3)_2$ 溶液的颜色为绿色，而铜与稀硝酸反应后所得溶液的颜色为蓝色。陈老师又充分利用这一差异，引出了一个新的实验课题：溶液中 Cu^{2+} 的显色机理的探究。

（三）创设资料情境

在教学中，陈老师把与学习内容相关的背景材料作为学习情境呈现给学生，引导学生分析、整合已知信息，有效地培养了学生主动获取知识的能力。

在《性质检验实验方案设计》的教学中，陈老师首先呈现如下学习情境：草酸又名乙二酸，是最简单的二元羧酸，其分子式为 $C_2H_2O_4$。无水草酸的熔点为 189.5℃，能溶于水或乙醇，不溶于乙醚。常见的是带有两个水分子的草酸晶体，其熔点为 101.5℃。实验室可以利用草酸受热（175℃）分解来制取一氧化碳气体。在日常生活中，常用草酸溶液除去衣服上的铁锈或蓝墨水汁。然后，要求学生写出草酸的结构，并根据草酸的结构和提供的资料预测草酸的性质，最后设计实验检验预测并得出结论。在教学实践中，学生经过热烈讨论后，都能较快地列出草酸的化学性质并设计相关的实验来证明。尤为可喜的是，学生还利用资料中的熔点信息，在设计草酸晶体受热分解的装置时，修正了书本上的装置图。这样的教学，远比教师直接讲解更有效，也更能培养学生的创新能力。

（四）创设新闻情境

陈老师让重大的新闻事件走入课堂，在教给学生有关的化学知识的同时，培养学生应对突发事件的处理能力，增强学生的社会责任感和环境保护意识。

在学习《硝基苯》时，陈老师让学生观看央视焦点访谈"松花江水体污染纪实"的部分录像，然后依次提出一组由易到难、有梯度的问题，让学生共同讨论：1.描述硝基苯的物理性质；2.要消除水体污染物应从哪些方面入手？3.从现有条件出发，提出快速清除污染物的应急措施；4.谈谈这件事对你的启发；5.写一篇《我为环保尽份力》的短文。

（五）创设史料情境

"学史可以使人明智，化学史更可以给人智慧。"陈老师在教学中结合教材内容，适当增加化学史实，利用化学史料创设学习情境，使学生感受到知识的动态演变过程，揭示出认识过程中的科学态度和科学精神，使学生学到形成知识和运用知识的科学方法。

在"元素周期表"教学时，张老师用"元素周期表的昨天、今天、明天"为主线来设计教学过程。从介绍早期的"三元素组"、"螺柱图"、"八音律表"，到1869年门捷列夫的第一张元素周期表，让学生体验科学研究的艰巨性和创新性，然后让学生根据元素周期律自己动手画一张1—18号元素的周期表，再展现现代的元素周期表并让学生对未来的周期表作出展望。

在讲解纯碱知识时，介绍我国著名的化学家侯德榜发明侯氏制碱法的过程，并以他的名言"黄头发、蓝眼睛能做的事，我们黑头发、黑眼睛也一定能做到"来激励学生。这样的设计，既能充分调动学生的情感，又能培养学生实事求是的科学态度，学到科学研究的基本方法。

（六）创设动画情境

张老师充分利用多媒体技术使抽象问题变得具体，为课堂教学提供丰富多彩的视听景象，极大地提高了学生的学习兴趣，激发了学生思维的积极性。

在《原电池原理及其应用》的教学中，张老师为激发学生的好奇心及探究兴趣，在新课引入时创设了如下的动画情境：在盛水的烧杯中，悬挂一铁圈和银圈的连接体，并使之平衡，小心地向杯中两圈的连接处滴入 $CuSO_4$ 溶液，猜想在片刻后可能产生的现象，并说出你的理由。

学生根据已有的知识和经验认为，铁置换出铜使铁圈的质量增大而银圈的质量不变，故铁圈下沉银圈上浮。学生回答完毕后，张老师及时反问，事实真的是这样吗？并告诉学生：实践是检验真理的唯一标准，然后放该实验的模拟动画，学生看到的现象与他们的设想恰恰相反。这时，他们表情惊讶、满脸疑惑，每个人都想尽早知道其中的奥秘，这为后来的课堂教学创设了浓厚的探究氛围。在学生完成探究并初步掌握了形成原电池的条件后，再回到该情境，学生已能非常顺利地解释动画中出现的现象了。这样的设计，初始主要是使学生在认知上产生巨大冲突，可极大地激发学生的探究热情，在课堂的后期又回到该情境，起到首尾呼应的作用。

张老师通过精心创设符合学生身心发展和认知规律的化学学习情境，使学生由情入境，情境交融，有效地激发了学生的学习兴趣及动机，培养了学生的创新思维，最终使课堂教学真正"活"起来，实现了课堂教学效益最大化。

为了最大限度地发挥学习情境的教育价值，在创设"有效学习情境"时，应做到：1. 根据学生的生活经验和已有知识创设情境；2. 情境设计应有针对性，由情境引申的问题要有层次性、探究性；3. 情境设计要有启发性和迁移性；4. 情境设计要有开放性。

二、师生互动教学策略

师生互动的教学，是教师通过引导启发，设置情境，使学生能够主动思考，积极探索，热情参与到教学过程中来，通过教师与学生之间的对话，共同完成学习任务的活动。师生互动克服了传统教学中单纯教师讲，学生听的弊端，有助于学生思维能力的发展和合作精神的培养，使学生真正参与到课堂中来。

南通市小海中学秦莉莉老师在政治教学中注重教师的教和学生的学的统一，关注学生与教师相互之间进行良好的交流与沟通，在互动中，师生实现共同发展。秦老师认为构建互动教学模式要从以下几个方面入手。

（一）情景诱导，努力营造良好的互动氛围

创设情境，是师生互动的起始环节。创设情境，一般应采取三个步骤：第一步，创设情感情境。教师要把微笑带进课堂，把信任送给学生。教师要挖掘教学内容的情感素材，调动学生的好奇心、兴趣，用情绪感染、引发学生的情感共振，使其进入"愤"、"悱"的最佳学习状态。第二步，创设学习情境。及时把学习情境呈现给学生。学习情境的种类有问题情境、任务情境、案例情境、讨论情境、表现情境、操作情境等，不论是哪一种学习情境，都要突出问题性，使学生经过思考和探究才能实现目标。教学中可能需要几次创设学习情境，这应视学生的学习状态来决定。第三步，提供引导性材料。创设情境的方法有语言描述情境、音乐渲染情境、图画再现情境、实物演示情境、生活展现情境、表演体会情境，或运用多媒体手段声像并茂地呈现情境等。教师要从自己的素质、风格和教学条件出发，灵活地运用各种方法。例如，在上高中政治必修二《中国共产党：立党为公，执政为民》这一课时，秦老师就是通过多媒

体展示新时期先进人物郑培民的事迹来创设情感情景，引起学生的共鸣，从而诱导学生积极开展互动，在互动中探究、在探究中生成。

（二）自主探究，有效落实师生互动的目标

所谓自主探究，就是在老师指导下学生自主学习相关的课文内容和参考资料，在自主学习的过程中去发现未知，在新经验与原有知识经验的相互作用中诱发疑问，在"不愤不已，不悱不发"的境界中进一步增强自己的探究心理和尝试探究行为的过程。首先，留足探究时间。一是留足课前自学时间。少布置书面作业，多留点让学生自主查找资料进行课前准备的自学时间。二是课堂自学时间，感知教材内容，领悟所学知识，探寻重点、疑点、盲点，激发探究热情。其次，引领探究方向。师生互动应是一种有目的、有计划、有组织的教学活动，教师要"导在所当导，放在所当放"。再次，提供探究素材。探究素材应当由三部分组成，一是学生课前查找的材料，二是教师补充的材料，三是高中政治教材中提供的材料。教师要让学生根据教学情景所涉及的内容和以上三部分材料，自主地去探究本节课应学的知识内容，从而发现认知上的或思想上的疑点，找出解决问题的方法。

（三）科学的课堂管理，有效保证师生互动的开展

教师要以一种民主、开放的态度，合作、宽松的方式进行课堂管理，认识到自己面对的教育对象是鲜活的生命体，是有思想、有活力、有个性的独立的个体。教师要在课堂上能够创造一种充满信任、理解、真诚、关爱、尊重、宽容、接纳、期望、自由的关系氛围，就能使师生之间发生积极的情感互动。在这样的氛围中，学生才会积极与教师沟通，与同伴交流，课堂上真正的互动才能发生。教师要用真诚的行动来表明自己接纳、重视、关心每个学生，以此来营造一种积极的课堂氛围。首先，教师要学会仔细倾听，倾听是人与人之间感情交流的最基本方式。课堂上，不管是好学生还是差学生，在他们回答问题、表达自己的观点时，教师都要仔细倾听，不要因为学生观点错误，就打断他，不让他说下去。仔细倾听让学生感到教师在认真对待他、尊重他，他所讲得有价值，值得教师付出时间和精力。其次，教师可以运用面部表情、各种手势来

表达感情，有时对学生一个真诚的微笑就如同说："我关心并支持你"，竖起大拇指、OK的手势、放松的动作或简单的招手等，都可以把承认、接纳和关心的信息传达给学生。

（四）反思生成，积极推进师生互动的升华

反思生成是在自主学习和合作交流的基础上建构知识体系的阶段，也就是把学生在自主学习中新得的知识进一步归纳、强化、迁移，并构建新的知识体系内化成自己的素质的阶段。提倡反思生成，就是强调教师要善于引导学生对自学、交流过程中的"空白点"进行思考、再思考，并能将之运用到社会实践中去解决生活中的实际问题。课堂教学的反思可分为课内反思和课外反思两个方面。课内反思是学生对本节课所学内容的再现、再思考，并能提出有价值、创新的问题以及独到的见解。课外反思是学生运用课内所学知识去分析、解决社会生活中的实际问题，并付诸实践，从亲身实践中达到知与行的统一和升华。课外反思有多种形式，其中的一种形式就是结合实际撰写小论文。

课堂不是静态的，而是动态生成的，是师生共同参与的创造性的活动。只有建立起师生之间积极的情感互动，课堂才会充满生气。只有教师与学生之间进行良好的互动才能提高课堂活力，促进课堂教学的生成性，提高课堂教学的实效。

三、探究教学策略

探究学习是新课程倡导的学习方式，强调要培养学生积极主动的学习态度，使学生能够主动、自觉，可控、有计划地进行学习，真正成为学习的主人。学生学习方式的转变最终取决于教师的引导和教学方式的转变。教师要深刻理解探究学习的内涵，在课堂教学中要放开学生的手脚，开启学生头脑，使学生在自主的天地中，发挥才智和潜能，汲取知识的营养。

多年来，科学教育工作者一直倡导以探究为基础的学科教学，然而探究教学中学生的成果一直令人失望。部分原因在于教师实施探究教学的愿望与运用探究教学方法和技能的实施之间存在着矛盾，这一矛盾实质上是教学策略的问题。浙江省温州市任岩松中学的陈宗造老师，通过高中物理探究性课堂教学的

有关课题研究，建立了一套行之有效且操作性强的探究性课堂教学策略来解决这一矛盾。探究性课堂教学策略大致包括提出问题、形成假设、制订方案、整合资料、验证结论、评价交流等六个阶段。

1. 提出问题

（1）产生问题意识。陈老师认为问题是探究教学的关键要素，教师要创设一定的问题情境，并使学生产生相应的问题意识。问题意识会激发学生强烈的学习愿望，从而使其注意力高度集中，积极主动地投入学习。

（2）提出可探究的问题。适当的问题是探究的起点，提出什么样的问题与怎样提出问题，就成为关键。陈老师让学生从现实生活中提出与物理学科有关的实际问题，并转化为物理问题。或者从教材出发，挖掘探究因素，提出探究的问题。提出问题的难易程度要适合全班同学的实际水平，保证大多数学生在课堂上都处于思维活跃的状态。而只有既适合于学生水平及生活实际，又具有一定的实际意义及生活情趣的问题，才能使学生产生有所收获的探究活动。

2. 形成假设

陈老师让学生在解决问题的过程中，不能仅靠盲目的尝试，要根据已有的理论、自己的经验和所收集到的有关资料、事实，对所研究的事物提出一种带有推测和假定意义的设想。

3. 制订方案

设计实验是一个创造过程，是探究中非常重要的环节，直接影响到探究的结果。为了保证有计划、有步骤地进行探究，学生需要制订探究的方案。在这一过程中，一方面要体现科学家进行科学研究的思想和方法，另一方面要使学生明确探究目的，带着问题去研究。陈老师先放手让学生大胆地去设计，然后，小组之间、组与组之间讨论方案的可行性，看哪组设计的方案好，对设计有困难的学生加以积极地引导。例如，在讲"光的反射"时，有的组设计的方案看不出入射光线、反射光线传播的路径，只能看到反射光射出的一个点。这时，教师要加以引导，才能将入射光、反射光的传播路径显示出来。值得注意的是，在完全开放、完整的探究活动中，学生设计实验是必要的。但在部分探究活动中，根据教学内容和实际情况，教师可以为学生设计好实验方案，让学生按方案进行探究。

4. 整合资料

物理实验是学生认识物理现象及其运动规律的一种教学方法。学生设计问题之后，陈老师只作为信息、实验器材的提供者出现。例如，①给出如下器材：一节干电池、电阻箱、电流表、电压表、滑线变阻器、电键和导线。要求学生用不同的方法，测出电池的电动势和内阻。②根据有限的几件器材，要求学生设计出能做不同实验的各种方案。在信息资源方面，美国教育学者的研究表明：学生们需要的，并不是完美无缺、已精简的资讯。他们要自己动手学，综合自己所理解的，而这个理解通常是基于亲身的试验。例如，在为学生提供网上资源时，提供网站比直接提供经教师筛选并提炼后的信息更能培养学生对信息的检索筛选和处理能力，并能加深他们对问题的理解。

5. 验证结论

在探究式教学模式的这一阶段里，学生的主要任务是得出结论。在作出假设和收集资料后学生要进行整理，把资料与假设联系起来，把证实的假设结合起来，否定未证实的假设。通常，学生把必要的假设和各种资料联系起来时，结论就自然出现了。在这一阶段，陈老师要求学生回顾其活动，促使学生得出结论。这时有可能出现两种情况，第一种情况是学生可能对一个他们认为能说明所有资料的解释感到满意，但实际上并不是这样，或者一些重要因素尚未分离出来。在这种情况下，陈老师想方设法让学生收集更多的资料或进一步分析已有的资料。第二种情况是学生可能对上面叙述的结论形式感到某些困惑或不确定，可能要求教师证实他们的解释。这种可能性特别容易出现在学生身上，他们可能由于教师没有对他们的解释作出确认而感到灰心丧气。这时，陈老师就会对他们进行肯定和赞扬。

6. 评价交流

在探究教学中，评价根据学生探究能力的不同可以有不同的要求。学生刚刚进行探究性学习，因而对探究活动这种主体性十分强的学习方式尚不适应。陈老师采取的策略是对学生的行为表现予以肯定或否定，使学生不至于茫然失措，并使他们逐步构筑自己的认知策略。随着学习的深入，陈老师逐步引导学生自己进行评价，让他们通过反思发现研究的不足。学生可以就探究式教学过程中的任何问题进行交流，包括本人或本小组的探究结果、学习方式、学习技巧、心得体会等。在评价的过程中，教师不仅评价结果，还评价学生的探究精神与探究态度、探究方法与能力、探究行为习惯等。陈老师采取的评价形式也很多样，包括自我评价、小组评价、小组相互评价、教师评价，还有各种评价主体相互结合的评价：包括绝对评价与相对评价、定性评价与定量评价、静态评价与动态评价等。

探究性教学的实施步骤并不是一成不变的。因此，在探究性教学的实施过程中，我们应灵活处理。探究性教学的实施策略也并不是万能的，对于不同的教学情景、不同的师生应有所不同。但是，在探究性教学的实施过程中应始终坚持以人为本，创设自由的学习氛围，培养学生质疑解疑的能力并鼓励创新的想法。

从陈老师的物理课堂的探究教学中，我们也可以总结出探究教学普遍性的教学策略，对其他学科的老师实施探究教学都具有借鉴意义。

首先，创设情景，激发学生学习的兴趣。

并非所有学生都很愿意、很积极地学习，这里既有学习态度和动机的原因，也有个性特征和个人偏爱的原因。学生只有有了兴趣，把学习活动当成是一种享受、一种愉快的体验时，才会越学越想学，越学越快乐。因此，教师一定要想方设法创设有利于激发学生学习兴趣的教学情景。教师可以通过提出一些问题让学生思考，或引导学生利用课本知识解决一些贴近生活、学生喜闻乐见的实际问题，使学生感到学习确实对解决生活中的问题有用，从而提高学习的兴趣。

其次，把问题作为贯穿整个学习过程的主线。

教师创设问题情景之后，使学生在这一情景中发现问题，积极思考；明确问题，提出解决问题的方案，解决问题；由学生自行发现规律、原理。或者由老师设计问题，让学生寻找解决问题的方法和途径。问题往往能帮助学生明确学习目的，有助于激发学生的学习动机。如果没有问题，那么学生就没有学习的目标，不知道学什么，如何学；有了问题，学生才明确了自己的学习任务，才知道要解决什么问题，才明确学习的目标。因此，教师在备课的时候要把设计问题作为重要的一环，找准学生的最近发展区，根据学生的知识水平和认知能力、解决问题的能力，精心设计好问题。

再次，要给予学生足够的思考时间。

课堂上要给予学生充分的思考时间，切忌一提出问题就叫学生回答或讨论。学生没有独立思考的时间，是不能提高学习能力和解决问题的能力的。为了使学生不受课本的解题方法影响解题思路，培养学生临时发挥、独立解决问题的能力，教师在课堂上让学生思考课本中的问题时，一般不允许学生看书本的解答过程，待学生思考结束，有了自己的想法和解决问题的方法后，再与课本对照、比较。课堂上老师少讲一些，一般在7分钟左右，主要讲精髓或学生感到百思不得其解的地方，把绝大部分时间留给学生思考。实践证明，这样对培养学生的学习能力很有效，同一个问题学生常常想到多种解法。

最后，要善于发挥教师的引导作用。

学生的主体地位是通过教师的引导作用来实现的，没有教师的引导，就会导致学生放任自流，就会变成随意性的学习，就不能发挥学生的主体作用。当学生遇到困难时，教师引导他们去克服困难；当学生的思路狭窄时，教师启发他们拓宽；当学生迷途时，教师为他们指明方向；当学生感到无路时，教师为他们铺路搭桥，把学生从"山重水复疑无路"困境中引入"柳暗花明又一村"的佳境。这样学生才能在教师的引导下自主学习，积极思考，自主探究，一步一步地向前发展，逐步提高学习能力和解决问题的能力。

四、如何保证教学策略的有效性

（一）教学准备策略

教学准备策略主要是指教师在课堂教学前所要处理的解决问题的行为，它是提高教学效益的基础，而准备的成果是通过教案集中体现出来的。应该引起重视的是，目前，教师在处理教案中存在两个错误倾向：一是课堂教学叙写的教学目标不明确、不具体；二是当前教案管理中还有很多不科学之处。

第一，教学目标是教师专业活动的灵魂，是每堂课的方向，也是判断教学是否有效的直接依据。而有的教师在教案的撰写过程中，常使用笼统模糊地、华而不实的语言确定目标，指向不明确不具体，失去了应有的可操作性。如此制定目标，对实际的课堂教学没有管理或评价的价值，也就没有具体的指导意义。规范的教学目标应该符合下列要求：行为主体必须是学生而不是教师；行为动词必须是可测量或可评价的、具体而明确；行为条件是指影响学生产生学习结果的特定的限制或范围，为评价提供参照的依据；表现程度是指学生学习之后预期达到的最低表现水准，而不是不切实际的空想。

第二，对教案的管理本身只是一种手段，而不是目的。管理教案的目的是为了后续教学的实施。然而，目前学校对教案的管理有一种倾向就是走向过于烦琐的所谓规范化、标准化。我们知道，教案的规范化管理对新教师和欠胜任教师来说是必需的，但对合格教师尤其是优秀教师而言，过于规范可能是弊大于利。教案可以是物化的书面计划，有时也可以是在头脑里的思路。既然是合格教师或优秀教师，教学准备的产物应该是多样化的，大可不必追求一种形式或模式。教学实施本质上说是一种艺术，需要个性化，没有个性化的教学（包括教案），就不可能有独特的教学风格。如果把这种管理权部分交给学生，由学生来评价教师的备课是否认真与充分，可能会带来更好的效果。教学准备后实施的要点不是贯彻计划，而是要根据课堂情景与学生的反应进行适时调整。

（二）教学实施策略

1. 营造民主平等的课堂教学氛围，让学生在自由空间中表现

民主平等是现代师生关系的核心要求。学生与教师是平等的人，他们有自己的权利、尊严、思想感情和需要。教师要尊重学生的人格，包括对学生独特个性行为的接纳和需要的满足，同时又要让学生有自我表现的机会，意识到自己的存在，体验到自己作为人的一种尊严和幸福感。因此，教学过程应该是师生交往、积极互动、共同发展的过程。在这个过程中，教师与学生分享彼此的思想，经验和知识，交流彼此的情感、体验与观念，丰富教学内容，求得新的发现，从而达成共识、共享、共进，实现教学相长。

2. 构建合作学习的课堂教学方式，让学生在讨论争辩中发现

作为新课程倡导的三大学习方式之一，合作学习有力地挑战了教师的"一言堂"，让学生在课堂上有了自主学习的机会。当然，我们反对那种只有轰轰烈烈的形式，没有实实在在效果的所谓"合作学习"。

3. 展现生活化的课堂教学情景，让学生在实际经验中感悟

建构主义理论认为，学生是知识意义的主动建构者，而不是外界刺激的被动接受者。只有通过自己的切身体验，利用他们在生活中所见到的、听到的、感受到的现实积淀，学生才能真正完成新知识意义的建构。

4. 设计开放式的课堂教学过程，让学生在思维碰撞中创新

开放的教学可使学生从多向的解题策略，多维的问题答案，多元的条件设

置中产生思维碰撞，从而生发出新的学习内容，使每个生命体得到发展。

（三）教学评价策略

教学评价是通过对上阶段的教学总结，为提高下一阶段教学效益打下基础。评价行为贯穿了整个教学活动始终。新课改要求运用好教学评价这一手段，用它来显示差异，促进平衡，强化导向，切实使教学效益获得持续提高的动力。科学的教学评价要制度化，让各方面都能心中有数，树立评价的准则，调适各种关系，处理好各种可能出现的矛盾。具体说来，科学的教学评价主要表现在以下这些方面：评价的主要功能是改进或形成，而不是鉴定或选拔；评价的对象和范围突破了学习结果评价的单一范畴；评价的方法是定量分析和定性分析相结合；评价的最终目的不仅仅是管理、选拔，而且是让受评人学会自我评价；评价是一种开放的、持续的行为，以确保评价自身的不断完善。

学生学业成就的评价是教学评价的主要内容，也是衡量教学是否有效的重要指标。然而，从实践来看，有的学校没有完善的教学评价机制，有的不能科学操作，以致影响了教师的工作积极性，使得学生应有的权利得不到保障，伤害了师生感情。其实，这里主要是技术问题，即不知道怎样操作。要使对学生的学业评价达到一定的信度与效度，必须处理好这些技术问题：

第一，必须明确本校教学过程中主要存在哪些问题，并针对这些问题设计评价指标。

第二，评价必须具体、明确，让学生根据自己的体会就能作出判断。

第三，尽可能收集定量与定性两方面的信息。

第四，指标的产生要广泛听取本校教师和学生的意见。

第五，开学初就应把评价表发给每位教师，并告诉他们，在期末由学生在这些方面来评价教师的教学，这便于教师学会自我管理。

第六，由于所有量表都有一定的风险，因此，对统计结果的处理需要谨慎。如不能给教师排名次，也不能当做发奖金的唯一依据。可以告诉每一位教师两个分数，一个是他本人的总分，另一个是全体专职教师的平均分。得分较差的教师可以用个别谈话的方式处理。如果这些问题得到合理的解决，学生评教师的科学性就可以得到保障。从而有助于教师树立正确的学生观和教育观，有利于改善学校的人际关系，有利于教师的专业成长，也有利于改善学生在学校时的心理环境，使教学效益得到切实的提高。

5. 让教学更有效

——课标·学生·教学反思，有效教学三支柱

一、有效教学的三根支柱

有效教学，既是深化普通高中的课程改革，全面提高教学质量的需要，也是立足当下学生发展为其终生负责的需要。那么，怎样才能落实有效教学的理念呢？山东省威海市荣成四中的王建龙老师认为必须凸显三根支柱的作用。

（一）认真钻研课标

在过去很长的时间内，对教学要素的研究是在教师、学生、教材三者之间的关系上打转，力求寻找一个最合适的结合点，取得了不错的教学效果。但今天不行了，教育研究者除了继续对教师、教材和学生三者进行研究之外，还要加上对新课标的研究。因为普通高中课程改革施行的是真正意义上的在一套课程标准指导下的多种教材版本，高考命题的依据是课程标准而不是某种版本的教材。所以，课标是教师专业活动的灵魂，是课堂教学的方向，也是判断教学是否有效的直接依据。每一个版本的教材，都是编者对课标的理解，都体现了不同的专家学者对新课标的阐释。所以，教师只研究教材或是只研究课标的文本是有局限性的，而要想方设法获取所有版本的教材对照课程标准，认真钻研学习，交流、探讨，加深对课程标准的理解。可以实事求是地说，重视对课标的学习，使荣成四中的教学更有效。

（二）激发学生求知欲

长期以来，人们对教学内容的研究始终在知识、技能和能力三者之间打转，力求在加强双基的同时，培养学生的能力。但是由于多种原因所致，从小学到高中，学生的厌学情绪具有很大的普遍性。因此，激发学生强烈的求知欲便成为有效教学的当务之急。为有效地激发学生的求知欲，王老师他们做了大量细致的工作。一方面，花大力气为学生营造一个公平、和谐、进取的校园环境。不同的年级采取不同的方式方法，月月有主题，周周有活动，班班有措施，人人有目标，一步一个脚印，使学生在大环境潜移默化的影响和熏陶下积极行动起来，学有所获。另一方面，以班级为单位，依靠班主任、任课老师细微的工作，从拉家常式的谈话交流和家校互访等多种活动中挖掘每个学生学习上的动力源泉。然后由教师帮助学生根据他们自身情况分层次、分阶段确定合理目标，使他们明确学习的目的，激发求知欲望和上进心，使学习成为他们的自觉行为。同时，学校提出转化一名待优生与培养一名尖子生同等重要的思想。要求教师能够做到宽容地对待学生的错误，对待犯错的学生决不"一棍子打死"，而要靠细致的思想工作，更要靠反复引领，使其一点一点地进步。最终实现人人都在为阶段目标而努力，人人都对自己的未来充满信心的效果。

（三）全面开展反思活动

长期以来，研究教学过程是在备课、上课、作业三者之间打转，现在仅仅这样不够了。三年的课改实践，使教师们更清醒地意识到教师必须具备一种反思意识，要不断反思自己的日常教学行为。例如，经常思考"我的教学有效吗？""这节课怎样才是有效的？""有没有比我这种教学更有效的教学？""今天的作业或练习有效吗？"等问题。同时，将反思进行细化，从整体和个人两个层面进行。整体层面是在集体备课的基础上，以教研组为单位进行，每章节或每次单元过关之后，进行反思，不仅保证每章节教学的有效性，也为后续内容的教学奠定坚实的基础。个人层面，从两个角度入手，一是教师个人反思，以集体备课为铺垫，每堂课之后组内成员都要针对本节课的教学内容进行个人反思，包括成功与失误，从教学内容到各个教学环节的时间安排都进行比对、分析，哪怕是你比别人多讲了2分钟也要查找合理性或不应有的失误原因；二是培养学生良好的反思习惯，教师每堂课至少得留出15分钟的时间让学生进行知识的整理反思，每天都留出充足的时间让学生根据个人学习特点自由支配，进行知识上的系统回顾，并通过督导和检查，逐渐培养学生良好的思考习惯，使学生好学、会学，能以不变应万变。

二、在追问与反思中寻求有效教学的途径

有人认为，有效性就是考试特别是高考取得好成绩，有效性就是学生会解题，有效性就是课堂教学目标的完全实现。这样的回答当然有一定的道理，但是却也说明不少教师对教学有效性的认识还停留于自发自为的阶段，对教学有效性的问题尚缺乏理性的思考。用今天的标准看，如果一个教师只理会他教的课本，教学生应付考试，而不谙熟学科的精髓，势必不能对学生的发展有益。因此，学科教学有效性首先要考虑的问题，不是教的法则，而是要明确学习这门课程究竟有什么价值，是否能帮助学生用自己的实际行动来领会课程所传达的知识。

江苏省苏州大学附中的陈小军老师以调查为基础，站在学生、教师的立场追问历史教育的有效性，并站在课改立场思考如何实现历史教育的有效性。

历史教学是否有效，是一个无法验证但又人人明白的事情。它的教学效果不如理科来得那么快，那么直接，它总要经过时间的考验才能验证。陈老师回忆当年自己的中学历史老师教给自己的不是历史课本中的事和人，也不是为了应付高考所印发的数也数不清的试卷，而是历史学科中蕴藏的历史观、人生价值观以及影响世界发展进程的重大事件和历史风云人物。而这一切感受是在陈老师做了十几年历史教师并有了几十年人生体验的时候才体会到的。

（一）站在学生立场追问历史教育的有效性

大凡有效的教学，都是针对学生的需求和发展而言的。因此，你教的学生是你做好一切教学工作的前提。所有的有效性教学都是围绕学生展开的，其最后的效果也是通过学生体现出来的。为此，陈老师对高二实验文科班的100多名学生进行了无记名的调查，让学生谈谈自己对当前历史有效性教学的想法。

学生1：现实中许多中学历史公开课，表面上热闹非凡，实际上缺乏历史学科的特点。我们在课堂上表演课本剧，绘画，甚至说相声，用现在的不太丰富的社会知识去歪解历史，主体性似乎发挥得很好，但一堂课下来，我们收获寥寥。即使有所收获，也可能是为他人作嫁衣。这样的奉献也未尝不可偶尔为之，只是长此以往，历史教学所不可替代的作用也就成为空谈了。

学生2：老师常逼着我们死记硬背"历史"，这兴许对应试有用，也是他们视为"有效教学"之所在。因此，老师表现得唯考是从，如果我们考不好，老师便万分委屈，而且肆无忌惮："再这样下去，历史不达标，你的前途必定完蛋！"

学生3：因为课改，老师您变得目中有人了，知道维护学生"自尊"的重要了，不再随意训斥、吓唬我们，还想方设法讲好课，这太可喜了。可是老师您的课，总是"一讲到底"，内容非常枯燥，您"发放"的尽是课本知识，从概念来到概念去，它们并未因您的讲而变得活起来，与其如此还不如我们自己看书呢。

学生4：因为课改，我们的老师在"互动"、"参与"、"协商"（交互主体性）上寻求有效性，开始采用多种方式——对话、讨论、表演、游戏……五花八门、热热闹闹。可是，老师您组织的互动，往往不得要领，有时把它变成了形式主义——历史课少了本该有的浓厚的历史味。

学生5：因为课改，历史活动课走向另一极端，互动太多，讲得太少。老师您忘了在历史课上，老师的"讲"不可缺少，只要深度、高度恰到好处，细心照顾到我们学习的差异、特点和效果，就行。

学生6：历史教学的有效性要关注我们的发展。从时间上来说，学生的发展有当下发展和终身发展。任何一个有效教学必定要促进学生当下发展，同时对学生长远发展也会有影响。以前教学太注重当下发展，实际上教学还要关注我们学生的未来发展，以及可持续发展。

（二）站在教师立场追问历史教育的有效性

什么样的教学才是有效教学？对这个问题的回答，目前没有绝对的评价标准，只有一些基本的要求。就历史学科而言，对提高课堂教学的有效性，各路一线教改的践行者自有不同的观点：

教师 1：以往凡是把历史讲得不熟不透的教师，都是因为学科功底不好的缘故。而现在很多人对抓教育理论的稻草趋之若鹜，以为从那里获得的理念和方法可以帮助他们有效地进行学科教学，事实证明并没有太奏效。造成这些现象的一个重要原因就是他们把形式和内容的关系颠倒了。要提高历史教学的有效性，教师必须要多读专业类书籍。自从我加大读史书的比例后，感觉教学效果有所提高了。例如，我在教学"开辟新航路"前，看了张侃的《郑和 VS 哥伦布》一书，讲述起来就更加得心应手，课也上得生动有趣了。

教师 2：最高级的历史课不是教师"讲"出来的，而是教师"导"出来的；最优秀的历史教师不是表演家，而是思想家。历史作为一门古老而现代的学科存在，其主要的理由恐怕不仅仅在于对陈年旧事的叙述，更主要的是让学生通过历史学习汲取古老的智慧服务于现实的人生。历史教学应扎根于人性的沃土，紧密关切学生的人生，把"教学"升华为服务人生的"教育"；从方法上看，我们必须明白"历史有效教学的原动力不在教育学和心理学，而在历史学"。

教师 3：我曾经听过一节题为"互联网与信息化社会"的文化史课，该教师花了近 15 分钟的时间组织学生讨论上网的利弊，这其实就是给学生上思想教育课，变相地给政治老师打工。有老师形象地把这种现象称为"误种别人的田，荒了自己的地"。同样的道理，把"文化史"的课上成"文化课"，我们事实上就是用了历史课的时间给语文老师、美术老师、音乐老师打工，历史课该做的事情反而没有去做。教学目标、教学内容的错位导致了教学的无效性。"影视艺术的起源与发展"一课是很多教师乐于上的，因为材料好找而且容易吸引学生的兴趣。但是，上影视艺术的欣赏课容易，真正能够突出影视艺术对社会生活的影响却很难。

教师 4：能激发学生学习欲望的历史课才是好课。在讲《战后资本主义的新变化》一课时，有的老师上来啥也不说，摆上一个各国经济增长率比较表，便问学生："从表一当中你可以得到什么信息？"学生既没有心理准备也没有知识储备，在师生关系不可逆转的情况下，勉强进入学习状态，导致课堂一直沉闷。还有的老师提问不看学生实际，比如在讲到福利制度时提问："我们的城市给了外来工哪些福利？应该给他们哪些福利？"在没有充分材料的情况下，这些专业领域的知识，不要说学生不知道，就连教师也不一定全知道。其实真正的问题并不在学生的"无动于衷"或"不发"上，而在于老师的"口舌"是否吸引了学生，"启"得是否有效果？延伸一下来说，关键要看教师的教学问题设计是否把教学的内容与学生的成长发展结合在一起，是否认识到情感态度是教学设计中的重要因素。

以前的教材只是为了"历史"而编"历史书"，现在的课本是为了学生的需要而编排。课程标准理念的转变，要求教师在进行教学的各环节也要充分考虑学生的兴趣和需要，让课堂中每一个跳动的音符都体现学生为主体的特点。当然，新课程改变了教师为主的观念，一切为了学生，对教师教学提出了更高的要求。那么，历史教学如何有效进行才能符合这些要求呢？

陈老师结合调查的情况和自己十几年的历史教学经验，认为历史教学应该做到如下几点：

1. 强化教学功底

作为历史教师，无论是在什么情况下，讲好课是一个历史教师最重要的专业功底。"讲"是历史学科教学的重要特征，虽然它不是唯一特征，但因为历史学科的叙事性特点，要求历史教学具有自身的结构性、具体性和生动性。又因为历史学科的思辨性特点，要求学生对历史的认识建立在一定的基础之上。所以，讲好课，是学生思维和能力得到启发和发展的前提。如果教师本身没有深厚的教学功底，就不可能成功地设计一堂好课。

一次，陈老师到某重点中学听课，教师在讲到武昌起义这一课的导言时，居然说，中国农民斗争——义和团运动失败了，说明农民不能完成反帝反封建的历史任务，资产阶级改良主义也行不通，资产阶级革命派进行的革命斗争也就相应产生了。这种说法是错误的，因为孙中山开始领导的资产阶级民主革命，不是在义和团运动和戊戌变法的后面，而是在义和团运动和戊戌变法前面的1894年。1895年还进行了武装起义。也就是说中日甲午战争后，为了挽救民族危机，中国的资产阶级革命派、维新派和中国的农民阶级都开始进行反帝反封建的改良与斗争，只不过课本先选了义和团运动和戊戌变法罢了。在新课标要求下的教学，如果用此种模糊的史实去进行启发、引导学生，岂不要误人子弟？

2. 有效教学设计

陈老师认为现在的教学设计不再是我会什么我用什么，而是学生会什么学生需要什么我用什么。因此，教师在设计教学环节时，一要充分考虑到如何激发学生的兴趣，并引发学生的探究欲望；二要关注社会面向生活，培养学生对社会、对生活的积极关注的态度。

陈老师举了一位老师设计的《民主政治建设的曲折发展》教案的例子：

这位老师用这样两张幻灯片来导入本课。第一张是申纪兰的照片。老师一边让学生看照片一边讲："同学们，首先向大家介绍一位传奇人物，说她传奇，是因为毛主席跟她握过手，周总理给她敬过酒，江总书记称赞过她。她就是中国唯一连续当选第一至第十届的全国人大代表申纪兰。人民代表大会制度是我国的根本政治制度之一。因此，申纪兰可以说是新中国民主政治建设的见证人。"

再看第二张：这是第一至第十届人代会序列表，老师请同学们仔细观察申纪兰参加过的十届人代会，问学生有没有发现异常情况？学生通过观察，发现问题：第三届至第四届之间即 1965—1975 年十年间未召开过人代会。于是，老师向学生提问：由此我们可以得出一个什么结论？那就是，我国的民主政治建设的历程出现了波折。随后，老师说，"今天我们就来学习政治建设的曲折历程及其历史性转折"。由此导入新课。

3. 站稳课堂主导地位

新课程强调课堂要以学生为主体，以学生为中心。这是否意味着教师靠边站了呢？不是。教师的主导地位依然重要，教学形式依然要服务于教学目标。近来有一种不好的倾向，即几乎所有的公开课和优质课展示，小组学生讨论就像火锅的调味品一样不可缺少。或同桌之间，或前后桌之间，有时一堂课教师要组织好几次这样的讨论活动。的确，一些小组讨论活动对活跃课堂气氛起到了一定的促进作用。但是，陈老师认为在小组讨论中必须注意以下两个问题。

一是这些课堂讨论活动的安排有无必要？如讲《红军长征》一课时，有的教师提出的"长征的路线怎样"这样的话题，而陈老师认为这个问题在教材上有专门的地图和文字介绍，不用讨论学生一般也能准确回答。这就说明，有时教师会出现因形式的需要而组织课堂小组讨论，而其中有些是没有必要进行的，有些活动不用小组讨论也能达到同样的效果，而且可以节省时间。在教学实践中，陈老师还发现由于教师过于频繁地开展小组合作学习，加上形式比较单调，学生就像经常吃鲜美的菜肴会厌恶一样，对这种学习方式逐渐失去了兴趣。更为可怕的是，慢慢地学生会拒绝参与小组讨论，会在那里等待答案的出示，由此养成一种依赖心理；而教师则往往以小组某一成员的回答来评价整组学生的掌握情况，难免以偏贱全。

二是这些讨论活动有无真正达到预期目的？如有位老师组织学生讨论北伐战争胜利进军的原因，就在学生刚讨论了3分钟时，就要求学生停止。学生还未充分思考，讨论还未深入开展，结论尚未统一，教师就草草收场，讨论的真正目的没有达到。

4. 积淀终极目标

历史学科的终极目标是培养学生识人明己，知往鉴来的能力，培养学生的爱国情感、人文精神、科学精神、人格意志；是用历史的智慧和情感化为学生内在的知识结构和精神支撑。因此，在具体的每节课中，教师的教学设计，教学目标都要体现出历史的教育功能。

陈老师以《太平天国运动》一课为例说明了这个问题。如何处理好近代中国的农民运动，特别是在课堂教学中如何体现出历史教学的思想性，一直是陈老师在处理近代史教学中思考的一个问题。在近代中国的变革过程中，虽然有农民阶级的抗争，但由于农村变革异常缓慢，农业社会向现代社会的转型异常艰难。大部分教师将教学的视角放在传统社会的发展惯性以及农民阶级与生俱来的历史局限性上，放在如何寄希望于先进阶级对救国道路的探索上。这种视角凸显了历史的客观性与必然性，然而却在无形中忽略了一个很重要的问题，这就是对农民阶级本身应该具有的关注与关爱。例如，在教学中，教师很少会问，"太平天国和义和团运动失败以后，那些参与的农民究竟有怎样的归宿？"之类的弱势者的命运问题。陈老师认为，对中学生而言，唯物史观和忧患意识的培养固然非常重要，但培养其关注民生、关爱生命、关注社会弱势群体的人本主义精神对他们的成长同样重要。

三、以有效的教学提升课堂教学质量

浙江省义乌市教育局教研室的方维华老师针对义乌市高中教学的实际情况，指出教师要注意通过以下几个方面来有效地进行教学，提升课堂教学的质量。

（一）统筹安排，循序渐进

教学过程既是学生学习知识的过程，也是学生领会方法、提高能力和接受熏陶的过程。无论是获取知识，还是理解方法、提高能力，特别是受到科学与人文的熏陶，都不可能一蹴而就，都要有一个符合学生认知规律的逐步积累的过程。"拔苗助长"不但长不起来，还容易挫伤学生的学习积极性。欲速则不达！在教学过程中，无论是教学内容的安排还是教学方式的呈现，都要统筹安排，充分注意贯彻循序渐进的原则。对全体学生来说，高一年级要着重打好基础和养成良好的学习习惯，而不应追求所谓的"一次到位"。"一次到位"实际上也做不到，因为它违背了学生的认知规律，只有循序渐进，才能逐步加深、逐步提高。

当然，强调循序渐进并非裹足不前。如果大多数学生都已理解和掌握了某一知识，而教学还在低水平上重复，那就会限制学生的学习积极性。循序渐进要求教师根据学生实际水平和认识规律，分层次、有步骤地对学生提出恰当的要求，以提高教学的质量和效率。

（二）讲清思路，渗透方法

教师的讲授不仅对于学生确切地、有效地理解和掌握知识有很大影响，而且还会潜移默化地影响学生的思维方式。一堂课，如果教师的讲授烦琐，将很难培养学生具有明快的思维方式；如果教师的思路不顺，将很难培养学生思维的逻辑性和思辨性。因此，教师讲课时一定要讲清思路，力求简洁、顺畅。教学中，教师要重视学生概念和规律建立的过程，切实提高学生理解能力是培养学生思维能力最基础的一环。特别是在引入概念、得出规律、分析例题等方面，一定要注意理清来龙去脉，务求使学生知道为什么要引入一个新概念，我们是怎样在分析事实的基础上进行抽象和概括的；使学生知道解决实际问题，首先要弄清问题情景，学会对具体问题具体分析。

教学过程中，教师要注意渗透分析问题的方法。这是因为能力的高低，一定意义上表现为掌握方法的多少和运用方法的灵活、熟练程度。在各学科教学中，要让学生初步领会一些科学方法（包括学习方法）。让学生领会方法要重在"潜移默化"和"有机渗透"，而不可把方法"当做知识向学生灌输"，要以"思考与讨论"、"比较与归纳"等不同形式加以渗透或指点，注意让学生逐步积累、逐步体会。

（三）鼓励思考，适时总结

培养学生独立思考的习惯和能力，是全面提高学生素质的重要途径。从大处说，独立思考是有所发现、有所突破、有所创造的前提。没有独立思考，谈不上创造，只能亦步亦趋，照猫画虎。就学生的学习过程而言，有独立思考才能真正做到对知识的理解，有效地培养思维能力。为此，教师要转变教育思想和教学方法，对知识既要讲清，又不要什么都讲清，要给学生留有独立钻研和思考的余地。主干知识要讲好讲透，派生性的知识不一定全由教师不分巨细地去讲述，要让学生独立思考、钻研；反之，界限分明，对学生提出的似乎"超纲"但能拓宽思路的问题，简单地以"不考"为由而不去涉及，容易打消学生独立思考和钻研的积极性。

适时总结，可以使学过的知识和方法系统化，而且总结本身也是一种方法的训练和能力的培养。对一些重要的知识和方法，教师都要适时地鼓励学生通过对比、归纳、总结，使其条理化、结构化，只有这样，学生才会对知识有深入、概括的理解。

（四）灵活渗透，优化作业

著名物理学家杨振宁曾多次对中美学生的学习特点加以比较，指出中国学生按部就班地学习多，灵活渗透地学习少，倡导应将二者很好地结合起来。本次课程改革，试着采取灵活渗透的方式扩展知识面，引导学生逐步习惯于灵活渗透地学习。

所谓"渗透式"的学习，是指一开始不一定要求学生有深入的理解，经过一段时间的熟悉积累之后，使学生逐步有所体会，然后再加以总结提高。对知识要么不讲，要么就讲深讲透，这是不符合认知规律的。其实大部分的学生对问题的理解、认识和运用都需要有一个逐步深入的过程。此外，采取灵活渗透的方式学习，还可以有效地扩展学生的知识面。从一定意义上说，在基础知识的学习阶段，知识面越宽，越有利于学生触类旁通、相互借鉴地学习。而新教材提供了众多的"阅读材料"，有很多属于扩展知识面的内容。教师要根据教学实际指导学生进行阅读，并适当给予补充和指点。哪怕学生只了解一个大意，知道有这么一回事，扩展了眼界，激发了兴趣，这就达到了目的。有条件的学校，还可结合课程内容指导学生上网或阅读其他课外读物。

设计好课后的练习和章后的复习题，是巩固课堂教学成果的重要一环。练习的设计，首先要讲究针对性。每设一题都必须明确目的，或辨析概念、澄清认识；或巩固知识、加深理解；或训练方法、提高能力，力求每道题都能发挥其应有的作用。其次要把握好数量和难度。高一年级课后的练习应以基础题为主，少有综合题。目的是让学生扎扎实实地把基础知识学好，争取每做一题必有收获。三是要注意联系实际，注意贴近学生生活，注意联系生产实际和现代科学技术，注意有现代气息。联系实际可以培养学生将所学知识应用于实际中去的意识，从而提高学生分析问题和解决问题的能力。

四、有效教学的几种模式

教学模式是教学理论和教学实践的综合体。一种教学模式，总有一定的理论主张、理论倾向和理论依据。课堂教学的实践总是在一定的时空中进行，教学过程的诸多要素在时空中的组合方式直接影响着学生学习的主动性和积极性，影响着教学的效率和质量，关系着教学目标是否实现，教学任务是否完成。那么，在新课程的背景下，课堂教学可以采用哪些模式呢？

（一）"探究—发现—合作"教学模式

"探究—发现—合作"教学即教师与学生在教学活动中的作用相当，教师通过启发引导学生自主地进行有意义建构、主动获取知识、发展能力。新课程倡导教师在教学过程中应与学生积极互动、共同发展、注重培养学生的独立性和自主性，引导学生质疑、调查、探究，培养和提高学生搜集和处理信息的能力、获取新知识的能力、分析和解决问题的能力以及交流与合作的能力，以期达到改变课程实施中过于强调接受学习、死记硬背、机械训练的教学现状。该模式适合学生已经有了一定基础和一定的知识储备的教学环节中，同时，教师还要结合自身学校的实际条件和教学环境量力而行。学生能够在"探究—发现—合作"中，积极地学习学科知识，主动建构自己的知识体系，提高学习的兴趣和学习学科知识的能力。

（二）"自学辅导"教学模式

自学辅导教学，即以学生为主体，鼓励学生自主思考、自主解决问题。教师只提供一些必要的帮助和辅导，教学目标和教学内容具有较大的弹性。新课程倡导学生主动参与、乐于探究、独立思考，培养学生自主获取新知识的能力、分析和解决问题的能力。该模式适合教学要求不高，知识点不多的教学环节中。学生在"自学辅导"过程中，可以切实地提高自己自主学习、独立思考、自我分析和解决问题的能力，并可以提高教师的教学效率和节约教学时间。

（三）"活动"教学模式

活动教学，即在教学过程中建构具有教育性、创造性、实践性、操作性的学生主体活动为主要形式，以鼓励学生主动参与、主动探索、主动思考、主动实践为基本特征，以实现学生多方面能力综合发展为核心，以促进学生整体素质全面提高为目的的一种新型教学观和教学形式。活动教学结合课堂上的书本知识，让知识"活"起来，让学生"动"起来，在充满创意和激情的活动中，使学生在活动中迸发出智慧的火花。

（四）"教授—接受"教学模式

"教授—接受"教学，即教师是教学活动的中心，是信息的来源，是教学的组织者和协调者。新课程倡导学生主动参与、乐于探究、勤于动手，但并不意味着课堂教学中"教授—接受"教学模式就再不符合时代潮流，再不适应时代要求了。新课程并不排斥必要的"讲授—接受"，而是对"讲授—接受"的要求提高了，要求教师要在深刻理解教材教学目标、重难点知识、教学生成过程等相关学科基本要求后，深挖教材知识的内涵和外延，选择关键性问题、重点问题，切中要害、一针见血地对学生进行必要的讲授。"教授—接受"教学模式不论过去、现在，还是将来都会是课堂教学模式中其他教学模式不能替代的。因此，在某种程度上说，教师也是课堂教学的"大主角"。特别是使用了新版本的新课程教材后，高中新教材的知识点在连贯性、系统性方面很薄弱。如果教师想在有限的课堂教学时空中，帮助学生建构知识结构、理清知识脉络、弄明重点和难点，使知识结构化和系统化，"教授—接受"教学是不可替代的。

所谓教学模式是在一定的时空中进行，并能够有效地提高教学效率和教学质量的一种教学方式。在实际教学活动中，课堂教学往往是多种教学模式的杂糅和交叉应用。也可以说，教学并无固定的模式。因此，在新课程背景下，在实际教学中，师生交往的方式、方法、地位、角色、关系、相互作用应因时、因地制宜地服务于教学，而不能一味地追求某种教学模式，而应追求有效的教学，务实教学，让教学真正有效地服务于学生的学习。

第五章 让学生快乐、自信地面对每一天：做学生的心灵导师

在新课程实施过程中，我们除了要帮助学生实现知识技能的目标以外，更要关注学生的心灵世界，培养学生健全的人格与心理素质，使他们成为和谐发展的人才。同时，在班级管理方面，由于高中生的自我意识、自我做主、争强好胜的性格与心理特征，教师还要转变管理观念与管理方式，实施主体教育，让他们进行自我管理，以达到他们自律、自主、自立的目的。

1. 时刻呵护学生的心

——从各方面做好学生的心理辅导工作

　　学生心理问题的预防和解决已成为当今教育的一大课题。学生心理问题的普遍存在，直接影响着青少年的身心健康，影响着他们一生的发展和幸福的获得，更影响社会的稳定和进步。因此，学生心理问题的解决，是当今社会、学校和家庭面临的一个重要课题。当代高中生面临着激烈的竞争和挑战，要想发展成为时代需要的人才，不仅要具备广博的知识、良好的能力结构，而且要有健康的心理素质。高中生正处于青春发育的高峰期，生理上的显著变化和心理上的急剧发展给他们带来许多新的问题。而且，高中生普遍面临着巨大的升学压力，有着沉重的课业负担；加之多数孩子都是独生子女，心理承受能力差，挫折意识不强，抗诱惑能力欠缺。如果这一阶段缺乏引导，很容易导致心理问题，影响他们的健康成长。

一、缓解学生压力，让他们轻松上阵

　　良好的社会适应能力是衡量一个人是否健康的标准之一。一个适应能力强的人，能和现实保持良好的接触，对周围环境和事物有清醒、客观的认识，能较好地适应不断变化的人际环境和心理环境，乐于接受新事物，能承受日常生活中遇到的困难和不幸。随着时代的发展，社会对教师角色的要求不再是单纯的传道，授业，解惑。正如《学会生存》一书中所说，"教师的职责现在已经越来越少地传递知识，而越来越多地激励思考；除了他的正式职能以外，他将越来越成为一位顾问，一位交换意见的参加者，一位帮助发现矛盾论点而不是拿出真理的人"。所以，学生需要的不仅是知识，更需要心理的关爱和情感的交融。

（一）整体调控与个别辅导相结合，提高学生适应能力

山东省诸城四中辛华老师在教育教学实践中，为缓解高中生心理压力，对高中生进行心理健康教育，总结出了一套自己的经验。

辛老师针对高中生心理教育问题的复杂性，一方面指导学生学会自我调控，提高他们的适应能力；一方面开展心理咨询，注重个别辅导。

为提高学生的自我调适和社会适应能力，辛老师主要引导学生接受环境、顺应环境，针对环境的变化对自身作出相应的调整，以积极的心态适应环境。并指导他们学会在生活中不断反省自己，认识自己，调整自己的心态和行为方式，建立和谐的人际关系，以更好地适应社会。辛老师从高一新生入学开始，就有意识地教给学生正确的学习方法，因为心理保健的重点是有效地提高学生的适应能力和学习能力。教会他们掌握正确的学习方法，端正学习态度，加强对他们学习心理和学习规律的科学指导与训练，培养学生良好的学习习惯，教会学生制订科学的学习计划。同时引导学生正确看待考试分数和名次的变化，帮助学生树立自信心，使学生尽快适应高中生活，指导学生摆脱由于不适应而造成的学习上的困境，顺利完成从初中到高中的过渡。随着高中生心理、生理的进一步发展，学生的自我意识不断增强，独立性、自主性逐渐提高，心理闭锁性特征更明显，这就需要家长、老师给予及时正确的引导。所以，在高一第二学期辛老师又重点针对这一阶段学生成长过程中容易出现的问题进行教育。在继续加强对学生学习心理调节指导的同时，侧重对他们良好人际关系的引导，加强心理训练，指导学生树立正确的交往观，学会正确处理学习、生活、交往中遇到的问题，克服自卑心理，克服各种困难与挫折。辛老师还利用录音机、VCD、电视机、投影仪等多媒体电教手段组织了"学会生活，挑战明天"、"意志品质助我成长"、"我们在爱中成长"、"我与责任"等大型主题班会，使学生深受教育，收到非常好的效果。这样，学生学习的内在动力渐渐地被调动起来，学习主动性明显提高，同学之间的关系越来越融洽，辛老师的班级不但在各种考试中始终名列前茅，而且学生的集体荣誉感和责任心大大增强，踊跃参加各项活动，表现突出。

高二上学期时，辛老师的兄弟班级有位学生因父母离异导致一系列的心理问题而休学。后来，为了让她尽快从心理阴影中解脱，回到学校照常学习，校领导特意把她安排到辛老师的班，希望辛老师能从心理的角度帮助她。最初她对学习和学校都充满了恐惧，对自己缺乏足够的信心，十分不愿回到学校，不愿面对那么多人，不愿与同学交流。她从不主动说话，就是说话声音也很低，而且一直不敢抬头，显得十分羞涩，课间也不离开座位，看起来非常胆怯，眼神里夹杂着一些不安。几天后，她就请病假回家了，连续三天没有到校。辛老师在和家长的交流中，发现她除了有一些生理上的不适外，更多的是心理不适，确切地讲是逃避现实，逃避生活，惧怕交往。当辛老师了解到这些时，果断地要求家长立即让她返校，并要求家长配合，坚持每天送她到校。同时安排了班干部和学习好的同学帮助她学习。辛老师还经常与她谈心，在生活和人际交往等方面循序渐进地开导她，使其逐渐摆脱过去那段生活所造成的心理抑郁和自卑。当辛老师了解到她曾学过长笛时，在班会上，特意把她的家长请来，专门为她安排了一个长笛独奏节目。事后，她说："我已经很久没有在这么多同学面前吹笛子了！站在那里，我觉得找到了许久以前那种自信的感觉"。其实，她没有注意到当时自己特别不好意思，吹笛子时脚后跟还不停地一踮一踮地。渐渐地，她的脸上终于露出了笑容，话也多了起来，性格也活泼了许多，经过半年的训练她已基本恢复正常，找回了失去的自信，最后考上了大学。

辛老师在日常的班主任工作中，始终注意把学生心理素质的培养放在重要的位置上，加强对学生的心理健康教育，使学生逐渐学会控制自己的情绪，磨炼顽强的意志，保持良好的人际关系。在工作中，根据学生的心理、生理发育特点和成长规律以及认知规律，在不同阶段确定了不同的心理健康教育重点，采取讲座、心理训练、主题班会等多种形式，以个案辅导和集体辅导相结合的办法，不断调整学生的心理状态和素质，取得了显著效果。

（二）以学习习惯与人际关系为突破口，促进学生心理健康发展

随着社会的发展，社会竞争力的增强，学生的压力也逐渐增大，学生的心理抗挫能力减弱。孩子的心理健康教育，越来越值得老师和家长的重视。

黑龙江省鹤岗市第三中学齐立艳老师，在刚接手高二（18）班时，遇到这

样一位学生。在刚上完高二的第一节课，一下课这位学生马上跑过来，跟齐老师借习题的答案。开始齐老师很不解，因为刚讲一节新课，很多习题还做不了，可以说他还没做就借答案，但是考虑到不能打消他的积极性，还是借给了他，并告诉他有问题可以找老师解决，他高兴地走了。在以后的课堂上，他很少听课，经常捧着一本课外书，自己在那里做题。下课找他来谈话，他还振振有词地说，他从初中开始就是这样学习的，而且成绩一直很好，而且他也习惯了这样的学习方法。高二上学期他很努力，经常问问题，而且成绩也还可以。平时他很少和其他学生沟通，如果遇到不会做的题就砸桌子发泄，总是会把周围的人吓一跳。慢慢地，齐老师发现他的思想非常偏激，不愿相信任何人的话，也不愿意接受别人的劝告。期中考试过去了，齐老师发现他开始上课睡觉了，而且怎么叫都不醒，找他来问话，他说晚上学得太晚。齐老师劝他还是上课认真听讲，有老师指点，要比他自己看书省劲儿得多，可他说他已经习惯了他的学习方式。这以后他砸桌子的次数越来越多了。齐老师估计他已经无法靠自己的能力去学了，于是找他谈话，对他表示关心，并希望他能改变学习方法，上课注意听，否则以后会越来越难，想听都跟不上了。齐老师分析了他出现上述状况的原因，他没有反驳，而且有点感激。但他不习惯接受改变或是难以改变，结果期末考试成为全班倒数。有一次他砸了桌子踢了椅子，周围的人不知怎么了，惊恐万状，齐老师也吓了一跳。事后齐老师开导他说，发泄的方式很多，比如说可以找几个要好的同学倾诉，或可以找个没人的地方哭一通，即使这些方法也不愿意接受，那也不能把快乐建立在别人的痛苦之上，他沉默了。

从这件事以后，齐老师一直在思考着，一个孩子从爱学习、主动学习到上课趴桌子睡觉，成为班级的倒数几名，这是怎样的一个过程，原因何在，做教师的应该怎样去做？

齐老师认为这位学生之所以会出现这种状况，主要是因为他的学习习惯问题。由于以前的学习习惯无法适应高中阶段的学习，因而出现了紧张与焦虑，并最终在这个恶性循环下导致了自我的崩溃与学习的退步。另外，与他和其他同学很少交往也有很大关系。在认识到这些问题后，齐老师开始有步骤地帮助这位学生缓解心理压力。

齐老师首先帮助这位学生养成良好的学习习惯，他针对这位学生爱开夜车的习惯，告诉他学习是一种艰苦的脑力劳动，也是一种体力劳动，如果负担过重，时间过长，就会引起身体有关器官和大脑的疲劳，长此以往会损害身体健康。高中的学习是一场持久战，只有保持身体健康，才能赢得最终的胜利。另外，齐老师针对这位学生不爱听课的习惯，着力培养他课前预习、课后复习的习惯。齐老师在上课前几分钟先带着全体学生复习回顾并检查学生的预习情况，并特意向这位学生提出他可以回答的问题，以此增强他学习的信心。齐老师又安排成绩好并且热心的同学做他的同桌，在平时也联系其他老师主动地找他"要问题"，让他感受老师、同学没有忽视他，让他体会集体的温暖。

在培养这位学生良好学习习惯的同时，齐老师还注意到该生不善与人交往，于是从同伴、老师与家长三方面三管齐下，努力营造良好的人际氛围，让该生感到人与人之间的温暖，从而消除其内心的压力。齐老师首先观察、了解这位学生的兴趣爱好所在，然后再观察班级里是否有和他"志同道合"的学生，再创造条件让这些"志同道合"的同学慢慢接近他。渐渐地，该生希望被人理解的强烈愿望得到了实现，并在与这些同伴的交往中知道了自己是一个什么样的人，自己有什么样的价值观，自己能够做什么以及在集体中所占据的位置。齐老师联系到该生的父母，和他们交流高中生的家庭教育问题，告诉他们高中生渴望家长能像朋友和参谋，一个民主、平等的家庭教育氛围对孩子的影响是积极的，它能使学生具备高水平的社会能力。拥有温暖的家庭气氛又享有与年龄相适应的自主的话，他们就会表现出自信、独立、进取。该生的父母听取了齐老师的意见，在以后的日子里，这位学生开始从心底认为自己得到父母的接受，有了归属感，自我价值感也增强了。最后，也是最重要的，齐老师始终对这位学生保持着耐心与爱心，以自己的人格感化他。

在齐老师的这些努力之下，该生又跟上了高中的学习节奏，并且成了同学眼中的好朋友，老师眼中的好学生了，他自己的脸上也绽开了笑容。

齐老师所教的这位学生由于不能适应高中的学习进程，产生了心理压力，并且随着这种压力的积压，产生了挫折感，最终导致了学习成绩每况愈下。高中生经常会面对各种挑战，并且经常会由于经受不住挑战而产生挫折感与失落感。由此，如何帮助高中生积极应对挫折以减轻心理压力，顺利渡过对压力反应的"惊恐—抵抗—衰竭"等三阶段的任务就摆在了教育工作者的面前。教育者应有一定的"先见"，教师特别是班主任在开学初就应认识到这一情况，例如，在选拔班干部这一工作中应体现选拔的公开性、公正性和竞争性，让每一个"有志之士"均有表现自己才能的机会。如班干部轮流上岗制，值日班长制及规定试用期等，以在较大程度上发挥学生的积极性。另外，对于性格稍微内向，情绪反应较为消极的同学，作为班主任应主动找他谈心，充分肯定他过去的成绩，鼓励他积极地参与竞争，从而由这一方面的竞争状态带动其他方面如学习上的竞争，取得良好效果。

二、合理地对学生进行性教育

性，一直是人们讳莫如深的话题。长久以来由于受传统观念的禁锢以及良莠不齐的性信息的浸染，处于青春期的青少年产生了非常多的困惑和烦恼，影响了学业，甚至出现了越轨行为、性心理异常甚至犯罪的现象，严重危及青少年的身心健康。

江苏省新海高级中学卞志升老师为了全面深入地了解高中学生对性知识掌握的现状，使高中学生性心理健康教育更具针对性，对本校2618名学生进行了匿名问卷调查。调查显示：学生对月经及遗精等性知识了解比较多，对同性恋、性欲、避孕和性病等性知识了解比较少；认为性知识来源于"学校教育"的占10.9%，认为来源于家长的只有12.9%，而认为来源于书本、杂志、电影、电视及同学和朋友等方面的为76.2%。在性信息日益泛滥、性问题日渐突出的当今社会，即将走入社会的高中生对诸如性病、性欲、避孕等最基本的性知识仍不甚了解。而通过非科学性书本、杂志以及电影、电视等方面获得的绝大部分性知识又是不科学、不规范，甚至是错误的。这将误导青少年，使他们形成不了健康的性心理，严重影响其身心健康，甚至使其陷入违法乱纪的危险境地。

这些数据显示：学生并没有从学校教育中获取足够的性知识。针对这一现状，卞老师认为对高中生进行性心理健康教育势在必行，尤其应该充分发挥学校在学生性心理健康教育中的主渠道作用。那么具体应该如何开展性心理健康教育呢，卞老师提出了以下具体措施：

一是利用心理健康教育活动课进行系列辅导。针对高中学生普遍存在的种种性困惑，及时开展青春期性健康教育，对学生进行性生理指导、性心理引导、性伦理教导，正确对待学生的性觉醒问题。为帮助高一年级新生尽快适应高中生活，卞老师认为可开设"心理导航"活动课，把科学的、有趣的、实用的、通俗的心理知识传授给学生。除了帮助学生克服注意力涣散、记忆力下降、想象力贫乏等学习方面的心理异常现象外，应系统地进行"青春期性卫生知识"辅导，组织学生看少男、少女有关性生理卫生的录像，把青春期性卫生知识教给他们，让他们通过学校教育获得性生理指导，并能运用学到的知识来保护自己的健康，解决青春期的烦恼。对高二高三年级的学生，应主要进行青春期的性道德和性伦理教育，进行性心理的引导和性伦理的教导，使他们懂得如何正确处理异性之间的交往，如何有意识地抵御外界不良刺激的影响，如何应对"性骚扰"和对自己进行性保护，掌握青少年妊娠的危害性和简单的避孕常识，懂得如何预防艾滋病等性病，确立正确的性观念和积极的性态度。

二是在生物教学中渗透性心理健康教育。在生物教学中，教师应结合生物科学的特点，除了使青少年懂得发育期的各种现象，以及性生理上的各种变化外，还要阐明人类具有发达的大脑，具有其他生物所没有的意识形态，人类的活动要受到人性、社会公德等的制约。让学生明白在性问题上，要运用意志的调节作用来克制自己的性欲，形成正确的价值观、世界观，要正确看待性生理的各种现象、变化，形成积极、健康的性心理，力争在学生的性本能刚刚觉醒之际，就使他们的理智做好准备。

三是在校园网上设立"青春期性健康教育"专栏。借助网络互动，可以有效地补充课堂辅导的不足，可以让学生更加放心大胆地说出自己的烦恼和困惑，覆盖面可以进一步延伸。辅导老师还可以通过专栏解答"悄悄话"信箱以及其他方面反馈来的有关"性健康"方面的疑惑。

四是校心理咨询室开展个别心理咨询。学生具有的烦恼、焦虑、紧张，往往因人而异。学校心理健康教育可以根据学生行为中的问题采取科学有效的心理咨询、辅导或训练，使学生养成良好的行为习惯，提高社会适应能力。

五是通过"家长学校"和报刊、媒体，充分调动家庭和社会对青少年性心理健康教育的重视。社会上反对早恋的呼声很高，把早恋看成是洪水猛兽，对子女的异性交往采取了限制措施。受各种传统的错误的性观念影响，许多家长在对待子女的性教育问题上大多"犹抱琵琶半遮面"，而西方各种"性自由"、"性解放"观念不断涌入，社会上许多格调低下，禁而难止的影视、书刊等的泛滥，使求知欲望强、辨别能力差的青少年误把错误的或片面的性知识当做科学知识掌握，且将其根深蒂固地扎根于脑海，从而导致不少学生误入歧途。为解决这一问题，学校应努力创设良好的家庭心理环境，通过"家长学校"定期对家长进行心理健康知识培训，向家长传授孩子身心发展的常识，使家长既关心子女的身体健康，更重视孩子的心理健康。同时还应通过报刊等媒体，大力宣传，让人们认识到，解决上述矛盾的主要途径是家长首先要破除"性神秘"，与学校一起在子女适当的年龄，按照"刚刚能满足其欲望"的原则，把科学的性知识传授给孩子，从而保证每一位学生的身心都能健康地发展。

三、引导学生走出对网络的迷恋

2005年，中国互联网络信息中心在京发布的"第十六次中国互联网络发展状况统计报告"显示，我国上网用户85%以上是青少年群体。另一组消息：《北京晚报》2005年7月12日报道：目前中国广大青少年网友中已有250多万患互联网成瘾综合征，网络的负面影响使许多老师和家长"谈网色变"。

那么如何引导学生走出对网络的迷恋呢？先来看一例来自辽宁省阜新市彰武县的心理咨询师李迎棉的案例报告，这对学校里的心理咨询会有一定的借鉴意义。这个案例是针对一个具有网络成瘾综合征的职校高中生进行个案干预的心理辅导。在案例的干预过程中李老师采用了基于行为主义的阳性强化法和基于交互决定理论的生态模式干预（即对与学生问题有关的教师、家长进行干预，并请其协助对学生的干预），取得了比较好的干预效果。以下是案例内容：

1. 一般资料

廖某，男，17岁，是某职业技术学校高二计算机班的一名学生。他是和班主任一起来心理咨询室的，身高175cm左右，身体健康，未患过重大疾病，父母双方家族均无精神病史。

廖某是独生子，家庭富裕。父亲自己开厂，事务繁忙，饭局多，很少回家吃饭；母亲是家庭主妇，小学文化，对孩子很疼爱、照顾周到。廖某上学后学习成绩一直较好，小学升初中考上镇里最好的初中，初中三年成绩中等偏上，父母、老师包括本人对其升学都有较高的期望值。但是他中考失利，只考上了职中，全家人都很受打击，但父母仍然鼓励他在职中学好专业。

心理测试结果：

选择测试为：EPQ、SCL－90、SDS、SAS。

EPQ：E40；P45；N65；L40。

SCL－90：总分195，抑郁3.5，焦虑3.1，躯体症状2.8，人际关系2.4，其余各因子分均小于2。

SDS：67（标准分）。

SAS：60（标准分）。

2. 主诉和个人陈述

主诉：无法控制自己不去玩网络游戏，情绪低落、焦躁、失眠两个多月。

个人陈述：中考失利被职中录取，心里非常难受，所以常常和邻居去网吧玩游戏（之前很少玩）。职中开学后本想收拾心情好好学习，但是老师讲的东西都很容易，觉得上课很无聊，专业课都是讲理论，也不知道该做些什么，于是课余时间就瞒着家里人又去网吧玩游戏。渐渐地，廖某发现自己玩游戏的技术真的很好，特别有成就感。寒假，家人为了他的专业学习就给他买了电脑，他就在家里玩，他母亲以为他在学习，所以在家里他可以玩得更开心，饭常常都是在电脑桌前吃的。可是他的学习成绩越来越差，入学时他是班上的最高分，到高一结束的时候他成了班上倒数第六名，因为旷课去网吧还被学校记了大过。于是，他父亲就停用了家里的网络，并警告他学习成绩差就去工厂做苦力。进入高二，他下决心要改正，但是总忍不住跑到网吧里去玩，每次玩过游戏后又会很后悔、自责，还试过用拳头砸墙，可是都没用，一玩游戏就什么都忘记了。这两个多月来，上课一点都听不进去，拿起书常常发呆或者昏昏欲睡，记忆力很差；家人一责备，他就会自己一个人生闷气，总是在自责中度过，晚上常常睡不着，烦躁极了，觉得同学看他的眼光怪怪的，不想和身边的人说话，也很讨厌自己。希望咨询师能够帮助他回到正常的学习和生活。

3. 观察和他人反映

咨询师观察：求助者身体和智力均发育正常，讲话声音清晰，情绪低落，意识清楚，言语流利，无幻觉、妄想，无智能障碍，自知力完整，有明确的求助要求。还观察到，廖某衣着整洁，但很消瘦，整个人的精神状态倦怠、痛苦、烦躁、无奈。

班主任反映：从高一入学起廖某对学习就不太积极，也跟班上的同学玩得不多，到高一第二学期他的问题比较多：上课睡觉、抄作业，还旷课6节被查出他去了网吧，导致成绩急剧下降，并被学校记大过一次。教育过程中，认错态度很好，但是这个学期（高二第一学期）上课状态更差了，好像他自己也无法控制自己。

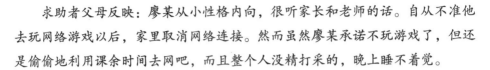

求助者父母反映：廖某从小性格内向，很听家长和老师的话。自从不准他去玩网络游戏以后，家里取消网络连接。然而虽然廖某承诺不玩游戏了，但还是偷偷地利用课余时间去网吧，而且整个人没精打采的，晚上睡不着觉。

4. 评估与诊断

(1) 综合观察、谈话并根据班主任的谈话和搜集的资料作出如下分析：

第一，资料来源的可靠性：可靠。廖某语言、思维清楚，智力水平偏高，自知力完整，求知动机强。

第二，目前求助者的精神、身体和学习与人际交往情况。

精神状态：智力偏高，情绪低落，有中度的抑郁和焦虑情绪；头脑总是浮现与网络游戏有关的事，然后又因自责而产生焦虑。

身体状态：视力下降、消瘦，情绪低落、精力难以集中。

学习与人际交往：学习兴趣低，与同学关系一般，在班上没有亲密的朋友，不能主动结交朋友，但被动接触良好。

第三，原因分析。

由于中考失利上了职中，父母和本人都很失望，带着这种情绪来到职中。由于各科老师要顾及全班的接受能力，教学难度都不大；学校的教学实验设备有限，专业课理论多、实践少，于是导致其轻视学习。职中的生活比初三时有更多自己支配的时间，加上经济宽裕，有钱上网吧，于是更投入于网络游戏，并从中得到了满足感和成就感。家里有电脑后，母亲不懂，玩电脑有了更为宽松便利的环境，于是越陷越深，难以自拔。

(2) 诊断：严重心理问题——网络成瘾综合征

(3) 诊断依据

根据廖某的资料，综合其相关因素，家庭中无精神病史，本人无重大疾病史，廖某本人对症状自知，有求医行为，根据精神活动正常与异常的三原则判断，可排除廖某有重性精神病。廖某目前心理与行为问题是由上网玩游戏影响学习的事情引起的，因此对自己摆脱不了游戏产生自责，其冲突具有现实意义，持续时间为2个多月，不良情绪有一定的泛化，出现睡眠问题，学习受到影响，而且经过检查无器质性的病变，符合严重心理问题的诊断标准。

结合美国心理学会评估网瘾的鉴别标准的测验结果，诊断为：网络成瘾综合征（Internet Addiction Disorder，简称IAD)，属于网络游戏成瘾类型。

5. 咨询目标的制订

咨询目标应该符合咨询目标有效性的七个要素：具体、可行、积极、双方可以接受、属于心理学性质、可以评估、多层次统一。

（1）近期目标：控制上网时间。运用内容替代，逐步断绝游戏瘾。保证正常的作息时间，上课不睡觉，及时交作业。

（2）远期目标：在学习中找到自信心和满足感，明确自己高中阶段的奋斗目标。

6. 咨询方案的制订

（1）咨询方法和适用原理

阳性强化法：家长和老师对其达到要求的行为及时进行表扬和奖励。教师采用德育分奖励，家长采用周末家庭活动奖励，后续强化物为家长提供的旅游基金。原理："行为主义认定行为是后天习得的，并且认为一个习得行为如果得以持续，一定是在被它的结果所强化。所以要想建立或保持某种行为，必须对其施加奖励；如果要消除某种行为，就得设法给予惩罚。这种行为矫正方法完全适用于出现行为障碍的求助者。"

生态心理服务模式：即辅导是心理教师与班主任和家长共同进行的。因为现在学校心理辅导的方向是系统治疗方法，如家庭治疗和学校教师参与的系统治疗。原理："美国著名学校心理学研究者 Sheridan 与 Gutkin 2000 年撰文提出 21 世纪的学校心理学应提倡生态模式。该观点认为：学校心理学家必须直接与学生所处的各级生态系统发生联系，而学生所处的生态系统包括学校、家庭与社会环境。学校心理学家所做的干预计划与实施必须放于学生生活的生态系统之中去。"

（2）双方各自的特定责任、权利与义务

求助者的责任、权利和义务：

责任：

A. 向咨询师提供与心理问题有关的真实资料；

B. 积极主动地与咨询师一起探讨解决问题的方法；

C. 完成双方商定的作业。

权利：

A. 有权利了解咨询师的受训背景和执业资格；

B. 有权利了解咨询的具体方法、过程和原理；

C. 有权利选择或更换合适的咨询师；

D. 有权利提出转介或中止咨询；

E. 对咨询方案的内容有知情权、协商权和选择权。

义务：

A. 遵守咨询机构的相关规定；

B. 遵守和执行商定好的咨询方案的各方面内容；

C. 尊重咨询师，遵守预约时间，如有特殊情况提前告知咨询师。

咨询师的责任、权利和义务：

责任：

A. 遵守职业道德，遵守国家有关的法律法规；

B. 帮助求助者解决心理问题；

C. 严格遵守保密原则，并说明保密例外。

权利：

A. 有权利了解与求助者心理问题有关的个人资料；

B. 有权利选择合适的求助者；

C. 本着对求助者负责的态度，有权利提出转介或中止咨询。

义务：

A. 向求助者介绍自己的受训背景，出示营业执照和执业资格等相关证件；

B. 遵守咨询机构的有关规定；

C. 遵守和执行商定好的咨询方案各方面的内容；

D. 尊重求助者，遵守预约时间，如有特殊情况提前告知求助者。

(3) 咨询时间与收费

前三周每周一次咨询，第七周一次咨询，第 15 周一次，共 5 次。

每次咨询 50 分钟。

收费：免费（由于是本校学生，属于学校工作范围）。

7. 咨询和干预过程

(1) 诊断阶段（两次咨询）

此阶段的内容包括建立咨询关系，收集相关信息，进行心理诊断，了解求助者的求助动机，确立咨询目标，制订实施方案等。

第 1 次咨询

时间：第一周

目的：了解基本情况；建立良好的咨询关系；探寻其改变的意愿；找出廖某当前急需解决的问题。

方法：会谈法、心理测验法

过程：第一步，填写咨询登记表，询问其基本情况，介绍心理咨询的性质和限制及咨询过程中有关事项与规则；第二步，与本人交谈收集临床资料，使廖某得到充分的宣泄，释放内心的焦虑与冲突；第三步，指导他做相关的心理测验，作出评估和诊断。

第2次咨询

时间：第二周

目的：巩固咨询关系；帮助求助者认识自己；确定咨询目标；商定咨询方案。

方法：会谈法

过程：第一步，加深咨询关系；第二步，通过和求助者一起分析其经历，了解其感受，探索求助者的性格特点；第三步，与求助者商定咨询目标，制订实施方案，介绍干预的方法、原理及过程，签订书面协议。

(2) 咨询干预阶段（一次咨询）

第3次咨询

时间：第三周

目的：与班主任、家长以及廖某本人签订行为契约，明确各方的权力、义务。

方法：会谈法、阳性强化法

过程：第一步，向班主任、家长以及廖某本人介绍阳性强化法；第二步，与班主任、家长以及廖某本人共同商定行为契约；第三步，明确各方权责后签字。

行为契约内容：

廖某的告别网络游戏计划：

第一步：目标选择。

为了我的健康和学业我必须告别网络游戏。我的目标是12周内完全摆脱网络游戏。

第二步：对目标行为的监控。

A. 目标过程的选择

周一到周五：我每天6：30起床，21：30上床睡觉；中午在学校饭堂吃饭，然后回教室午休、做作业；下午放学17：10前回到家（16：40放学），吃完晚饭负责洗碗、收拾厨房，洗澡后自己洗衣服。

周六：上午参加学校的计算机专业培训；下午打篮球2－3小时；起床、就寝时间不变，家务照常。

周日：起床、就寝时间不变，家务照常；准许用电脑2－3小时，练习计算机培训的操作内容，必须有家长陪同。

做到上课认真做笔记、不缺交作业。

第一周每天可以玩1小时游戏，地点必须在家里并有家长陪同。

第二周每天可以玩半小时游戏，地点必须在家里并有家长陪同。

B. 基线水平评定：目前平均每天网络游戏时间5小时以上，上课睡觉、缺交作业，从来不做家务。

C. 对过程和目标有关的行为进行记录：我每天记录自己的起床时间、睡觉时间、午饭时间、午休时间、下午到家时间，并且由班主任和家长签名证实记录的真实性。母亲提醒、记录我做家务情况，并准时叫我起床。班主任每周检查我各科的笔记、交作业情况以及周日的实操练习。

第三步：改变环境事件。

带水杯去学校打开水喝，每天只要3.5元的午餐费；每天买了午饭和班主任一起用餐；在饭厅的冰箱上贴留言条提醒自己做家务；把房间的电脑搬到父亲的书房。

第四步：获得有效结果。

我按计划执行，班主任给我加德育分10分/周，并且在周一班会课表扬我，父亲承诺周日开车带全家出去游玩，并存50元给我做旅游基金。

前两周，我放弃一天的游戏权利，加德育分3分，父母送一份礼物给我。

如果我最终实现了自己的预定目标，父亲将额外奖励我400元，共计1000元旅游基金。父母将随时表扬我按计划所做的事情。

第五步：结果巩固。

（1）如果每周我不按要求执行，仍然无节制地玩网络游戏，我要同咨询老师重新讨论这一计划并做必要的修改；我的家长和班主任也会及时对我的有关行为进行反馈。

（2）我会记录每个月的生活感受与咨询老师一起分享。

行为契约：

我，廖某，同意实施上述的计划。我也同意计划的附加条件，如果行动计划失败，我将退还父亲600元奖励金。

签字　　　　　　　　　　　　日期

廖某夫妇，同意遵守上述计划有关我们的各项活动，做到及时表扬和奖励，并同意在儿子完成计划时为其提供400元奖励，并且在他计划失败时收回其退还的600元奖励金。

签字　　　　　　　　　　　　日期

我，廖某的班主任，同意监督廖某中午的活动去向并及时检查其笔记、作业，同时同意对他进行及时的加分和表扬。

签字　　　　　　　　　　　　日期

（3）巩固阶段（一次咨询）

实施上述系统辅导一个月后，心理教师分别与廖某的班主任、父母以及廖某本人进行谈话或电话了解情况。

廖某班主任反映廖某课堂内外的变化都很大，学习成绩提高很快，德育分已经达到80分，可以申请撤销大过。并且拿出了中午留校情况以及作业笔记检查记录。廖某中午没有离开过学校，作业没有缺交记录，专业课笔记记得非常好，还有个人补充的资料。

廖某父母反映，廖某除了早上有时需要叫起床外，其他都做得很好，做家务的质量一次比一次提高。只要他做了父母都及时表扬，而且在亲戚朋友面前公开赞扬。每周日的家庭活动都很开心，觉得儿子跟自己有话说了。第一周周一、二、六、日做到放弃权利共计4次，第二周周一、二、五、六、日做到放弃权利共计5次。

第4次咨询

时间：第七周

目的：及时了解求助者实施行为契约初期的心理状态，以便及时指导求助者或调整行为契约，使求助者能更自由地接纳自我的经验，也能更开放地对待外部的经验，提高自我情绪和行为的调控能力。

方法：谈话法

过程：第一步，鼓励求助者与咨询师分享实施行为契约后求助者的感受。

第二步，讨论每周心得中反映出求助者内心的变化。廖某自己在心得中写道："刚开始一吃完晚饭就很难受，就想玩玩游戏，看看冰箱上自己写的纸条，我就拼命做家务，小小的厨房花了我一个多小时。""其实除了玩游戏我还有这么多的事情要做，妈妈每天要做那么多的家务，爸爸挣钱也是很不容易的，作为儿子怎么现在才意识到这些呢？""原来电脑除了玩游戏还有如此多的奥秘，我决定参加下半年的全国计算机一级考试，我们班级才只有一个人通过呢。"第三步，帮助求助者悦纳自我的变化，鼓励他对自己的将来进行规划。第四步，要求他在接下来的两个月继续写心得。

第5次咨询

时间：第15周

目的：评估咨询效果

方法：会谈法、心理测验

过程：施测 SDS、SAS、SCL－90，并与咨询前对照。对前面的咨询过程进行总结，请求助者谈自己的体会和感受，并总结整个咨询过程中的成长。

8. 咨询效果评估

(1) 求助者本人和其他人的评价

A. 廖某情绪明显好转，自述"可以控制自己不玩网络游戏，睡眠状况得到改善，心境平和，不再烦闷"。

B. 同学和老师说："廖某上课认真，和同学玩得多了，变得关心班集体了。"

C. 父母说："儿子不玩游戏了，在家里话多了，饮食、睡眠都很好，人的脸色也红润了。"

(2) 咨询师评估

通过回访，了解廖某本人目前状态稳定，精神面貌较初访时大有好转，玩网络游戏失控现象、焦虑和抑郁情绪得到控制，睡眠状态良好。咨询基本上达到预期目标。

(3) 心理测验评估

使用 SCL－90、SAS、SDS 对求助者的焦虑情绪进行测量，SAS 标准分 34 分，SDS 标准分 47 分，SCL－90 各项指标均已恢复正常，说明求助者心理问题已经基本得到了解决。

9. 体会和思考

对廖某网络成瘾问题的矫正，整合了学校、家庭的力量，效果很好。虽然廖某一开始更多依靠家长、班主任的监督，但是随着时间的推移，新的行为模式渐渐内化为他自主的行为。

由此可见，对学生网络成瘾的干预咨询必须注意以下几点：

首先，要评估成瘾的程度，成瘾很严重的要考虑转介到戒瘾中心。

其次，了解成瘾原因——分析其成功感和挫折感产生的原因。

再次，学生家长的态度尤为重要，没有家长的配合戒瘾很难成功。

最后，弱化"成瘾"一词，减轻求助者及其家庭成员的焦虑，强调上网是一件好事情，如果不能有节制地合理利用，就需要采取强制的措施。

上面是针对已经染上网瘾的学生所做的心理咨询，教育工作者需要防患于未然。具体来说，为避免高中生网络成瘾，教师应注意以下几个方面：

第一，为师者要多关注迷恋网络的高中生，给予其细微的关怀。高中生的自主意识增强，他们往往认为自己有良好的自控能力，实际却是容易受外界因素的影响干扰。有些高中生认识到沉溺网吧正在使自己堕落，内心愧疚，也希望摆脱网络的诱惑，但势单力薄，欲罢不能，他们渴望温情，希望得到别人的支持和鼓励。这个时候父母或教师如能及时关心帮助他们，就能增加他们的信心，成功戒掉网瘾。

第二，提供宽松的环境，引导高中生正确上网。学生在日常的学习生活中受挫会引起不良的情绪，如果没有一个宽松的环境舒缓宣泄，他们会盲目地去上网，混迹其中，没有方向，极易成为网络的俘虏。对此，学校应建好校园网，组织引导学生上网不失为良策。

第三，尽快建立学校的咨询室，加大宣传力度。

四、全方位做好学生心理辅导工作的措施

（一）学校方面的具体措施

1. 找到学生产生心理问题的症结所在，教研组会同班主任，任课老师商量对策。

2. 开设心理教育课，组建心理教育教研室，组建学生心理社团，编辑心理辅导刊物，创设心理咨询信箱，开发班级日记。

3. 在开展学生健康心理教学的基础上，学校还需有意识地激发学生对学习的兴趣，鼓励他们以良好心态完成高中阶段的学习。

(二) 班级方面的具体措施

1. 对学生要有信心

"没有教不会的学生，只有不会教的教师"。教师总是要面对不同特点的学生，教师不应该把他们划分为三六九等，而应该看到每个人身上都有闪光点。把握学生的闪光点，给学生以信心，使每个学生都能成为好学生。信心教育可以启动学生学习的内驱力。

2. 对学生要有爱心

当今的高中生个性极强，他们强调自我意识，争强好胜，喜欢显示自己的优点，不愿暴露自己的缺点或不足。他们渴望与别人交往，却不愿完全敞开自己的心扉，总想保留一份属于自己的"小秘密"，这种现象在心理学上可以将其称为"心灵设防"。班级管理工作正是要打开这道防线，走进学生的心里。而爱心正是打开这道屏障的金钥匙。师爱是一种无声的语言，是一种无形的教育力量，是其他教育方式无法替代的。爱首先要平等，平等才有爱。当学生感到教师的爱时，才会把教师当成知心朋友，教师才能做好学生的心理工作。

3. 对学生要细心

今天的高中生，社会化趋势强，思想极具跳跃性，他们渴望独立，但心理上却不够成熟，易受社会环境等方面因素的影响；由于各自生活环境的差异性及心理独特性，他们也会产生不同的心理问题。教师只有细心，才能了解这些问题及其产生的根源，找到打开学生心门的着力点，对症下药。教师要随时了解和发现学生的身心变化，及时有针对性地开展工作，了解社会、家庭对学生心理和思想的影响，使心理教育增加系统性和社会适应性。

(三) 对高中生心理健康的细节教育方面

1. 态度方面

(1) 对问题的态度：遇到问题时勇敢面对、立即行动，在短时间内解决问题。

(2) 对自我的态度：选择自信、自尊的态度，不要自卑。

（3）对他人的态度：选择合作、分享、互爱、互相尊重的态度。

2. 教给学生从多方面来缓解压力的方法

（1）热爱学业：学生的天职是学习，从主观上树立热爱学习的精神，排除对学习的抵触情绪。

（2）积极思考：停止消极的想法，重新考虑事物，变消极为积极。

（3）坚持运动：坚持有规律的体育锻炼，不仅能增强体质，而且有利于提高自理能力，更好地适应环境。

（4）注意饮食。

（5）扩大交往。

（6）适当放松。

3. 教会学生保持平衡心理的十项原则

（1）对自己不过分苛求。

（2）不要过高地要求他人。

（3）疏导自己的愤怒情绪。

（4）偶尔要屈服。

（5）暂时逃避。

（6）找人倾诉烦恼。

（7）为别人做些事。

（8）在一段时间内只做一件事。

（9）不要处处与人竞争、不要处处将他人作为竞争对象。

（10）对人表示善意。

4. 教给学生三种调整心态，减小心理失衡的方法

（1）倾诉法，也叫发泄法。即将自己的心理痛苦向他人倾诉。适度倾诉，可以将失控力随着语言的倾诉逐步转化出去。倾诉作为一种健康防卫，既无副作用，效果也较好。如果倾诉对象具有较高的学识修养和实践经验，将会对失衡者的心理给以适当抚慰，使其鼓起奋进的勇气。受挫人会在一番倾谈之后收到意想不到的效果。

（2）优势比较法。受挫后有时难以找到适当的倾诉对象以诉衷肠，便需要自己设法平衡心理。优势比较法要求去想那些比自己受挫更大、困难更多、处境更差的人。通过挫折程度比较，将自己的失控情绪逐步转化为平心静气。其次寻找分析自己没有受挫感的方面，即找出自己的优势点，强化优势感，从而提高挫折承受力，认识事物相互转化的辩证法。挫折同样蕴涵力量，正确运转挫折的刺激，可以挖掘自身潜力。

（3）目标法。挫折干扰了自己原有的生活，毁灭了自己原有的目标，重新寻找一个方向，确立一个新的目标，这就是目标法。目标的确立，需要分析思考，这是一个将消极心理转向理智思索的过程。目标一旦确立，犹如心中点亮了一盏明灯，人就会生出调节和支配自己新行动的信念和意志力，从而排除挫折干扰，去努力进行达到目标的行动。目标的确立是人内部意识向外部动作转化的中介，是主观见之于客观认识向实践飞跃的起始阶段。目标的确立标志着人已经从心理上走出了挫折，开始了下一步争取新的成功的历程。目标法既可以抑制和阻止不符合目标的心理和行动，又可以激发和推动学生去从事达到目标所必需的行动，从而鼓起学生战胜困难的勇气。

2. 发挥学生的能动性

——对学生进行最有效的管理

"教育之没有情感，没有爱，如同池塘没有水一样，没有水就不称其为池塘，没有爱就没有教育。"我国近代教育家夏丏尊的这段话形象地说明了"爱"在教育教学中的重要作用。新课程改革的目的是为了全面推进素质教育，在不断总结成就和经验的基础上，建立起以学生发展为本的、适应学生发展的管理体系。

近年来，美国哈佛大学提出了教育新观念，主张学校要"减少评比，多花心力找出每个学生天赋的一面加以培养"，并指出："成功可以有无数种定义，成功的途径更是千变万化。"因此教育教学要关注每一个生命的快乐与发展，要让每个生命有无比的自信心和成功感，使任何一名学生在众多的特长门类中，找到一点是同龄人或同班同学无法和自己相比的长处，在这一点上自己是"星"、是"家"、是"能手"，并得到学校、老师和同学的认同，从而建立起自信的支点。在任何教学活动中，只要学生努力了，只要学生的主观愿望是善意的，老师就要立即加以认同，使学生的心灵得到慰藉。

一、激励型管理策略，让学生拥有荣誉感

激励的目的在于调动学生的主动性、积极性和创造性。管理者应该创造一种环境和条件调动学生的最大积极性，让每个学生都充分发挥主观能动性。只有最大限度地激励学生，有效地调动学生，才能让每个学生发挥才干，施展才华，最终让他们得到最好的发展。

天津市实验中学李萌在一节班会课上，通过学生要争取打篮球赛的机会这件事对学生进行了激励性教育。通过李老师的教育，学生们获得了比球赛更重要的东西——对身边同学长处的肯定，对自己可爱的班集体的了解。同时，也使班级管理更加有效。

那天是李老师的自习课，因为单元考试成绩不错，所以李老师说："奖励大家一下，这个周末不留语文作业！"一阵欢呼声过后，马上就有人提出了反对意见："李老师，换个奖励行吗？比如让我们打场篮球赛吧！"

"对对对！篮球赛，就换这个奖励！"底下一片附和声。

"那你们赢得了吗？"李老师不动声色地问。

"当然！"

"如果输了怎么办？"李老师又接着问。

"就凭我，只要有我在场上，怎么会输？"说话的是"篮球痴迷者"宇峰。他的话马上招来嘘声一片。

"好，如果我同意你们比赛，谁愿意上场？"李老师的话音刚落，教室里"刷刷"站起来七八个人。

"这么多人，裁判可不会同意。你们谁下？"片刻的沉默之后，谁也不肯坐下。还是凯扬先开了口："阿军，你打得那么臭，你坐下吧！""我臭？"阿军马上反驳，"还不知道谁臭呢？就跃雄那体力，还进球？别丢人现眼了！"

李老师打断了他们的争执："你们看，还没比赛，自己就先打起来了，不用人家打，自己就已经乱成了一锅粥。这样吧，别说我没给你们机会，下面我出几道有关班里卫生情况的题目，你们推举一个人来回答，别人不许提示。答对了，就让你们参加篮球比赛；答错了，你们就乖乖地念书，别再想着比赛的事好吗？谁来回答？"

一听有机会参加比赛，学生们兴奋起来。"阿军，你去，加油！"这次，他们的意见倒是很一致。

"班里的卫生角有几把扫帚？"

"这个……有……七把扫帚！"

"答对了！"教室里响起一片欢呼声。

李老师笑了笑，继续出题目："每天早上检查卫生的同学要检查哪些地方？"

"加油！""别急，慢慢想！"为阿军鼓劲的声音响成一片。阿军紧张得脸都红了："有窗台、地面、黑板槽……"结果还是落掉了纸篓一项。

"好了，咱们有言在先。"看着学生们一脸失望的表情，李老师又接着说，"看在你们团结一致的分儿上我再给你们一次机会。这次我要找一个支持篮球赛的女生来回答有关班集体荣誉的问题。"

"筱悦！""选筱悦！"……

"我们班教室后面的墙上有几张奖状？"

"六张奖状、一面锦旗。"

…………

就这样，李老师变换着花样问了各种与班集体建设有关的问题。看看时机成熟了，李老师说："好了，同学们，问题结束了。""别，李老师，再问几个！""再问几个？还记得我为什么要问问题吗？""对呀！我们都忘了，是因为篮球赛。""对，是因为篮球赛。"李老师接过话头，"看到你们这样齐心协力，我终于可以放心地让你们参加篮球比赛了。其实，李老师又何尝不想让你们高高兴兴地去参加比赛，如果你们获胜了，我会比你们还高兴。但是，最初你们的表现让我很担心。输了比赛不要紧，输了士气、输了风度才最可怕。在自己队伍里就各执己见、互相贬低、以自我为中心，不用人家打，就已经输了，这样的比赛不如不参加。其实你们每个人都很出色，为什么不能将你们的力量聚集在一起呢，那样会力大无穷啊！我同意你们比赛，不是因为某一个人的表现，而是因为我看到了你们的凝聚力。去联系比赛场地，因为我坚信，你们一定不会为李老师丢脸，不会为班级丢脸，你们一定会赢！"

二、信任型管理策略，增加学生自律感

罗森塔尔效应认为只要教师给学生自信，学生就会有高成就。老师越是表现出对学生的信任，他们就越会尽自己最大的努力，主动地、积极地做好每一件老师交给的事情。教师对学生的相信是一种巨大的鼓舞力量。陶行知先生也这样忠告我们："你的教鞭下有瓦特，你的冷眼里有牛顿，你的讥笑中有爱迪生。"作为老师，应该相信每个学生都有成功的希望，每一个学生都具备成功的潜能，而教师的作用，就是要唤醒学生的自信。

山东省高密一中在一次准备举行队列比赛的时候，出现了这样一幕：高二年级学生会的干部向学校提出由他们全权承办队列比赛。在经过激烈的招标投标之后，高二（5）班最终夺标。第二天，校长李希贵收到了这样的一封信："校长老师：我们是昨天中标的高二（5）班的几名同学，有一件事情想请您给我们做主。本来中标组织比赛的是我们56名同学，可是在班里宣布的组委会主席和副主席却是我们的年级主任和班主任。我们非常希望老师把这次旨在锻炼我们自己的活动的每一个环节都交给我们。老师，拜托您了，给我们说句话吧，不然我们真有点泄气了"。经过李希贵校长做工作，比赛的承办权完全回归了56名学生。最终的结果表明，整个比赛过程，不但组织得有条不紊，而且还有很多新的创意，同时，这个新组建的班集体的凝聚力也大大地得到了强化。之后，高密一中提出"学生十大自我锻造工程"全部由学生通过招标投标来获得承办权。

其实，这里的问题不是将学生作为管理的对手，而是视学生为学校工作的助手。实践表明，如果认为学生是管理工作的对手，则极有可能学生就以对手的面貌出现在管理者的面前，相反，如果视学生为工作的助手，那么，学生就会真的成为工作的得力助手。在这方面很有体会的还有著名教育改革家魏书生老师，魏老师在班级管理中，视全班同学为工作的助手，于是，班级工作变一人操心为几十人操心。这是魏书生老师在一学期的工作时间里，能够几十天在外讲学，而班级的管理和语文教学依然有序进行且不断取得新的突破的秘诀之一。

三、宽容型管理策略，让学生和谐发展

宽容即理解，有胸怀舒畅、心胸宽大、宽厚和易、海纳百川之意。宽容是教师对学生自尊心的一种特殊尊重，宽容是调整学生心态的一种方式，宽容是建立接纳、支持性学习氛围的一种手段，宽容亦是创造型教师所必备的品质。教师对学生的独特见解宽容，才能为学生提供充分表达自己见解的机会和空间，放飞学生想象的翅膀，促使学生进行创造性学习；教师对学生思维方式宽容，才能激发学生的"思想火花"，挖掘出他们的潜能，培养其创新精神；教师对学生独特行为方式宽容，才能使学生在宽松的环境中展示自我、发展自我，形成独特个性；教师对学生情感上宽容，才能从人格上尊重学生，培养他们良好的心境，给予每一个鲜活的个体以饱满高涨的创造激情。

北京市十一中的张之俊老师碰到过这样一种情况。一个中午，年级主任告

诉张老师，高二（13）班的小赵在与两个初中学生打篮球时拿了他们的 150 元钱。由于在高一时教过小赵，所以张老师决定来处理这件事。

张老师从教室把小赵请到高中办公区，面对面坐下来。张老师问小赵："你知道我找你是因为什么事吗？"他说不知道。张老师说："那我就直说吧。"张老师先把初中学生找年级主任的事告诉他，然后并没有立即问是否属实，而是接着说："我高一教了你一年，你要信任老师，如果真有此事，我的态度是：第一，这是不小的错误，如果不及时改正，将来会给你的一生带来很不好的影响；第二，要勇于认错并立即找到两个同学退钱，同时真诚道歉，求得谅解；第三，对这件事，学校不声张，不扩散，也不处分，给你保密，同时也让两个初中学生保密；第四，今后一定不能再犯这类错误；第五，专心学习，提高成绩。"

张老师把态度亮明后，小赵毫不迟疑地承认了，并表示今后一定改正。看着他那充满内疚的眼睛，张老师说："非常感谢你对我的信任，希望你履行承诺。"这次谈话总共用了 20 分钟。下午 4 点，小赵告诉张老师，他已经照老师说的做了。

之所以能这样处理这件事，张老师说是因为曾经看到过一个案例，由于老师对类似事件处理不当，导致一个女孩子长时间忧郁并最终退学。这件事深深地刺痛了张老师，同时也教育了张老师。是啊，学生尽管犯了错误，甚至是不小的错误，但他们首先是成长中的孩子，是具有很强可塑性的孩子，成长道路上犯错误，就像初学走路的幼儿跌跟头，绝大部分跟道德品质没有多大关系。教师只有认识到这一点，才能给予孩子一份成长过程中特别需要的宽容。这尽管是一件小事，但张老师还是为自己能这样处理而感到快乐，体会到教育的乐趣与成就，也为自己管理与教育学生水平的提高而自豪。

四、提高管理执行力的具体措施

教师在学生管理中应做好引导、点拨、调控工作，给学生更多的自主权，充分唤起学生的主体意识以及对班级的责任感、荣誉感，让学生尽情表达他们的意愿，充分挖掘他们的潜能，使之真正成为班级管理的主人。具体可从以下几个方面着手：

（一）给学生选举权

在班干部的选举上，采取自荐、讲演、他选三结合的竞选方式。选举产生一个"金字塔式"的班级最高权力机构，一人担任正班长，其余一律设为副班长，分学习、纪检、卫生、体艺、宣传、考核等六个小分会。各组有组长一人，组员1-2人不等，负责监督班干部的日常工作。

（二）给学生决策权

班集体拥有共同的奋斗目标，是和谐班级的重要标志，对提高班级的凝聚力和战斗力起着举足轻重的作用。在制订班集体目标和决策时，班主任首先广泛听取意见与建议，由全班学生集体制订初步方案，接着由班委会讨论修改，最后经过"学生委员会"的监督与认同后正式确定。这样制订出来的班级奋斗目标，能让大家真正感到是自己需要做的事情，因此，能够以积极的态度去执行。

（三）给学生监督权

第一，成立具有纪律仲裁权利的"学生委员会"。对于班级中的许多问题，他们参与调查、取证、旁听并提出处理意见。同时，"学生委员会"还承担学生中一般违纪和纠纷的处理。

第二，建立"人人督我，我督人人"的监督机制。一是建立"一对一"督察制度，即人人要负责监督一位成员的工作是否公正、合理，及时了解广大学生对各级干部的工作意见，并向班主任汇报，同时提出建议。对不合理、不公正的做法给予记录。每月举行一次"民意调查"，检查各级班干部的工作表现。二是设立"监督接力本"制度，由班主任把"监督接力本"传给课堂上负责监督的学生，并由这位学生像接力赛一样传给下一个监督者。负责监督的学生亲自做好记录，纪律小分会成员则根据"监督接力本"的记录情况做好相应的总记录。这样的措施，很大程度上消除了不公平、相互包庇、执"法"不严的现象，保证了学生自我管理有章可循、有据可查，使学生自我管理条例化、规范化，也能使学生树立民主意识，为将来走向社会做好准备。

9. 提升自身亲和力

——做学生最亲近的人

通过了解优秀学校管理者的事迹，我们不难发现，每一个成功的学校管理者，都很重视与学生之间的感情关系，都把它视为管理者的美德。孔子说过："亲其师，方可信其道。"只有与学生建立了平等、和谐的关系，管理者才能取信于学生，享有较高的威信，使学生乐于接受管理者的教诲。"人之相交，贵在交心"。管理者真诚待人，必将换回学生的诚心，学生因为亲管理者，所以才信其道，乐于接受管理。

一、亲近学生，赢得学生的感情

亲近，就是让学生感到可亲、可敬。这是一种如同父母对子女的关怀爱抚的爱。它会赢得学生的感情。

安徽省长丰县朱巷中学的朱本学老师曾这样写道：我所在的学校是一所寄宿制农村高中，面对的都是一些十六七岁的孩子。这些孩子，大多数都是第一次离开自己的父母独立生活，需要得到老师更多的关心与呵护。平时，我不仅关心他们的学习，更关心他们的生活。天冷了，提醒他们多穿衣服；生病了，督促他们看医吃药；夜深了，我会走进他们的宿舍为他们披好被子；天亮了，我又同他们一起晨操锻炼。看似婆婆妈妈的琐事，却拉近了师生间的情感距离，使学生感到，虽然远离父母，却有家的温馨。许多毕业多年的学生，仍然牢记着高中生活老师对他们的情谊。教师节来到了，我总会收到许许多多已毕业学生寄来的贺卡，其中一张贺卡是这样写的："纵然时光飞逝，难以忘记的是与老师的情谊和那些努力奋斗的日子，永远深深感激老师，教给我们那终身受益的东西，还有那些，默默的爱的奉献。每当看到星斗满天，我就想起我的老师，夜深了，您是否仍未休息……"看到类似话语，我会感到无比的欣慰。对学生，我虽然付出了自己无私的爱，却也收获了学生无价的情。亲近，必须走入学生内心。了解这些孩子在想什么，是做好教师工作的前提。我利用自己是一位语文教师的优势，让学生写过题为"我心中的好老师"的作文，稍做整理，发现几乎所有的学生都喜欢亲近型的老师。同学们认为，这类老师能走近学生，与学生平等交流，像妈妈，像姐姐，像兄长……总之，不像"老师"。在文章中，学生们写道："老师对学生的爱是什么？就是主动和我们一起聊天，甚至和我们一起去逛商店，一起欣赏流行音乐，和我们就像是超越年龄界限的朋友……""他是一个很好的倾诉对象，他会和你推心置腹地交谈，而不是光讲道理，他会用心感化你，不用家长出面。"对老师的缺点，学生带着一种宽容的口吻写道："别以为我心目中的好老师是一个完人，他也会带着缺点，有时普通话发音不准确，他会接受我们的纠正，共同学习。"热爱自己学生的老师，决不会动辄训斥学生，"总是用教训的口吻，总是用审视的目光让我们感觉不到老师的爱，并非只有一味的严厉批评才能达到目的，其实，幽默的提醒可能更好"；亲近型的教师，能用幽默的语言使课堂具有宽松的课堂气氛。"谁说上课非得一板一眼地学习呢？老师的口中不时冒出些风趣、幽默的话语，让学生在紧张之余放松一下，不更有利于学习吗？""在课堂中，他会鼓励我们大胆提出自己的见解，面对几十双渴求而迷惘的眼睛，老师会用自己如歌的声音播洒爱的阳光，让我们从玩中受到教育，从玩中得到启示。"

朱老师的文字，让我们懂得要爱学生，就要设法理解学生，亲近学生，走近学生，同学生交往。每个学生身上都有缺点，也许有的还是一块顽石，但这正需要教师去融化。

作为教师要亲近学生，还要从一些小事做起，在教学过程中关注的不仅仅只是学生的学习，还更应该关注学生的生活，多给学生一点关爱，就会收获一片天空。

二、管理者如何提升亲和力

苏霍姆林斯基说过："学校好比一种精致的乐器，它奏出一种人的和谐的旋律，使之影响到每个学生的心灵。但要奏出和谐旋律，必须把乐器的音调准，而这乐器是靠教师、教育者的人格来调音的。"学校管理者也同样如此，管理者应心胸开阔，豁达乐观，为人正直，因材施教，崇尚质疑，善待好奇，以高尚的人格魅力去影响学生。因为，只有当一个人具备了良好的品格时，其人生旅途才会处处闪光。

做学生管理，人格魅力非常重要，它将为管理者的工作增加动力。作为学生管理者，怎么才能具有良好的人格魅力呢？

（一）言传身教，以身作则

"言传身教"，似乎是一个老生常谈的问题，其实不然。身为一名学校管理者，其管理行为、思维方法、待人接物乃至一言一行，无一不在影响着学生。管理者的行为和表现对学生将会产生直接的、潜移默化的影响和作用，管理者应该用自己的实际行动为学生做出表率。

现代教育应以人为本，言传身教是管理者最基本的职责。因此，管理者不仅要满腹经纶，还必须具备高尚的道德，才能将"言传"融入"身教"之中，才能用人格力量去感召学生。在管理过程中，管理者和学生之间不是一种简单的作用和被作用的关系，学生是否接受教育以及学生在教育过程中的思想态势和行为趋向都取决于学生本身，要对学生施行管理，就得开启学生的心扉。这就不仅要求管理者做到晓之以理，动之以情，还要自己做出榜样。

学生如何去做人，如何将所学与实践联系起来，需要管理者的引导。管理者也是学生走向社会、通往科学宝库的引路人。所以管理者的言传身教是至关重要的。

（二）用知识亲近学生

管理者的知识必须是积极的、向上的，而且管理者在进行管理时要有准确的判断。在这样的要求下，管理者要博览群书，积百家知识于一身，才可以对学生认知过程中出现的问题加以解释，才会对学生产生一定的积极的影响。

李镇西老师为天津大港二中学生所上的一次课，细细回味起来，很有启发意义。下面是这节课的片段：

针对文中恩格斯所说的"他的英明和事业将永垂不朽"的论断，一位同学质疑道："'永垂不朽'说的是马克思的共产主义事业，可是，我想，社会主义国家的生命力不是太长，到现在为止，世界上只有几个国家还在坚持高举社会主义大旗。那么，我想问，苏联的解体和东欧剧变，这是不是说明马克思的事业发生了什么问题？这又怎么理解恩格斯所说的'永垂不朽'？"

对于这一问题，能够在课堂上恰当地作出令人满意的解答，并且给学生以深层次的启迪者，不能说绝无仅有，但绝对可以说不是所有的教师甚至不会有很多的教师能够从容应对。而李镇西老师却以渊博的学识、厚重的底蕴、有理有据地对这一问题进行了剖析和解答：

"有部分同学认为既然'他的英明和事业永垂不朽'，看现在许多社会主义国家解体了，又怎么能说'永垂不朽'呢？我是这样看这个问题的，不一定对，供大家参考。马克思主义作为一个科学的理论体系，它的基本原理应该是经得起实践和历史考验的。那么，你刚才所说的有些社会主义国家纷纷解体，原因恰恰是因为抛弃了马克思主义的基本原理，而死守一些马克思著作中的教条。当然，苏联解体和东欧剧变的原因很复杂，但其中一个重要原因，恰恰是因为他们背叛了马克思主义最基本的精神。马克思、恩格斯在《共产党宣言》发表25年后的德文版序言中曾这样写道：'《宣言》中所阐述的一般原理整个来说到现在还是完全正确的。'但是马克思和恩格斯同时又说：'这个纲领现在有些地方已经过时了。这些原理的实际运用随时随地都要以当时的历史条件为转移。'我们已经知道，马克思主义最重要的精神是科学求实。我就以中国为例，我先给大家推荐一本书叫《交锋——三次思想解放运动纪实》，有人把这三次思想解放运动称做20年改革开放的主线。"

接下来，李镇西老师从五月份的一些重大节日和纪念日，理出了一条马克思主义真理发展的奔腾长河：从《共产党宣言》到马克思主义在中国传播，从真理标准大讨论到马克思主义与当代中国实际相结合的思想结晶——邓小平理论，从十五大报告的纲领和蓝本到天津大港20年的发展变化，激情澎湃地阐明了马克思主义在中国发展的勃勃生机。

停了一会儿，思绪回到课堂："请问刚才提问的那位同学，你说我说得有道理吗？你还有什么想法？"

他说："您说得有道理。您的话使我想起了邓小平说过的一句话。"

李老师再次感到意外："是吗？你想起了邓小平说过的哪句话？"

"邓小平同志曾经说过那句话的大意是：只要中国人民坚持社会主义，那么世界上就有五分之一的人在坚持社会主义，社会主义的生命力就不会消失。"

李镇西老师的课堂教学之所以得心应手，厚积薄发应该是其成功之道。事实上，厚积的结果不只可以使自己的课堂得心应手，还有一点就是，越是厚积，越能懂得"三人行，必有我师"的真谛，越能理解"弟子不必不如师"的道理，越是知晓课堂上学生"发难"的价值所在。

（三）宽厚谦和地对待学生的"发难"

在任何情况下，管理者面对学生的批评或发难，应坦然处之，正确对待，这是管理者自信力的表现，更是教师人格的升华。在许多情况下，学生对管理者的批评是善意和诚恳的，这是由青少年学生的心理特点和与管理者关系的特殊性决定的。更何况，管理者有时能从学生的故意"灾难"中发现工作中的某些失误并改进工作。因此，管理者如果能宽厚谦和地对待学生的"发难"，学生则会更乐于接受管理者的管理。

4. 让学生成为自己的主人

——新课程下的学生自我管理

学生自我管理是指在班级日常的管理工作中，在班主任的指导下，让学生自己去管理，以达到使其自律、自主、自立的目的。它是新课改下教育方式转变的体现，也是主体教育的重要表现。实施主体教育，必须改革传统的教育观念和教育方法，教师要由传道者向顾问、助手、参与者转变，在教育中不再是把外在的现成的知识、观念、规范灌输给学生，而是通过启发、点拨、提示、引导学生自己去发现知识、领悟观念、内化规范，使学生在教师的引导之下，自主地、主动地成长起来。

一、如何在班级里培养高中生的自我管理能力

（一）在班级管理与建设中培养高中生的自我管理能力

在主体教育之中，学生的发展成为了一个自觉的过程。教师如果把这一主体教育思想贯彻到班级工作中，就是要在班级管理中贯彻民主原则，尊重学生的班级主人的地位，充分调动学生的积极性和主动性，发挥学生的聪明才智，把班级建设成为以学生自我管理为主、以学生自我教育为主的"二为主"的班级集体。

基于这一理念，浙江省舟山中学沈学文老师试着让学生自己来管理班级，锻炼学生的组织能力、管理能力与协调能力，取得了较满意的效果。下面是沈老师的经验总结：

"你看见班级饮水机上有很多灰尘，你会：A.用抹布擦干净；B.提醒班长；C.不来管；D.不知道。"这是一份思想调查问卷中的一道题目。结果是：选A的占5.4%，选B的占10.8%，选C的占33.2%，选D的占50.6%。这个答案让沈老师沉思了很久。为什么会这样呢？学生生活在这个集体里，却对这个集体的财物漠不关心。这样的人，还会去热爱祖国、热爱人民吗？我们的教育还会符合素质教育的要求吗？于是，沈老师开始设想：如何来培养学生自我管理的能力，如何让学生热爱这个集体，爱护公物。于是，沈老师开始采取让学生自主管理班级的办法。经过一个学年的努力后，这种办法取得了一定的成效。比如，每次集会体育委员都会按时整理好队伍；自修课虽然没有老师在，但同学们能自觉保持安静；学生自学的气氛越来越浓。现在，如果沈老师出差到外地，学生都会自己管理好自己的事务。而且班里饮水机、窗玻璃、讲台等都能随时保持干净。这样通过前后对比，沈老师认为管理班级要从培养学生自我管理能力开始，而在班级的建设与管理过程中也培养与提高了学生的自我管理能力。

沈老师在这一学年里是从以下几个方面来培养学生的自我管理能力的。

1.制订班级目标

班级目标聚拢班级学生的集体荣誉感，是班级自我管理的核心，是共同的奋斗目标。于是，这一学年里沈老师确立"做个合格的舟中人"作为班级的奋斗目标，"营造我们共同的温暖的家"、"不管你来自9班还是8、10、12班，我们都是高二（6）班家庭中的兄弟姐妹"、"为了我们共同的大学梦一起奋斗"。在实践中，这些目标起到了很好的教育作用。

2.充分发挥校纪班规的指导作用

自主管理不是放任不管，而是由原来的直接管理变成间接调控，这主要是通过校纪班规来实现。校纪班规是一种行为规范，为学生提供了某种行为模式，指引学生可以这样行为，必须这样行为或不得这样行为，是学生自我管理的参照依据。学生依据校规所指引的行为模式去行为，就是把校纪班规的指引作用视为它的一种自律功能。以校纪班规为依据进行活动，学生可以培养自己的自律能力。

当然，制订班规要以《中学生守则》、《中学生日常行为规范》、《实验中学操行品德标准》为依据，根据班级的实际和学校的要求以及民主集中制的原则，在学生自由、充分讨论的基础上，从学习、纪律、品德、体育卫生、日常行为等方面对学生提出明确、具体、有针对性的规范要求。由于这些班规是学生们自己制订的，在执行中，学生都会较为自觉，有利于外在教育规范的内化。

3. 实行班干部轮流制，把班级管理交给学生

沈老师的班级现在有 56 名学生，沈老师让全体学生民主推选一名热爱班级，具有一定组织管理能力的学生作为值日班长，让他协助班主任全面负责班级日常事务，从实践中培养他的管理能力。并以他为榜样，带动班级行动起来管理班级，渐渐达到全班所有学生都在管，管自己，也管别人。因为班长是民主选举产生的，这就激发了群体的自觉服从意识和责任心，能起到很好的竞争、激励作用。

沈老师认为班主任的管理工作，除了上传下达，处理一些日常事务外，还要经常地教育学生，指导学生，培养学生。那么，最好教给学生什么呢？陈吉群老师（广东顺德市勒流中学）在《创新素质的构成要素》一文中，论述过"独立人格意识"和"积极的民主的参与和热情"。有关前者，她说："学生具有独立人格意识，才不会迷信权威而人云亦云，才敢于发表自己的独立见解，才不会屈从于权势的压力而歪曲真理，才敢于大胆探索真理并至死坚持真理"。有关后者，她说："学生具备积极民主参与热情，会更加关心社会，了解社会。从而产生为人类，为国家，为民族而创新的崇高志向"。从陈老师的这些文字里沈老师感受到：作为班主任，最好培养学生自我管理能力，使他们具备独立人格意识和积极的民主参与和热情，为学生踏上社会做好充足的准备，为学生成为栋梁之材尽老师最大的努力。

高中生正处在心理上要求摆脱师长管束的"心理断乳期"。随着身体与心理的迅速发育，高中生的自我意识明显加强，独立思考和处理事物的能力不断提高，在心理和行为上表现出强烈的自主性，迫切希望从父母、师长们的束缚中解放出来，并开始积极尝试脱离父母、长辈、教师的保护和管理，热衷于显示自己的力量和才能，对事物有自己的见解，自己的主张。他们已不满足与父母、老师、长辈的讲解和说教或书本上的现成结论。这一心理上的断乳期，是一个主动地去寻求自己的主体性的时期，是一个自我努力构建社会主体的过程。对这个心理断乳期，我们的教育必须适应他们的这些特点，满足他们独立的需求，给他们自己表现自己力量和能力的机会。所以，高中生的管理要更多

地放手让学生自己去管理自己，并让他们在自我管理的过程中自己教育自己，形成主体意识和责任意识。

（二）在班级合作中实现高中生自我管理

高中生自我管理方式在实施的过程中，并非只要制订一些条条框框，让学生遵照实施即可，最重要的是，它需要方方面面的配合与合作。在高中生自我管理中，班主任要想办法加强学生与学生之间的合作，学生与任课老师之间的合作，学生与班主任老师之间的合作。通过这些合作，真正实现高中生的自我管理。

江苏省无锡市洛社高级中学的姚振宇老师认为，高中生自我管理的过程也是构建合作群体的过程。而所谓合作群体是指个人间的关系同样以具有个人意义的共同活动内容为中介的群体，成员认识到共同活动对个人具有越来越重要的意义，并在此基础上意识到它们对群体的共同意义。

鉴于班主任、任课老师、学生为一个班级的三大要素，姚老师认为实现高中生自我管理的问题可以从以下三个方面来着手。

第一，学生与学生之间的合作。它的重要性是可想而知的。如果学生与学生之间不配合，那么学生的自我管理就是一句空话。首先，一个坚强有力的有威信的学生自管机构必须来源于学生的民主产生。班干部轮换制或许是一种行之有效的办法，但是班干部轮换制有着明显的缺点。虽然只有让每一位学生理解学生管理学生的难度，他们才会乐于合作，但是像文娱委员、宣传委员、体育委员这些相对需要特长的位置，则只能建立一个相对稳定的小组来轮换。在班级管理的不断实践中，姚老师又发展了"班长组阁制"即选出一个班长，让班长来组阁，真正实现学生自我管理。试行下来的结果是出乎姚老师意料得好。其次，一个适度的班级目标会激励所有的学生为之努力与合作。姚老师接了一个在高一纪律较差而凝聚力较强的班级，立刻制订"文明班级"的目标显然有难度。于是姚老师针对这个班自修课纪律差的弱点，就决定向学校提出申请"自修课纪律免检"目标，取得了较好的效果。一张"净、静、竞、兢"的班级公约下面是四句简约的解释："洁净使人愉悦；纪律是成功的保证；竞争使人进步；态度决定一切"。这样的班级公约给学生制订了适度的班级目标，而适度的目标有利于一个班级一步一个脚印地朝着班主任和全体同学的共同目标前进。再次，利用学生管学生不是目的，更重要的是让学生帮学生，让班集体成为一个大家庭才是根本。这就要求全班同学在班主任的引导下，形成班级合力，这样才有可能促进学生之间的合作。形成班级合力的主要途径是通过各种活动来促进人与人之间的交往。例如，各种班级活动、运动会、文娱比赛等都是好的中介。

第二，学生与任课老师之间的合作。在学生自我管理中，人们往往忽视任课老师、舍管人员与学生的合作。如果班主任能好好利用这一重要环节，自然也能取得一定的成效。德育是学校管理的重中之重。如果任课老师能利用每一门课程的特点进行一定的思想教育，配合好班主任的工作，一起加强对学生自我管理的监控，那么就一定能取得好的教育效果。有沟通才能有合作，班主任绝不能拆任课老师的台，反之亦然。一位有经验的老师说得好："学生对教师的佩服首先是从学识开始的。"纪律再好，学习效率不高也是枉然。姚老师认为是否提倡学生与任课老师之间的合作是检验一个班主任工作好坏的重要方面。在每一次重要考试后，姚老师所在的学校都会要求班主任召开一个自己班级的任课老师的碰头会，通过对每一个学生的分析，建立每一个学生的个人档案，再要求任课老师与学生进行交流，加强他们之间的合作。

第三，学生与班主任之间的合作。班主任的重要性是不言而喻的，大量的事实说明，一个乱班的产生往往来源于一个不合格的班主任。学生的自我管理并非削弱了班主任的作用，反而更凸现出班主任的重要作用。学生与班主任之间合作的好坏直接影响到学生自我管理的水平。学生个体知、情、意、行水平各不相同，因此，姚老师认为班主任不能操之过急，要注意以下几个方面：1.逐步性。在刚起步的阶段，不能奢望一步到位，全部撒手不管。可以从构建一个称职的班干部队伍入手。为每个学生找到适当的位置，为每个学生创造成功的机会，强化每个学生积极的情感体验。上面提到的班干部轮换制、班长组阁制就是一例。再辅之以班级仲裁委员会，寄宿生自管会等机构，逐步放手，以达到学生自我管理的目的。从事必躬亲到加强指导再到学生自我管理是一个逐步的有效的监控过程。当然，在这一过程中，只有班主任与学生默契配合，才能取得效果。2.长期性。学生与班主任老师之间的合作是长期的。班主任要做好"打持久战"的思想准备，学生的自管过程就是教师有效监控的长期过程。在这个过程中，促进学生"内省经常化"是一种行之有效的方法。姚老师经过认真考虑，在班级应用"每日反省录"来提高学生的自我管理能力。

"每日反省录"在首页上有三项内容：(1) 我的格言。(2) 我的偶像。(3) 我的目标。以此让学生每天激励自己，话不要多，每日一句就可以了。每周上交一次。由周记变成日记，优点多多，既便于了解学生思想动态，又促进学生内省经常化。班主任的点评更可以起到交流的目的。3. 反复性。世界上从来没有一劳永逸的事。学生出现的问题很可能是反复出现的同一问题。例如，值勤是一种学生集体的自我管理活动，但在一定的周期内，往往会查出相同的问题。有时靠好几次推心置腹的谈话都解决不了问题。解决问题的方法往往需要"综合治理"：即全班谈话、个别交谈、周记谈心甚至和奖勤罚懒相结合。

这样建立起班主任、任课老师和学生三位一体的合作群体。让学生在合作中学会和实现自我管理。在这其中，强调合作精神是最重要的，当然也不能免除和学校、社会、家长以及其他各个方面的合作。

二、引导学生确立自我发展目标，实现自我管理

高中生正处在世界观、人生观、价值观的形成时期。教师应当引导学生自我约束、自我管理、自主发展，自觉抵制社会上不良因素的诱导，有热情去学习、有激情去生活、有真情去与同学友好相处，克服求学过程中的种种困难，为走向社会打下良好的基础。

"态度决定一切，理想造就辉煌。"理想信念之于一个人的进步与成功具有举足轻重的作用。正是信念的力量，使历史上无数的伟人承受了巨大的磨难，跨越了难以克服的阻碍，最终成功实现了自己的梦想。美好的理想能够激发人体内无尽的潜质，能够挖掘人体内不竭的潜能，能够使人生更加丰富、更加精彩。正是对这一理念的坚持，北京房山区良乡中学王鞠华老师从引导学生确立自我发展目标入手，帮助学生在思想上做好自我管理的准备。王老师首先对学生强化理想信念教育，引导学生设定自我发展目标。有道是："取乎其上，仅得其中；取乎其中，仅得其下。"在21世纪，竞争已经没有疆界，因此王老师认为教师应该指导学生放开思维，站在一个更高的起点，给自己设定一个更具挑战性的目标，这样才会有更强的前进动力和更广的发展前景，切不可做井底之蛙。另外，王老师还告诉学生只在一所学校取得好成绩、好名次，就认为自己已经功成名就是可笑的。所以，在订立目标方面，"宁为鸡首，不为凤尾"的思想是要不得的，应该永远给自己设立一些很具挑战性，但并非不可及的目

标。在学生刚刚升入高中时，王老师便引导他们设计自己的未来，以《我的理想》为题写一篇自我设计的文章。同学们写道：我想做一名医生，能救死扶伤；我想做一名教师，去感动每一颗心灵；我想上复旦大学；我想做一名军官……经过思考，学生心中都有了明确的发展方向。同时，王老师还指导学生，当需要作出选择时就要想一下自己的目标，怎样选择才有利于接近目标和实现目标。

在目标确立后，王老师结合自主发展实践表，引导学生制订和实施切实可行的计划。为了帮助每一个学生实现目标，王老师指导学生根据自身情况，结合自主发展实践表制订了切实可行的计划，并在实施一周或两周后及时进行反思、修正、调整。从时间上分，学生自己制订的计划有长期、中期、短期三种。长期计划拟订为一个学段或一个学年，确定在这个阶段里要做的主要事情，要达到的具体目标；中期计划拟订为一个学年或一个学期，按照长期计划确定的内容，把它具体化、阶段化，确定逐步推进的目标；短期计划拟订为一周或一天，更加具体，更加细致，把要做的事计划到每一周，乃至每一天。从内容上分，学生自己制订的计划既要突出重点，又要关注全面，还要兼顾特长。学习内容是制订计划的重点，包括学习良好的思想品德，学会做人；学会各科知识，学会学习；学习理解他人，学会共处；学习如何运用知识，学会做事。关注全面，是指除了学习以外，还要有丰富的课余生活，包括体育锻炼、各种竞赛、课外阅读、旅游参观、调查访问、影视欣赏、发明创造、人际交往等，通过这些活动开阔眼界，拓宽思路，向实践、社会、他人汲取营养，丰富自己，比如体育、文艺、书法、绘画、设计、科技等，也要将其列入计划。按照计划，坚持下去，使自己在某些方面具有特长。

目标与计划制订出来以后，王老师又抓住各种教育契机，开发各种教育资源，想方设法帮助学生实施计划和实现目标。在这个问题上，王老师认为，指导学生与名人进行精神对话，并从"评选十佳，树立身边"典型入手是切实可行的做法。首先，从名人入手，要求每个学生选一名自己钦佩的名人作为精神上的朋友。通过阅读其传记，了解其经历，经常与他们进行精神对话。每当在学习或生活中遭遇挫折时，就闭上眼睛想：如果他遇到这样的困难会怎么办呢？从而增强战胜困难的信心与勇气。与此同时，王老师还要求学生在班会上开展"读书沙龙"活动，把自己钦佩的名人，把自己受到的感动拿出来与大家分享，从而使50个名人的精神总是与学生在一起。通过这种方式，给学生的精神注入了不竭的动力，增强了其自信心和战胜困难的勇气。其次，还可以以上述工作为基础，从"评选十佳、树立身边典型"入手，宣传"十佳"的事迹，让"十佳"成为同学们学习的榜样和赶超的目标，使其成为激励学生们奋斗前行的动力，从而全面提升学生素养，促进其实施自己的计划、实现自己的目标。

王老师引导学生确立与实践自我发展目标，给学生提供了自主发展与自我管理的依据，具有很强的操作性，是实现高中生自律自策的有效途径。它的实施效果主要体现在以下两个方面：

（一）自主发展目标的确立，促进学生自我管理的良好习惯的养成

优秀品质的形成是有意识的一次又一次努力付出的结果。它需要经过大量的实践直到变成一种习惯。而培养习惯就像犁地一样，是个慢功夫。习惯必须由内部形成，而且一旦形成后，还会产生其他习惯。激情让人开始行动，动机让人的行为纳入某一轨道，而习惯则让人的行为自然而然地产生。在王老师的引导下，有的同学在培养学习习惯的计划中写道："课前，准备好将用的书、本；课上不随便说与课堂无关的话；课后认真、独立完成作业，要善于发现问题，勤于解决问题。每天进行知识总结，并把需记忆的知识整理出来，于第二天早读时间记。做好课前预习—上课专心听讲—认真、独立地完成作业—及时进行复习。"计划中还列出了具体的时间及所要完成的任务。通过审视自我，学生找出了自身存在的不足，并通过有意识地克服，逐步养成良好的习惯，从而具备良好的性格，为未来事业的成功奠定了坚实的基础。

（二）学生增强了时间观念，提高了自我管理效率

只有懂得如何真正利用时间的人，才能在工作、学习、生活中取得成功。所以我们不应只注重提高效率，而更应注重效果。高效率固然紧要，然而更重要的是高效能和好效果。在这项工作上，王老师是这样做的：

第一，在时间的分配问题上请心理老师做辅导。学生认识到，要把需要记忆的知识放在早晨学习，利用零碎时间增强记忆，把锻炼身体安排在下午……

通过辅导，同学们根据人体的生物钟将时间进行了合理分配。

第二，引导学生树立"领先一步，领先一个时代的意识"，从最基础的做起，早晨上课早进班，进班就有明确的学习任务，避免了学生进班后茫无目的、左顾右盼，因而浪费了早晨大好时光的现象出现。通过精细计划的实施，学生学习的主动性增强了，并品尝到了成功的快乐。

三、对培养高中生自我管理能力的建议

高中生正处于青春期，大脑兴奋过程和抑制过程交互作用，导致情绪不稳定，具有明显的冲动性和极端性，其自律性不够，必须加强自控训练。如不加强学习上的自我管理能力，他们就会丧失学习兴趣，失去学习信心。而一个没有坚定意志和创造能力的人是难以在今后激烈的竞争中立足的。因此，学校领导要明确责任，建立相关机制，制订阶段目标，做好阶段性检查、评比、交流、总结。教师要转变观念，改变班级管理模式，针对学生特点，研究管理对策，尊重学生、信任学生，选择民主发展型的管理。要处理好老师管与学生自管的关系，用他管指导自管，自管优化他管。老师要用鼓励和期望、关爱和严肃，走入学生心灵深处。为每个学生精心设计训练计划，一切落实在良好行为习惯的养成上，逐步增强其自管程度和水平。

发展学生自我管理能力，符合中学生身心发展特点，符合新课改的需求。因此，教师要把握时机，大力提高学生的自我管理能力，为提高民族素质打好基础。

《名师工程》系列丛书

征 稿 启 事

　　《名师工程》系列丛书是西南师范大学出版社策划、组织出版的大型系列教育丛书。丛书以新课程下的新教学为背景,以促进施教者的教育能力为落脚点,以提高教育质量、提升教师水平为宗旨。

　　丛书首批推出的"名师讲述"和"教学提升"两大系列共二十余品种,其余系列也将陆续出版。为了让广大教师有一个交流、借鉴的机会,同时也为了给广大教师提供更多、更好的图书,《名师工程》系列丛书编辑出版委员会特向全国教育工作者征集稿件。

稿件要求:

1.主题鲜明、新颖,有独创性。

2.主题以提升教育能力为主,也可适当外延。

3.主题要有一定规模、有典型案例支撑。

4.案例要贴近教育实际,操作性强。

5.文章、书稿结构清晰,语言精彩。

　　书稿作者在选题确定之后,请及时与我们做好沟通,具体事宜确定好之后再进行创作;也欢迎用已经完稿的稿件投稿。一线教师如希望参与图书案例的创作,可联系我社策划机构,由策划机构备案,在适合的图书中参与创作。

　　真诚欢迎各位教师踊跃投稿。

联系方式:

西南师范大学出版社高教分社

电话:023-68254356　　E-mail:zcj@swu.cn

西南师范大学出版社高教分社北京策划部

电话:010-68403096

E-mail:guodej@eyou.com

西南师范大学出版社
《名师工程》系列丛书目录

系列	序号	书　名	主编	定价
创新课堂系列	1	《如何实现三维目标——让学生与文本共鸣的诵读教学》	张连元	30.00
	2	《想说　会说　有话可说——突破作文瓶颈的三维教学法》	杨和平	30.00
	3	《综合课的整合创新教学》	周辉兵	30.00
	4	《如何打造学生喜欢的音乐课堂》	张　娟	30.00
	5	《理想课堂的构建与实施——一个教研员眼中的理想课堂》	张玉彬	30.00
	6	《小学语文：决定教学质量的关键策略》	李　楠	30.00
	7	《用〈论语〉思想提升数学教育智慧》	胡爱民	30.00
	8	《童化作文——浸润儿童心灵的作文教学》	吴　勇	30.00
创新数学教学系列	9	《小学数学：名师教学目标落实艺术》	余文森	30.00
	10	《小学数学：名师高效教学设计艺术》	余文森	30.00
	11	《小学数学：名师易错问题针对教学》	余文森	30.00
	12	《小学数学：名师魅力课堂激趣艺术》	余文森	30.00
	13	《小学数学：名师同课异教》	林高明　陈燕香	30.00
	14	《小学数学：名师抽象问题艺术教学》	余文森	30.00
通识与心理系列	15	《做学生成长的引领者——学生终身成长的素质培养》	田祥珍	30.00
	16	《学生心理拓展训练与指导》	徐岳敏	30.00
	17	《青春期性教育教师实用手册》	闵乐夫	30.00
	18	《如何管出好班级——突破班级管理的四大瓶颈》	刘令军	30.00
	19	《突破平庸——提升教育质量的31个跳板》	严育洪	30.00
	20	《好心态成就好学生——学生心理问题剖析与对症教育》	李韦遵	30.00
	21	《教育，诗意地栖居》	朱华忠	30.00
	22	《好班规打造好班级》	赵　凯	30.00
教育管理力系列	23	《名校激励管理促进力》	周　兵	30.00
	24	《名校安全管理执行力》	袁先潋	30.00
	25	《名校师资团队建设力》	赵圣华	30.00
	26	《名校危机管理应对力》	李明汉	30.00
	27	《名校校本研究创新力》	李春华	30.00
	28	《学校文化力建设策略》	袁先潋	30.00
	29	《名校长核心教育力》	陶继新	30.00
	30	《名校长高绩效领导力》	周辉兵	30.00
	31	《名校行政管理细节力》	杨少春	30.00
	32	《名校教学管理提升力》	张　韬　戴诗银	30.00
	33	《名校学生管理教导力》	田福安	30.00
	34	《名校校园文化构建力》	岳春峰	30.00
创新语文教学系列	35	《小学语文：享受对话教学》	孙建锋	30.00
	36	《小学语文：名师教学目标落实艺术》	刘海涛　王林发	30.00
	37	《小学语文：名师魅力教学设计艺术》	刘海涛　王林发	30.00
	38	《小学语文：名师魅力课堂激趣艺术》	刘海涛　王林发	30.00
	39	《小学语文：单元整体教学构建艺术》	李怀源	30.00
	40	《小学作文：名师情趣课堂创设艺术》	张化万	30.00
教师修炼系列	41	《班主任行为八项修炼》	杨连山	30.00
	42	《教师健康心理六项修炼》	李慧生	30.00
	43	《教师专业化五项修炼》	田福安　杨连山	30.00
	44	《课堂教学素养六项修炼》	刘金生	30.00
	45	《教师新师德六项修炼》	王毓珣　王　颖	30.00

系列	序号	书　　名	主编	定价
教育细节系列	46	《名师最具渲染力的口才细节》	高万祥	30.00
	47	《名师最有效的沟通细节》	李　燕　徐　波	30.00
	48	《名师最有效的激励细节》	张　利　李　波	30.00
	49	《名师培养学生好习惯的高效细节》	李文娟　郭香萍	30.00
	50	《名师人格教育的经典细节》	齐　欣	30.00
	51	《名师营造课堂氛围的经典细节》	高　帆　李秀华	30.00
	52	《名师最有效的赏识教育细节》	李慧军	30.00
	53	《名师最有效的批评细节》	沈　旎	30.00
大师讲坛系列	54	《大师谈教育心理》	肖　川	30.00
	55	《大师谈教育激励》	肖　川	30.00
	56	《大师谈教育沟通》	王斌兴　吴杰明	30.00
	57	《大师谈启蒙教育》	周　宏	30.00
	58	《大师谈教育管理》	樊　雁	30.00
	59	《大师谈儿童人格塑造》	齐　欣	30.00
	60	《大师谈儿童习惯培养》	唐西胜	30.00
	61	《大师谈儿童能力培养》	张启福	30.00
	62	《大师谈早恋与性教育》	闵乐夫	30.00
	63	《大师谈儿童情感教育》	张光林　张　静	30.00
教师成长系列	64	《学学名师那些事》	孙志毅	30.00
	65	《每天学点教育心理学》	石国兴　白晋荣	30.00
	66	《给新教师的建议》	李镇西	30.00
	67	《教师心灵读本：成为有思想的教师》	肖　川	30.00
	68	《教师心灵读本：教师，做反思的实践者》	肖　川	30.00
高中新课程系列	69	《高中新课程：教师角色转变细节》	缪水娟	30.00
	70	《高中新课程：班主任新兵法细节》	李国汉　杨连山	30.00
	71	《高中新课程：教学管理创新细节》	陈　文	30.00
	72	《高中新课程：更有效的评价细节》	李淑华	30.00
教学新突破系列	73	《把教学目标落实到位——名师优质课堂的效率管理》	冯增俊	30.00
	74	《拿什么调动学生——名师生态课堂的情绪管理》	胡　涛	30.00
	75	《零距离施教——名师和谐师生关系的构建艺术》	贺　斌	30.00
	76	《一个都不能落——名师提升学困生的针对教学》	侯一波	30.00
	77	《让学习变得更轻松——名师最能吸引学生的情境设计》	施建平	30.00
	78	《让知识变得更易学——名师改造难学知识的优化艺术》	周维强	30.00
教学提升系列	79	《方法总比问题多——名师转变棘手学生的施教艺术》	杨志军	30.00
	80	《用特色吸引学生——名师最受欢迎的特色教学艺术》	卞金祥	30.00
	81	《让学生爱上课堂——名师高效课堂的引导艺术》	邓　涛	30.00
	82	《拿什么打开思路——名师最吸引学生的课堂切入点》	马友文	30.00
	83	《没有记不牢的知识——名师最能提升学生记忆效果的秘诀》	谢定兰	30.00
	84	《让学生的思维活起来——名师最激发潜能的课堂提问艺术》	严永金	30.00
名师讲述系列	85	《施教先施爱——名师讲述班主任的核心教导力》	杨连山　魏永田	30.00
	86	《在欢乐中成长——名师讲述最具活力的课堂愉快教学》	王斌兴	30.00
	87	《让学生做自己的老师——名师讲述如何提升学生自主学习能力》	徐学福　房　慧	30.00
	88	《引领学生高效学习——名师讲述如何提高学生课堂学习效率》	刘世斌	30.00
	89	《教育从心灵开始——名师讲述最能感动学生的心灵教育》	张文质	30.00

图书在版编目（CIP）数据

高中新课程：教师角色转变细节/缪水娟主编.

重庆：西南师范大学出版社，2008.12

（名师工程系列丛书）

ISBN 978 – 7 – 5621 – 4344 – 4

Ⅰ. 高…　Ⅱ. 缪…　Ⅲ. 高中 – 教师 – 角色理论

Ⅳ. G 635.1

中国版本图书馆 CIP 数据核字（2008）第 193889 号

名师工程系列丛书

编委会主任：马　立　宋乃庆
总策划：周安平
策　划：李远毅　卢　旭　郑持军　郭德军

高中新课程：**教师角色转变细节**
主编　缪水娟

责任编辑：郑持军
封面设计：大象设计
出版发行：西南师范大学出版社
　　　　　　地址：重庆市北碚区天生路 1 号
　　　　　　邮编：400715　市场营销部电话：023 – 68868624
　　　　　　http://www.xscbs.com
经　　销：新华书店
印　　刷：三河市九洲财鑫印刷有限公司
开　　本：720mm×1030mm　1/16
印　　张：18.75
字　　数：290 千字
版　　次：2009 年 1 月　第 1 版
印　　次：2020 年 1 月　第 4 次印刷
书　　号：ISBN 978 – 7 – 5621 – 4344 – 4

定　　价：48.00 元